Sauvé

Tony Bullimore

Sauvé

Traduit de l'anglais par Jean Rosenthal

PLON

Titre original
Saved

© Tony Bullimore, 1997.
© Plon, 1997, pour la traduction française.
ISBN : Édition originale (Little, Brown and Company Londres) :
0.316.64150.2
ISBN Plon : 2.259.18696.3

Pour Lalel

REMERCIEMENTS

Si je devais vraiment remercier tous ceux grâce à qui j'ai pu écrire ce livre, la liste comprendrait des milliers de noms. Que je puisse être ici aujourd'hui à taper ces mots, je le dois non au courage et à la persévérance d'une seule personne, encore moins et surtout pas de moi-même : ma vie, je la dois aux hommes et aux femmes qui ont pris la mer ou l'air pour me sauver d'une mort dans le noir et la solitude. Jamais, je ne pourrai m'acquitter de ma dette envers eux, mais, peut-être, en écrivant leur histoire en même temps que la mienne puis-je les faire mieux connaître et applaudir comme chacun d'eux le mérite.

Pour m'avoir rendu la vie, je veux remercier le commandant Raydon Gates et tous les membres de l'équipage du HMAS *Adelaide*. Parmi eux, je me sens particulièrement redevable à Vaugh « Jock » Heath, Mark « Knocker » White, Garry « Gazza » Mason et à tous les autres officiers mariniers qui se sont si bien occupés de moi dans leur carré.

Pour avoir veillé sur moi du haut du ciel, je tiens à remercier les courageux aviateurs de la 92e escadre aérienne de la RAAF d'Edinburgh, Adelaïde. Derrière la scène et rarement cité se trouvait tout le personnel des Opérations dans la casemate de la 92e escadre, les mécaniciens de la 492e escadrille et le personnel de restauration de la base aérienne 304.

Pour avoir maintenu rassemblés les multiples fils d'une complexe opération de recherches et de sauvetage, je veux exprimer ma gratitude aux hommes et aux femmes du Maritime Rescue Coordination Centre de Canberra (le Centre de coordination du sauvetage en mer l'équivalent de notre CROSS), au quartier général de la Flotte à Sydney et au quartier général de l'Armée de l'Air.

Pour la rédaction de ce livre, plusieurs personnes m'ont donné beaucoup de leur temps en me racontant leur histoire et en vérifiant des détails. Je remercie notamment Mike Jackson-Calway, le commandant Raydon Gates, le premier maître Pete Wicker, le lieutenant-colonel d'aviation Ian Pearson et le lieutenant Phil Buckley. Merci aussi à Michael Robotham qui m'a prodigué ses conseils et son aide pour mettre au point le texte ; à mon agent, Jonathan Harris et à Alan Samson, mon éditeur chez Little, Brown.

Sans le soutien et l'amour de ma famille, sans l'affection d'amis comme Steve Mulvany, Yvonne Murray, Anthony Wilson, Wesley et Jane Massam, Alan Rosengreen et David Mathieson, jamais je n'aurais terminé ce livre. C'est grâce à eux que mon corps et mon esprit ont pu cicatriser.

Enfin, et surtout, je voudrais pouvoir en personne serrer la main des millions de gens qui ont prié pour moi et osé espérer que j'étais peut-être encore en vie. Je sais que jamais je n'aurai l'occasion de vous rencontrer tous, mais je vous remercie du fond du cœur.

Dieu vous bénisse tous.

Tony Bullimore
Mai 1997

Alors le souffle de la tempête surgit,
Et il se révéla tyrannique et puissant :
Ce souffle nous frappa de ses ailes battantes
Et il nous pourchassa jusque loin vers le sud.

Les mâts penchés, la proue enfonçant sous les lames,
Tel celui, poursuivi de coups et de huées,
Qui de son ennemi cependant foule l'ombre
Et qui, droit devant lui, s'en va, tête baissée,
Ainsi dérivait le navire, la tempête
Mugissait, vers le sud toujours nous fuyions.

Bientôt vinrent ensemble et la brume et la neige ;
Il fit un froid prodigieux ;
Et, plus hauts que le mât, autour de nous flottèrent
De monstrueux glaçons, verts comme l'émeraude.

Samuel Taylor Coleridge,
« *The Rime of the Ancient Mariner* ».
Traduit de l'anglais par Henri Parisot.
© Aubier-Flammarion, 1975.
In *Le Dit du Vieux Marin*.
Collection Romantique.
José Corti, 1988.

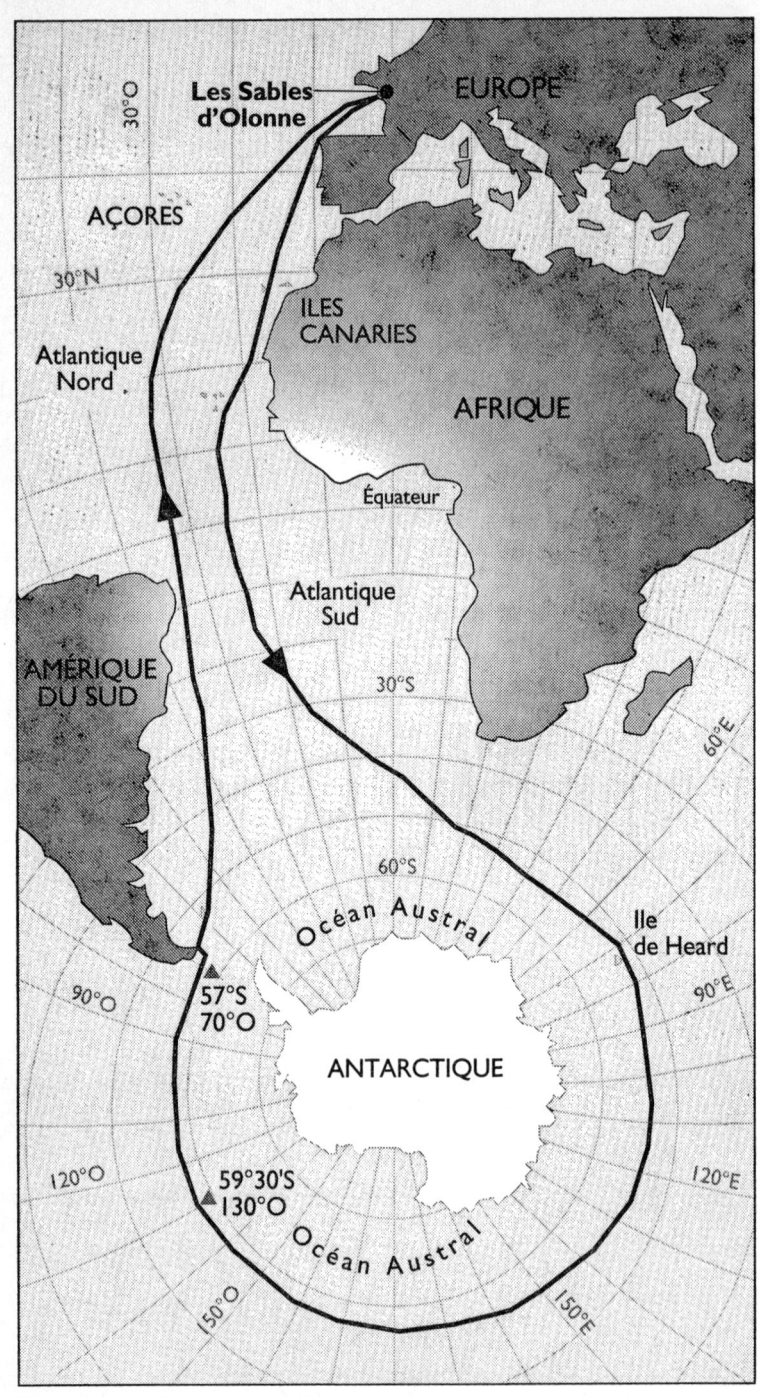

Itinéraire de la course Vendée Globe.
© Yachting World.

OCÉAN AUSTRAL
Mardi 31 décembre 1996

L'île de Heard émerge de la brume matinale : avec sa silhouette balayée par les vents, elle semble jaillir de la préhistoire. Je suis arrivé droit dessus et je contemple avec stupéfaction ma première terre en vue après presque cinq semaines de navigation. Les pics rocheux striés de neige et de glace ont l'air d'antiques colonnes dressées là pour soutenir les cieux, et la végétation s'accroche à leur pied comme du lierre ou de la mousse.

A huit milles de l'île, j'effectue un léger changement de cap pour m'assurer de passer au large de la côte ou de récifs cachés. Il y a une multitude d'oiseaux : éperviers, goélands et albatros qui tournoient au-dessus de moi et parfois viennent se poser sur l'eau à côté de l'*Exide Challenger*.

Je note l'heure dans mon journal de bord : « Mardi 31 décembre. 1 heure 21 GMT. » Le réveillon du Nouvel An.

En longeant la côte à bonne distance, je me dis que je vais voir s'il y a quelqu'un là-bas. L'Annuaire des Phares et Balises de l'Amirauté — la bible des navigateurs — donne la liste de toutes les stations radio et météo du monde avec leur fréquence et autres précisions. J'ouvre le livre sur ma table à cartes, je trouve « Ile de Heard » et cette note : « Réservé au trafic officiel. » Interdit aux communications privées ? Ils ne doivent pourtant pas avoir souvent de la visite par ici ; je vais leur souhaiter une bonne année. J'abaisse la manette de la radio BLU (Bande Latérale Unique).

« Ile de Heard, île de Heard, ici le yacht de course *Exide Challenger*. Vous m'entendez ? »

Silence.

« Ile de Heard, île de Heard, ici le voilier *Exide Challenger*, je suis à cinq milles sur votre est, répondez. »

J'essaie encore sur deux fréquences d'urgence, le 2182 sur la BLU et le canal 16 en VHF, en vain. Ils doivent prendre leur petit déjeuner, me dis-je, ou bien ils sont partis étudier le comportement sexuel des pingouins. Les Australiens, me semble-t-il, ont une base scientifique ou une station météo sur l'île.

J'éprouve une brève déception. Pourquoi ne répondent-ils pas ? Prenant mes jumelles, j'inspecte le rivage : je distingue quelques pauvres cabanes et ce qui me paraît être de petits pharcs depuis longtemps laissés à l'abandon. Il passe très peu de bateaux par ici, sauf de temps en temps un ravitailleur qui vient approvisionner les stations scientifiques de l'Antarctique.

Route à l'est. En laissant l'île derrière moi, je fais de nouvelles tentatves sur la BLU et la VHF. Je pousse le volume de 2 à 4 MHz, puis je monte à 8, toujours sur les fréquences appropriées, mais je n'arrive pas à les contacter. Bah, ce n'était qu'un appel de politesse.

Une brise de quinze nœuds ne cesse de souffler du nord-ouest : cela me permet de suivre à peu près la route que je me suis fixée. A part la tempête de la semaine dernière, l'océan Austral a été bon avec moi et j'ai tenu une moyenne d'environ dix nœuds. Mais, même ainsi, je doute que cela suffise pour rattraper ceux qui sont en tête de la course.

Cela m'agace encore de penser aux problèmes que j'ai connus depuis mon départ des Sables-d'Olonne au début novembre. Le Vendée Globe est la course à voile la plus longue et la plus éprouvante qu'on ait jamais conçue, et je sais qu'il est impossible de boucler un tour du monde sans escale sans casser de matériel, sans essuyer un coup de malchance. Malheureusement, j'en ai eu plus que ma part.

Tout d'abord, un problème avec une canalisation, ce qui a vidé dans le local du moteur la moitié de mon carburant. Faute de mazout en quantité suffisante, j'aurais fini par ne plus pouvoir alimenter l'éclairage, les radios, les ordinateurs, les fax météo et les instruments de navigation. Ensuite, ce sont les potentiomètres qui m'ont lâché : les instruments qui fournissent des informations essentielles aux pilotes automatiques ; cela m'a obligé à retourner aux Sables pour réparer et refaire le plein de carburant trois jours après le départ de la course.

Je n'ai jamais été aussi déçu. Chaque taquet, chaque œillet de l'*Exide Challenger* avait été vérifié et revérifié. Les voiles, les treuils, les pompes, les batteries, le générateur, les réservoirs de carburant, les balises, le radeau de survie... mille et une choses sur quoi je devais compter durant quatre mois en mer.

Les erreurs et les ruptures de pièces m'avaient mis à 1 000 milles derrière la flotte, un énorme handicap. Mon seul réconfort, c'était de savoir que, lors du précédent Vendée Globe, quatre ans auparavant, Philippe Poupon avait terminé troisième bien qu'il ait dû faire demi-tour peu après le départ pour des problèmes de quille et qu'il ait ensuite perdu un de ses mâts à environ 1 500 milles de l'arrivée.

Depuis lors, j'ai fait des efforts désespérés pour rattraper mon retard, mais l'*Exide Challenger* ne peut tout simplement pas rivaliser de vitesse avec les plus récents pur-sang des océans. Ma position au 12 décembre 1996 me situait à la douzième place dans une flotte de seize bateaux au départ, à la traîne derrière des concurrents comme Christophe Auguin *(Geodis)*, Gerry Roufs *(Groupe LG 2)* et Yves Parlier *(Aquitaine Innovations)*.

La course au large sur une longue distance n'est pas uniquement une question de vitesse du bateau. L'expérience de la navigation, la direction des vents, la bonne route tracée en fonction de la météo et les problèmes que connaissent les autres concurrents sont autant d'éléments de l'équation. Sur 25 000 milles, il peut arriver n'importe quoi. La roue pouvait encore tourner pour moi, mais rien que finir le Vendée Globe serait une victoire.

La légère brise de nord-ouest semble vouloir persister quelque temps et l'*Exide Challenger* paraît à son aise. Le ketch de 18 mètres a deux mâts, un grand mât et un mât d'artimon : pour la première fois depuis la tempête précédente, je largue les ris et je mets toute la toile. Ce qui compte, c'est d'aller vite.

Je suis à 57 degrés Sud, plus loin que je ne suis jamais allé, mais je veux descendre jusqu'au 60e Sud. C'est mon point limite. Il faut que j'estime les avantages de raccourcir la distance jusqu'au cap Horn par rapport aux dangers qui me menacent dans l'océan Austral.

Avant mon principal repas de la journée, je laisse « Bertha » prendre la barre : je presse le bouton du pilote automatique et j'attends d'être sûr qu'elle maintient son cap. Après une nouvelle tentative infructueuse pour entrer en communication avec l'île de Heard, je décide d'appeler la maison.

«Radio Cape Town, Radio Cape Town, ici *Exide Challenger*, *Exide Challenger*, Mike Delta, Juliet, Juliet, Seven. Est-ce que vous me recevez ?»

SAUVÉ

J'essaie pendant dix minutes, en jonglant avec les fréquences jusqu'au moment où j'obtiens une réponse. « *Exide Challenger*, *Exide Challenger*, ici Radio Cape Town, Radio Cape Town. Qu'est-ce que nous pouvons faire pour vous, Tony ? »

Quand j'ai franchi l'Équateur, j'ai commencé à utiliser la radio du Cap en Afrique du Sud au lieu de la station de Portishead en Angleterre. Depuis lors, je suis devenu très copain avec les opérateurs radio du Cap et nous avons organisé un appel régulier chaque jour à 18 heures GMT. Cela facilite la vie d'avoir une heure et une fréquence précises convenues d'avance avec la station radio.

« Bonjour, Harry, pouvez-vous me brancher sur Bristol ? Je veux souhaiter une bonne année à ma femme.

— Bien sûr. Redonnez-nous donc le numéro. »

La transmission est très claire mais, à mesure que les minutes passent, je sais qu'elle peut s'affaiblir rapidement. Pourquoi est-ce si long ? J'entends enfin Lalel décrocher le téléphone.

« Nous avons un appel de Tony Bullimore à bord de l'*Exide Challenger*. Voulez-vous prendre la communication ?

— Oui ! »

L'opérateur revient à moi : « Ça y est, vous avez la liaison.

— Tony ?

— Lal, comment vas-tu ?

— Bien, bien. Je t'entends à peine.

— Bonne année !

— Tu as quelques heures d'avance. Quelle heure est-il là-bas ? »

Je jette un coup d'œil aux trois horloges au-dessus de la table à cartes. « A l'heure locale, il est juste minuit passé.

— Je suis seulement en train de m'habiller pour sortir.

17

— Ah bon. Lequel de tes flirts est-ce cette fois-ci ?»
Elle rit. « Ils savent tous que tu es absent, Tony Bullimore.
— Où vas-tu ?
— A un dîner dansant au Jury's Hotel avec Yvonne, Joyce et Anthony. Nous avons quatre places.»
Yvonne est la nièce de Lalel. Anthony et Joyce des amis de la famille.
«Comment ça va ? demande-t-elle.
— Bien. Très bien. Le temps est beau et le bateau file comme un rêve. J'ai aperçu l'île de Heard aujourd'hui. C'était bon de revoir la terre.»
Je crois l'entendre essayer de déchiffrer ma voix. Elle sait que si quelque chose ne va pas, je ne le lui dirai pas.
«Alors, comment vas-tu réveillonner ce soir ?
— Je viens de me faire un curry. Superbe : des petits oignons, du poivre de Cayenne, de la poudre de curry, du ketchup et du corned beef. Ça cale.
— Toi et ton curry.
— Et puis j'ai terminé ce qui me restait du gâteau de Noël et j'ai pris un verre de Grand Marnier : il ne m'en reste presque plus. Je suis très content de moi.
— Tu en as bu beaucoup ?
— Rien qu'une gorgée.
— Je commence à ne plus t'entendre.
— Dommage. Écoute, passe une bonne soirée et ne bois pas trop. J'essaierai de te rappeler dans quelques jours. » La voix de Lalel se fragmente et disparaît. Je crie : « Je t'aime » en espérant qu'elle m'entend encore.

Je m'endors dans mon fauteuil devant la table à cartes. C'est un grand siège pivotant très confortable, qui peut s'incliner en arrière presque complètement, si bien que je suis allongé. Si le bateau fait route bâbord amure, en me penchant je peux le faire tourner de façon à avoir la tête plus haute que les jambes. Je

SAUVÉ

n'aime pas la couchette parce que c'est trop confortable et qu'on a du mal à s'en extraire. Je veux toujours être en alerte pour pouvoir monter vite sur le pont et reprendre la barre.

Au temps jadis, quand je courais sur des multicoques légers, j'avais un côté un peu puriste et je ne tolérais rien à bord qui ne fût réellement utile. Le fauteuil n'aurait pas eu sa place sur mes bateaux précédents, le *IT 82*, l'*Apricot* ou le *Spirit of Apricot*. Pourtant, si l'on doit passer quatre mois en mer à faire le tour du monde sans escale, il faut bien un peu de confort.

Mon fauteuil spécial est à la fois confortable et fonctionnel. Je peux le tourner de façon à faire face à ma grande table à cartes et à l'étagère sur laquelle se trouvent les ordinateurs portables Toshiba, mon imprimante et mon système de communication par satellite, ou bien je peux le tourner sous un autre angle pour être en face d'une autre table à cartes avec mon fax météo et mon BLU. A deux pas du fauteuil, me voilà dans la cambuse à préparer du thé ou du café. Tout cela marche très bien.

Quand je suis endormi dans mon fauteuil, il suffit du moindre mouvement insolite du bateau, et je me réveille. En ouvrant les yeux, j'aperçois le radar, le baromètre, le plotteur et d'autres instruments qui donnent une foule d'informations essentielles sur la vitesse et la direction du vent.

Levant les yeux, je regarde par les grandes bulles en plexiglas du toit du rouf : je peux ainsi surveiller à la fois la grand-voile et la voile d'artimon. J'ai parcouru plus de 35 000 milles à bord de l'*Exide Challenger* depuis son lancement et j'en connais tous les crissements, les grincements et les murmures. C'est mon univers.

Le jour du Nouvel An est spectaculaire. Le soleil brille. Le baromètre affiche environ 1010 millibars :

c'est un chiffre relativement élevé pour cette partie du monde, presque un système de haute pression. La brume marine se dissipe rapidement et je prends mon petit déjeuner assis dans le cockpit. Puis je plonge mes doigts dans ma blague à tabac, j'en retire une bonne pincée et je la laisse tomber dans le papier. Je roule ensuite le tout entre mes doigts, j'en lèche le bord et je fume ma première cigarette de la journée.

Je ne comptais pas emporter de cigarettes pour ce voyage parce que je voulais m'arrêter de fumer, mais quelqu'un m'a conseillé de prendre du tabac pour me les rouler, en prétendant que je ne fumerais pas autant. Ha ! Allons donc !

Toujours cap à l'est-sud-est, je barre quelques heures puis je descends m'attaquer à la pire corvée de la journée. Mon dessalinateur est tombé en panne environ trente jours après le départ — la membrane a peut-être gelé, ce qui a causé une avarie irréparable — et depuis lors j'ai dû compter sur un appareil à osmose inverse de fabrication américaine, appelé un « Survivor », qui transforme l'eau de mer en eau potable.

J'ai envisagé un moment de m'arrêter en Afrique du Sud pour effectuer les réparations, mais, d'après le règlement de la course, cela aurait voulu dire renoncer à toute chance de gagner ou même de me qualifier au classement. Toutes sortes d'idées me sont passées par la tête pour résoudre le problème : en vain. Quand c'est arrivé, j'ai pompé l'eau des réservoirs et je l'ai transvasée dans des récipients que j'ai scellés. J'ai empli ensuite plusieurs bouteilles d'Évian vides et j'ai calculé que, si la pompe à main du Survivor me lâchait, j'avais, en cas d'urgence, une réserve d'eau pour tenir dix jours.

Depuis lors, je dépends de cet appareil pour me procurer de l'eau mais en obtenir une tasse signifie donner environ mille coups de pompe, ce qui prend dix minutes. Et il me faut un minimum de cinq tasses par jour. Assis sur le plancher près de l'entrée du local du moteur, j'introduis un tuyau du Survivor dans le réservoir avant qui refroidit le générateur, un autre dans un seau et un troisième dans une timbale. Je pompe alors cent fois avec ma main droite, puis je passe à la main gauche et je continue ainsi jusqu'à ce que je finisse par avoir une tasse d'eau. Je remplis au moins trois tasses et puis je donne huit cents coups de pompe directement dans la bouilloire afin de m'offrir une tasse de thé pour fêter ça. Cette opération se répète deux fois par jour, le matin et l'après-midi.

Jeudi, le temps s'est encore amélioré. Le soleil brille, fort et chaud dans un ciel d'un bleu étincelant. J'ouvre tous les panneaux d'écoutille et j'accroche mes cirés pour les faire sécher avec trois ou quatre paires de chaussettes sur une corde à linge improvisée. On se moquait toujours de mes pinces à linge en plastique et on m'appelait la blanchisseuse : en général on noue les chaussettes aux gréements, mais les miennes sèchent plus vite. L'*Exide Challenger* ne tarde pas à ressembler à une felouque égyptienne mais la brise a tôt fait de chasser l'humidité et les odeurs de renfermé.

Emplissant à demi la bouilloire, je prends ma trousse à raser et un petit bol en plastique, cadeau de Lal. M'asseyant auprès de la cambuse, je dispose devant moi le miroir et je me rase une barbe de deux semaines. J'ajoute un peu d'eau froide, j'ôte mon caleçon long et mon gilet et je m'éponge les bras, le cou et le torse. Puis je me mouille les cheveux, je les peigne en arrière et je me regarde dans la glace. Je me souviens tout à coup de la lotion après-rasage que m'a donnée Lal. En général, je ne m'en sers jamais en mer mais, au diable l'avarice, j'en verse un peu au creux de mes mains et je m'en tapote les joues.

«Voilà ! Je suis sur mon trente et un et je n'ai nulle part où aller.»

SAUVÉ

Quand je remonte sur le pont, le soleil brille toujours et la température extérieure atteint une vingtaine de degrés. Où est le redoutable océan Austral ? me demandé-je. On croirait un jour d'été dans le goulet de Plymouth.

Je passe un caleçon long propre et un short de toile, puis je me prépare une tasse de thé, j'ouvre un paquet de biscuits au chocolat et je m'assieds sur le pont pour les grignoter en les trempant dans mon thé. C'est une de ces rares journées où tout se passe sans encombre et où l'on se sent en remarquable harmonie avec le bateau et l'environnement.

Jamais je ne maudis la mer, malgré tout ce qu'elle me fait voir. Je lui ai toujours témoigné un profond respect, car je connais son pouvoir d'engloutir des navires de la taille du *Titanic* et de briser le cœur d'un homme. Au long des années, elle a emporté bon nombre de mes amis et jamais ne les a rendus.

Il y a pourtant des moments où tout est magique. J'adore naviguer de nuit sous un ciel clair avec les étoiles qui se reflètent dans l'eau. Tandis que le bateau fend sans effort les vagues, je reste assis à la barre, je savoure le silence et ce pur sentiment d'espace. Parfois des marsouins viennent jouer le long du bord et je les entends bavarder entre eux. Des bancs de petits poissons argentés chuchotent juste au-dessous de la surface et, dans les ténèbres, des raies géantes jaillissent et retombent dans l'eau. De nuit, dans le brouillard, il m'est arrivé d'être si près d'un troupeau de baleines que je les entendais souffler. A bord d'un trimaran de course, j'ai remonté la rivière Saguenay au Canada, en filant 28 nœuds sur une eau lisse comme du verre avec des falaises abruptes de chaque côté. J'avais l'impression d'être une balle filant par le canon d'un fusil. Ce sont là des moments rares dans un sport incomparable.

Vers midi, un petit oiseau se pose sur le pont au-dessus de l'entrée du rouf. Il a une quinzaine de centimètres de long, il est maigre et gris, avec une tache de couleur sur la poitrine. Un autre arrive une heure plus tard : tous deux sont épuisés. Ils ont été détournés de leur route par le vent ou bien ils se sont perdus et je suis maintenant leur seule planche de salut : un petit « îlot » flottant. Comme le vent se lève, ils entrent à l'intérieur et se trouvent un coin tranquille pour me regarder utiliser le dessalinateur.

« Bientôt j'aurai des bras comme Popeye », leur dis-je en changeant de main et en continuant à pomper.

Je remplis un bol d'eau et j'y émiette des biscuits et des cacahuètes. L'un d'eux semble trop épuisé pour s'alimenter : sa petite poitrine palpite rapidement comme s'il luttait pour respirer. Je le prends dans ma main et je le pose auprès du bol. « Ne gaspille pas ça : c'est rationné. »

Après le dîner, ils me regardent écrire mon journal de bord et marquer sur la carte ma dernière position. Puis je leur confectionne un petit nid avec un vieux chandail et je l'installe dans un coin. Ils ne l'utiliseront sans doute pas, mais ça me réconforte.

Le lendemain, ils ont pris de l'assurance : ils volètent autour de la cabine, tournoyant en s'élevant au-dessus du bateau comme s'ils cherchaient la terre, puis ils reviennent. L'un est nettement en meilleure forme que l'autre. Je me surprends à leur parler tout en travaillant, à leur expliquer ce que je fais et à leur demander leur avis sur le temps. Pas un nuage dans le ciel, la mer est si calme que c'est presque trop beau pour être vrai. Cela me met mal à l'aise. Je préférerais être plus au nord, plus près des grandes routes de navigation, là où les vents sont en général plus favorables. Hélas, c'est l'itinéraire le plus long.

Dans l'hémisphère Sud, des masses d'air viennent déferler sur une dépression en un mouvement de spirale dans le sens des aiguilles d'une montre, influencées par la rotation de la terre. Elles ont tendance à engendrer des vents d'ouest dominants. Comme les dépressions évoluent vers le nord, je devrais essayer de me déplacer avec elles, en m'efforçant de rester sur leur bâbord pour profiter des vents arrière. Si je m'aventure trop au sud et que je me trouve pris du côté opposé, j'aurai le vent debout — en même temps que des vagues gigantesques.

Privé de mon INMARSAT-C, je n'ai aucun moyen de savoir où se forment actuellement les dépressions. Le système de communication par satellite est tombé en panne avant que j'atteigne l'Équateur : soit l'antenne a été endommagée, soit il y a eu une défaillance dans l'électronique complexe de l'appareil. C'est un équipement vraiment sérieux, qui vaut dans les 8 000 livres et se branche sur mon ordinateur portable. Je peux envoyer et recevoir instantanément des messages en provenance du monde entier sans aucune des perturbations atmosphériques auxquelles sont soumises les transmissions radio. Je peux aussi utiliser un logiciel pour recevoir et analyser les derniers rapports météo et les photos prises par satellite. (Le fabricant a dit que je n'avais qu'à lui renvoyer l'appareil : ça vous fait une belle jambe quand on est en train de faire le tour du monde à la voile sans escale.)

Depuis lors, je n'ai aucun moyen d'obtenir des bulletins météo sauf avec mon fax. A heure fixe, et sur des fréquences convenues d'avance, l'information m'arrive par la voie des ondes. Sur les images que je reçois, il y en a peu près une sur dix de nette. En général, la machine me crache une feuille blanche couverte de lignes noires brouillées absolument illisibles.

J'en suis donc réduit maintenant à l'instinct et à l'expérience et, pour moi, ça ne manque pas d'un certain charme. C'est comme un retour aux jours du temps jadis où les grands vaisseaux appareillaient d'Angleterre, contournaient le cap de Bonne-Espérance et allaient jusqu'en Australie. Ils n'avaient assurément pas de cartes météo ni de photos satellite.

Quand il s'agit de prédire le temps, les pêcheurs et autres gens de mer ont des connaissances locales et peuvent prévoir les tendances météo de leur région. J'ai traversé à peu près vingt-sept fois l'Atlantique et je connais pas mal de ces signes indicateurs, je sais à quoi m'attendre à certaines époques de l'année. Mais jamais je ne suis allé aussi au sud dans l'océan Austral : c'est une autre paire de manches.

Si la mer commence à grossir, je ne peux pas en déduire qu'une tempête arrive parce que, par ici, le vent peut pousser de grosses vagues sur des milliers de milles sans que jamais la tempête arrive jusqu'à moi. Je pourrais prendre des ris ou amener complètement les voiles — ce qui est un rude travail — et puis les hisser de nouveau, ce qui serait une perte de temps et d'énergie. En même temps, si je prends la mauvaise décision, je pourrais me trouver pris dans du gros temps avec beaucoup trop de toile. C'est rudement difficile d'amener les voiles quand l'ouragan hurle et qu'on file sous le vent avec les voiles coincées contre le gréement. C'est pourquoi un des secrets de la navigation en solitaire est d'avoir toujours un pas d'avance sur le temps et de savoir ce qui se passe autour de vous.

Mes amis à plumes ont disparu : j'espère qu'ils vont s'en tirer. Je ne les ai pas vus depuis midi, quand ils m'ont regardé me déshabiller presque complètement et me couler par l'écoutille dans le cockpit pour arriver jusqu'aux réservoirs de carburant sous le plancher du rouf. Malheureusement, on patauge encore un peu dans le mazout dans ce coin-là, alors j'ôte mes vêtements. Je dois me lessiver après chaque descente là-dedans.

Est-ce que les oiseaux ne sont pas censés pouvoir prédire le temps ? Mon instinct me dit qu'il se prépare quelque chose et je ne cesse de scruter l'horizon pour repérer un signe quelconque. Le vent a un peu fraîchi mais il n'y a pas un nuage dans le ciel. Je décide de faire route un peu nord-est, maintenant que je suis allé aussi au sud que je l'estime nécessaire.

«Radio Perth, ici *Exide Challenger*, voilier de course *Exide Challenger*, vous me recevez ?»

Des parasites.

J'essaie encore, dans l'espoir d'obtenir un bulletin météo, et puis je vais dormir.

Un mouvement dans la position du bateau me réveille. Je jette un coup d'œil par les hublots, je vérifie les voiles, et puis j'inspecte les instruments. Il est six heures du matin, samedi 4 janvier, et le vent a fraîchi pour atteindre le chiffre encore modeste de 18 nœuds. Quand je regarde le baromètre électrique, je remarque une chose étrange : voilà deux jours qu'il était collé à 1010 millibars et maintenant il commence à baisser.

Trois heures plus tard, le baromètre est tombé à 990 millibars. C'est étonnant, mais où est le vent ? Je tapote la vitre du cadran, je presse quelques boutons et je prends le manuel d'instruction. Cela m'était arrivé auparavant, il y a une dizaine de jours. La pression barométrique était tombée, indiquant des vents beaucoup plus violents, qui n'étaient jamais arrivés.

Je vois sur le cadran de l'anémomètre l'aiguillle passer à 23 nœuds, puis à 25, et j'attends de voir si elle retombe. Mais non : elle a l'air bien accrochée. Elle n'est pas arrivée à ce chiffre brusquement comme en cas de bourrasque ou d'un front qui avance : non, c'est une progression lente et régulière.

«Oh, si ça atteint 28 à 30 nœuds, je commencerai à amener de la toile », dis-je tout haut entre deux bouchées de céréales.

Vers huit heures, je suis en ciré, bottes de caoutchouc et avec un chapeau qui me recouvre les oreilles. Je m'enroule une écharpe autour du cou pour empêcher l'eau de s'infiltrer jusqu'à mes vêtements en Thermolactyl. Les meilleurs gants du monde pour les petits travaux à bord d'un voilier, ce sont des gants de jardinage qu'on peut acheter pour environ 1,5 livre.

Là-haut, sur le pont, je réfléchis d'abord à ce que je vais faire. Je ne me précipite jamais sauf en cas d'urgence. Je prépare chaque cordage que je vais hâler, en m'assurant qu'aucun n'est emmêlé et qu'il coulissera sans problème. Je décide de prendre un ris sur la grand-voile et sur l'artimon et de laisser le foc. La voile d'artimon est plus facile à amener parce que je peux le faire depuis le cockpit. Je prends donc d'abord le ris sur la grand-voile.

Je remonte un peu au vent — mais pas au plus près — et je largue l'écoute de grand-voile. La bôme part sous le vent, ce qui permet à la grand-voile de fasseyer. Puis je rampe vers l'avant et je reprends les fausses écoutes, ce qui empêche la bôme de venir se fracasser sur le pont.

Lâchant la grande drisse, je débloque les cordages et je m'apprête à amener les ris qui sont sur le bord extérieur de la voile. La grand-voile et la voile d'artimon ont chacune trois garcettes qu'on peut utiliser pour les amener plus ou moins selon le vent. Assurant la grand voile, je répète l'opération avec la voile d'artimon. Je jette un coup d'œil circulaire sur le pont : tout me semble bien assuré, alors je redescends. Le baromètre est tombé à 980.

Je branche la bouilloire : une tasse de thé, je suis très content de moi. Je consulte les cartes et je fais une petite marque pour indiquer où je me trouvais quand j'ai pris les ris. Gardant un œil sur l'anémomètre, je bois une gorgée et je décide d'appeler Lalel.

«Tu sais quelle heure il est ? Deux heures du matin samedi.

— Vraiment ?

— Tu le sais très bien, Tony Bullimore. Qu'est-ce qui ne va pas ? Qu'est-ce qui est arrivé ?

SAUVÉ

— Rien, rien, j'ai simplement envie d'entendre le doux murmure de ta voix.

— Alors tu me réveilles ? »

Lal ne peut jamais m'en vouloir longtemps. Elle me parle de son réveillon, me dit que tout le monde a demandé de mes nouvelles : on a même bu un toast à ma santé.

« As-tu déjà franchi le cap Horn ?

— Ne dis pas n'importe quoi, Lal, fais-je en riant. Regarde la carte, je suis à plusieurs milliers de milles du cap Horn.

— Oh alors, ça va. Fais simplement attention quand tu doubleras le cap Horn. »

Avant le Vendée Globe, j'avais apporté à la maison une cassette vidéo sur la navigation dans l'océan Austral qui avait inquiété Lal : l'histoire d'un navigateur devenu fou et d'un autre qui se suicidait. Pour je ne sais quelle raison, le cap Horn était resté dans l'esprit de Lal comme l'endroit où j'aurais des problèmes.

« Je me sens très content de moi, lui dis-je.

— Ah, et pourquoi donc ?

— Sans raison. Je viens de prendre un ris dans la grand voile et la voile d'artimon avant que le vent fraîchisse. On dirait que je vais avoir un coup de chien. Maintenant, je suis bien installé avec une tasse de thé et un biscuit.

— Et une cigarette ?

— Aussi. »

Je lui parle des deux petits oiseaux en lui disant que j'espère qu'ils sont en sûreté.

« C'est dommage que, toi, tu ne puisses pas rentrer en volant, dit-elle d'une voix ensommeillée.

— Ça ne va plus être long maintenant. Je suis presque à mi-chemin. Le prochain appel ne passera plus par la radio du Cap : il passera par Perth. »

Dehors, le vent de noroît souffle à plus de 30 nœuds,

la mer commence à s'agiter et à se creuser. L'*Exide Challenger* disparaît dans les creux, la visibilité est tombée à un demi-mille. Je décide de prendre le ris suivant quand le vent atteindra 35 nœuds. La dépression m'a l'air d'être quelque part au sud-ouest de là où je me trouve. Une chose est sûre : je ne souhaite pas que la dépression me passe au nord-est, je pourrais alors me retrouver avec de méchants vents debout et des vagues déferlantes venant de la direction que je veux prendre.

Vers 11 heures, j'ai le pressentiment que ça va vraiment souffler. Mais à quelle force ? Quarante-cinq nœuds. Quand ? J'amène complètement la grand-voile : je l'attache soigneusement à la bôme avec douze mètres de cordage que j'enroule sur toute la longueur dans les deux sens. Je me dis : cette voile-là ne va pas bouger.

Puis j'assure la bôme, je prends trois ris dans la voile d'artimon et je roule un peu le foc en assurant la ligne sur un taquet pour éviter qu'il ne reparte et qu'il laisse le solent se dérouler de nouveau, ce qui provoquerait de graves avaries.

Le vent ne cesse de souffler et de fraîchir et la mer commence à bouillonner. Du cockpit, en levant les yeux, j'aperçois une masse d'un gris sale à environ un mille droit devant.

« Voilà une saloperie d'iceberg », me dis-je en scrutant la pénombre. J'attrape mes jumelles et je regarde encore. La chose me semble approcher. Est-ce que les icebergs peuvent faire ça ? Je continue à regarder et je jurerais que je vois la chose grossir. La masse semble s'allonger en travers de l'horizon suivant une ligne continue qui s'élève de plus en plus haut.

« C'est une dernière déferlante », murmuré-je. Elle est énorme : haute de six, sept ou huit étages — des centaines de millions de litres d'eau qui foncent sur l'océan en cherchant quelque chose qui va ralentir leur mouvement.

Là-dessus, j'en aperçois une autre.

Toujours de front, jamais par-derrière, me dis-je, en abattant la voile d'artimon et en assurant complètement le foc. Je file avec des mâts nus sans le moindre bout de toile. Je passe vingt minutes sur le pont à faire tout cela. Avec le vent la température est tombée largement en dessous de zéro et le froid est mordant. Je love les cordages, je ramasse les chaumards, je m'assure que tout l'équipement est bien arrimé et que rien ne traîne.

Même chose à l'intérieur. Je vérifie que tout est bien arrimé et rangé à sa place, avec des filets sur les équipets pour que rien ne tombe. Un tendeur maintient les ordinateurs portables, mes cartes sont pliées et bien rangées avec les crayons, le rapporteur et la règle à calcul. Tout est en ordre. Si le bateau se renverse, je ne risque pas d'être blessé par quelque chose qui tomberait.

En fouillant dans un placard où je range mes manivelles de treuil, mes doigts rencontrent quelque chose de doux et d'insolite.

« Pauvre petite chose », dis-je avec un soupir en soulevant doucement dans le creux de ma main la petite boule de plumes. Le plus faible des deux oiseaux ne s'est pas envolé : il s'était réfugié pour mourir dans l'obscurité du placard. J'ai le sentiment d'avoir manqué à un ami.

« Alors, qu'est-ce qui est arrivé à ton copain ? J'espère qu'il s'en est tiré. »

J'emporte le corps minuscule par le capot de descente et je le laisse glisser par-dessus bord le long du cockpit pour le voir disparaître dans la mer écumante. Une tombe bien impressionnante pour ce pauvre petit diable.

Je n'ai pas le temps d'y penser davantage : le vent souffle maintenant à plus de 50 nœuds et je surfe sur des vagues de quinze mètres sans un pouce de toile. Je regarde la vitesse du bateau : 18 nœuds... 20 nœuds... 22 nœuds... C'est comme la grande descente de la montagne russe dans un parc d'attractions, dispositif de sécurité en moins. En route pour le grand plongeon !

Le problème, ce sont les mâts-ailes. Contrairement à un voilier équipé d'un gréement traditionnel, mes mâts-ailes ont près d'un mètre de circonférence et sont cambrés comme les ailes d'un avion. Cela veut dire que les mâts jouent le rôle de voiles et qu'ils aident à la propulsion du bateau. C'est formidable pour augmenter la vitesse mais, comme je m'en suis aperçu lors de la tempête précédente, cela signifie que j'ai une « surface de toile » qu'on ne peut pas amener et qui fonctionnera toujours.

La visibilité est réduite à cent mètres. De temps en temps, j'aperçois une énorme déferlante et je commence à me dire que si elles sont devant moi, il doit aussi y en avoir derrière. Je n'arrête pas de jeter des coups d'œil autour de moi en regrettant de ne pas avoir des yeux derrière la tête. Je boucle mon harnais de sécurité, je surfe sur la houle en redressant la barre avant d'arriver au fond de chaque creux pour éviter que l'étrave ne plonge dans l'eau. Je regarde autour de moi et j'aperçois une vague à bâbord. Elle est fichtrement haute, avec une paroi qui a l'air presque verticale. Elle se cabre et se fend à la crête tandis qu'une eau écumante dévale devant et derrière.

Je la regarde, très impressionné : je me rends compte qu'une d'elles n'a qu'à me tomber dessus au bon moment et je suis dans un sérieux pétrin.

2

OCÉAN AUSTRAL
Samedi 4 janvier 1997

Fin d'après-midi : voilà cinq heures que je suis à la barre. Les grosses déferlantes doivent être puissantes parce que les vagues moyennes qui m'entourent ont toutes près de vingt mètres de haut. Je les entends arriver dans un grondement de tonnerre. Elles grossissent, grossissent, se poussant en avant jusqu'à atteindre leur apogée : puis elles se fendent au sommet et l'eau déferle de chaque côté.
La tempête précédente, il y a dix jours, a duré dix-huit heures. Je pourrai peut-être tenir à la barre pendant celle-ci si j'arrive à rester éveillé et à lutter contre la fatigue. Les embruns glacés me mordent les joues et je sens le froid qui arrive jusqu'à mes doigts à travers les gants détrempés. Je retire une main de la barre, je serre et desserre le poing pour essayer de maintenir la circulation du sang. Que ne donnerais-je pour une tasse de café et une cigarette !
A la tombée de la nuit, je remarque que les vagues foncent sur moi de deux directions différentes : elles se heurtent et la mer s'élève haut dans le ciel. Peut-être

SAUVÉ

que j'ai atteint l'épicentre de la tempête et que je peux maintenant m'attendre à une saute de vent importante.

Des murailles d'eau entrent en collision, projetant des embruns à trente mètres de hauteur. La mer est devenue complètement blanche. Sous le vent, je parviens à barrer l'*Exide Challenger*, mais le bateau a tendance à surfer sur les vagues et il atteint des vitesses de 18 à 20 nœuds. L'étrave s'enfonce profondément dans les creux et mon cœur manque de s'arrêter de battre. Vais-je chavirer cette fois ? Le pont gémit sous le poids de l'eau et puis lentement se relève. Bertha malheureusement ne peut pas maintenir le cap par vent arrière. Chaque fois que j'appuie sur le bouton de pilotage automatique et que je lâche la barre, une vague vient frapper le bateau de côté et il cherche à lofer au vent. C'est dingue.

Un des architectes de l'équipe qui a dessiné le bateau, Barry Noble, disait que l'*Exide Challenger* serait très solide et capable de tenir des vitesses suffisantes pour assurer jour après jour le bon trajet quotidien. J'en étais enchanté mais je découvris bientôt qu'on ne peut pas affronter des ouragans ni de grosses tempêtes avec des mâts-ailes qui poussent continuellement le bateau même quand on veut ralentir. De même, on ne peut s'attendre à naviguer dans l'océan Austral en filant régulièrement 25 ou 30 nœuds sur une longue distance.

Une vague se brise devant moi, l'eau vient déferler par-dessus le rouf, envahit le cockpit. Le harnais de sécurité me retient tandis que l'eau s'écoule par les gros trous d'évacuation à l'arrière. Je me demande combien d'heures je peux tenir. On entend parfois des gens raconter qu'ils sont restés à la barre deux ou trois jours au milieu d'une tempête, mais c'est absurde : on est vite absolument éreinté, on commence à somnoler et c'est alors qu'on commet des erreurs.

Une partie de moi pense : « Bon sang, si je peux

continuer à barrer en filant 20 nœuds, ça fait deux cents milles toutes les dix heures : je peux parcourir une sacrée distance. » En même temps mon expérience me dit : « Tu ne peux tenir la barre que dix ou douze heures dans ces conditions avant d'être épuisé.»

Certains bateaux ont une installation qui permet de barrer de l'intérieur, assis dans un fauteuil confortable, avec une tasse de thé ou de café et un radiateur qui vous réchauffe les pieds. J'ai décidé de m'en passer car on ne peut pas voir ce qui arrive ni où on va. Autant naviguer au compas. On pourrait foncer droit dans la paroi d'une vague sans s'en rendre compte, ou bien on pourrait piquer du nez dans un creux et chavirer. On peut avoir aussi le même problème quand on utilise un pilote automatique — à moins de rester aux aguets et de surveiller les vagues.

« Allons, Bertha, barre donc juste quelques minutes », dis-je en appuyant sur le bouton.

Je me glisse dans la cabine en refermant le panneau derrière moi et je branche la bouilloire. Quelques cuillerées de café, de sucre et de lait en poudre dans une tasse et je me roule une cigarette. Le bateau se met à pencher dangereusement au vent : je me précipite sur le pont pour reprendre le contrôle.

Ma bouilloire se met à siffler et je donne une nouvelle chance à Bertha. Elle maintient le cap juste assez longtemps pour que je puisse préparer le café et fixer le couvercle sur la tasse. Je bois quelques gorgées, j'allume ma cigarette : merveilleux.

L'anémomètre pousse des pointes à 70 nœuds : il ne peut sûrement pas aller plus haut ? De temps en temps, je me retourne et j'aperçois une énorme vague qui se forme derrière moi. Je monte avec la vague et j'aperçois le monde à mes pieds avant de surfer dans un creux à 26 nœuds. La vitesse fait vibrer le bateau. Il n'a pas été bâti pour aller aussi vite dans ces conditions.

SAUVÉ

Comment ralentir ? On ne construit pas de voiliers avec des freins à main. L'étrave commence à s'enfoncer et les vagues arrivent jusqu'au mât d'artimon. Péniblement, le bateau se redresse.

Il tient le coup, mais je suis épuisé : je ne peux pas tenir à ce rythme-là. Je songe à utiliser l'ancre flottante, une sorte de petit parachute en toile qui s'emplit d'eau et qu'on peut employer pour ralentir en le remorquant à l'arrière ou comme une ancre qui arrêtera presque le yacht si on s'en sert à l'avant pour maintenir le bateau au vent.

A défaut, je pourrais me contenter d'amener le bateau au vent, d'attacher la barre et de rester assis là. Mais ça ne marchera pas : ces satanés mâts-ailes rendent la manœuvre impossible et je ne peux que filer sous le vent.

Il est près de minuit et je n'ai rien mangé depuis le petit déjeuner. Ça pourrait souffler comme ça pendant des jours et il faut que je ménage mes forces. D'une façon ou d'une autre, il faut que j'arrive à ce que l'*Exide Challenger* navigue tout seul.

J'expérimente plusieurs degrés de vent en largue, puis j'enclenche le pilotage automatique. Parfois il tient cinq minutes ou même dix mais là-dessus une vague frappe la coque et le bateau fait une embardée dans l'eau à bâbord. A ce moment, les mâts-ailes se mettent à jouer le rôle d'une voile, m'entraînant à une vitesse folle. Bertha essaie de reprendre le cap mais le bateau vire brusquement à tribord, trop vite : je zigzague sur l'océan.

Me rappelant la dernière tempête, je barre à soixante, soixante-dix degrés, en montant vers le nord-est. Je presse de nouveau le bouton.

« Allons, Bertha, tu peux tenir le cap.»

Au bout d'une heure et demie, ça commence à marcher. L'*Exide Challenger* file de 12 à 14 nœuds cap au nord-est. Il encaisse de rudes coups mais du moins ne surfe pas à des vitesses ridicules.

Je me précipite dans le rouf, je ferme le capot et je me laisse tomber sur la marche à l'entrée de la descente. Je suis éreinté. C'est un endroit formidable parce que je peux me caler pour résister aux violentes oscillations du bateau et regarder par les hublots pour apercevoir les mâts. S'il se passe quelque chose, je ne suis qu'à quelques pas du pont.

La cambuse est à côté et je branche la bouilloire. Je jette un coup d'œil au baromètre : il est maintenant descendu à 960. Je me demande où j'en suis, combien de temps ça va durer. Je lève les jambes, je laisse mon menton tomber sur ma poitrine et je ferme les yeux.

Brusquement, le bateau prend de la gîte : il a été frappé par une vague. Je sens la pression dans mes épaules qui se crispent contre la cloison. Les mâts doivent presque toucher l'eau. Lentement, le bateau se redresse, entraîné par le poids de la quille.

J'ouvre une boîte de bœuf en conserve et j'en verse le contenu dans un bol en plastique. Ce serait bon avec de l'oignon haché, mais je ne me sens pas le courage d'en préparer. Je me contenterai de sauce tomate. Je mélange le tout et puis je prends six biscuits Ryvita : c'est ma ration journalière. J'étale le bœuf sur chaque biscuit, une bouchée après l'autre, je ne veux pas en faire tomber.

Ensuite, je me fais une tasse de thé, je me roule une cigarette et je grignote quelques biscuits en les trempant dans mon thé. Par moments, le bateau gîte un peu comme s'il voulait chavirer, mais au moins les grosses vagues viennent-elles d'une seule direction, ouest-nord-ouest.

Je glisse une cassette dans le magnétophone et j'écoute Bob Marley chanter *No Woman No Cry* ; il dit que tout va s'arranger...

SAUVÉ

Les yeux fermés, j'ai fini mon café, Bob Marley m'alanguit... Allons, la vie n'est pas si mal que ça. Le bateau se remet à prendre de la gîte sous le vent : je me cale contre la cloison.

Crac !

Qu'est-ce que c'était que ça ?

Tout d'un coup, le monde se met à tourner et moi avec. Pas au ralenti : ça va très, très vite. Je n'arrête pas de penser au « crac ! » : on aurait dit quelqu'un brisant sur son genou un piquet de palissade.

Je suis assis sur le plafond de la cabine avec le plancher au-dessus de moi. L'*Exide Challenger* a chaviré.

« Allons, allons, retourne-toi. Remets-toi d'aplomb.»

Rien ne se passe.

En regardant par les bulles, je distingue l'eau et l'écume qui bouillonnent au-dessous de moi. J'ai l'impression d'être dans un bateau à fond vitré.

Merde ! Cette saloperie de quille a disparu. Je n'arrive pas à y croire.

Comment se fait-il que je n'aie pas été blessé ? J'ai dû instinctivement me laisser rouler quand le bateau s'est retourné. Les lumières sont toujours allumées et les filets ont empêché que tout dégringole des équipets et des placards.

Réfléchis, Tony, réfléchis, qu'est-ce que tu vas faire ? Peux-tu redresser le bateau ? Sans quille, pas question. J'aurais pu perdre les mâts, le gouvernail et parvenir encore à m'en tirer, mais la quille, c'est essentiel.

Qu'est-il arrivé aux mâts ?

Ils ont dû casser sous le choc. Ils sont construits pour flotter afin d'aider le bateau à se redresser s'il chavire. Ça ne s'est pas produit : j'ai donc dû les perdre.

L'éclairage fonctionne. Les batteries sont maintenues en place par des barres d'acier inoxydable, mais elles sont maintenant dans le haut du bateau. A moins de trouver un moyen de retourner le générateur, je n'arriverai pas à les recharger. Je me roule une cigarette et je grignote un biscuit. Que faire maintenant ? Le bateau ne va pas couler. C'est une construction de mousse en sandwich avec des compartiments étanches. Avec un peu de chance, je peux sans doute rester relativement au sec dans le rouf.

L'eau douce pourrait être un vrai problème, même si j'ai mon Survivor pour en faire, et quelques sachets d'un demi-litre qu'on m'a donnés avant le départ de la course. Théoriquement, j'ai des provisions en abondance, mais la plupart de mes réserves sont dans des compartiments étanches sous le plancher du cockpit qui se trouve maintenant sous l'eau. Pas moyen d'accéder aux panneaux à moins d'ouvrir le capot de descente et d'inonder le bateau.

Les balises de détresse ?

J'en ai quatre. Trois balises Argos fournies par les organisateurs de la course et ma propre EPIRB qui fonctionne sur une fréquence différente. Une des balises Argos émet en permanence depuis le cockpit, pour donner régulièrement au PC de la course des renseignements sur ma position.

Il faut que je déclenche une autre balise en mode de détresse mais comment ? Le signal ne traversera pas la coque : il faut donc que je la place à l'extérieur. Cela aussi revient à ouvrir le capot et inonder l'intérieur du bateau. Bon sang, me dis-je, quel bordel.

Très bien : respirons un bon coup et réfléchissons sérieusement et calmement. Pas de précipitation : je ne vais nulle part. Il est trois heures du matin, la tempête continue à souffler. Il faudra que j'attende jusqu'au lever du jour : espérons que, d'ici là, les choses se seront calmées.

Au creux de l'estomac, là où l'angoisse le serre un peu, je sais que je frappe à la porte de la mort. Simple question de bon sens. Par plus de 50 degrés sud, je suis à au moins mille milles des routes de navigation. Les seuls navires dans ces eaux sont des bateaux qui assurent le ravitaillement des stations scientifiques et de recherche réparties dans l'Antarctique et il ne doit y en avoir qu'une poignée chaque été. Le concurrent le plus proche, pour autant que je sache, a 800 milles d'avance sur moi. Je suis à 1 000 milles à l'est de l'île de Heard, à 1 500 milles au sud-ouest de l'Australie et à 800 milles au nord de l'Antarctique. Je suis au bout du bout du monde et, même si j'essayais, j'aurais du mal à être plus loin de tout secours.

S'il s'agissait de l'Atlantique Nord, j'aurais des routes de navigation à ne savoir qu'en faire, des navires allant en Afrique, en Amérique, aux Canaries, aux Açores et aux Caraïbes. Au lieu de cela, je suis dans le pire endroit qu'on puisse imaginer : à l'est de l'île de Heard, dans des mers hostiles.

Oh, Tony, quel bordel.

Un demi-paquet de biscuits et trois ou quatre cigarettes plus tard, je suis toujours là à réfléchir. C'est comme quand on va chez le médecin et qu'il vous dit qu'on a le résultat de vos analyses. Il ne va pas tourner autour du pot : il va me dire carrément la vérité.

« Mr Bullimore, vous allez mourir d'ici quelques jours.

— Pas de guérison possible ?

— Non.

— Aucun moyen de me donner un peu plus de temps ?

— Oh, si, mais seulement un jour de plus, peut-être deux. »

Le bateau roule et tangue si fort que j'ai beaucoup de mal à ne pas être précipité d'une cloison à l'autre dans la cabine retournée. Les filets qui jadis maintenaient les choses sur les équipets croulent maintenant sous le poids et pendent à l'envers. Ils commencent à céder.

SAUVÉ

Dieu merci, très peu d'eau s'est infiltrée dans la cabine : juste assez pour ruisseler sur la pointe de mes bottes.

Allons, Tony, sois réaliste : quelles sont tes options ? Si on lance une opération de sauvetage, quelle forme prendra-t-elle ? Je suis trop loin de la terre pour qu'on puisse m'atteindre par hélicoptère : on peut donc éliminer cette solution. L'avion le plus proche doit être en Australie, mais tout ce qu'ils peuvent faire, c'est me trouver : ils ne peuvent pas me recueillir.

Si j'arrive à déclencher une balise de détresse, on essaiera de dérouter les navires les plus proches pour effectuer des recherches. Pour autant que je sache, l'île de Heard est sans doute inhabitée et les îles Kerguelen, à 380 milles plus loin au nord-ouest, abritent une communauté française, mais je doute qu'il y ait un bateau assez gros pour parvenir à temps jusqu'à moi.

Et les routes de navigation ? Celle qui traverse l'océan Indien du Cap à Perth est à 1 000 ou 1 500 milles au nord de ma position. Dans cette région, les cargos et les pétroliers, pour des raisons évidentes, restent à des latitudes plus sûres. Je n'imagine pas un capitaine ou un commandant de navire prêt à amener un pétrolier de 20 millions de livres sterling aussi loin dans l'océan Austral.

Alors, qu'est-ce qu'il me reste ? Je pourrais avoir de la chance et être recueilli par un navire de chercheurs faisant route pour l'Antarctique : il n'y en a probablement qu'une demi-douzaine dans toute l'année. Ce serait donc à peu près comme gagner au Loto.

J'ai sans doute plus de chances de dériver vers l'Antarctique. Voilà une idée à creuser : n'écarte aucune hypothèse, Tony. Supposons que je continue à dériver au sud-est, combien me faudrait-il de temps pour atteindre l'Antarctique ? Le vent et les vagues me poussent sans doute à un, sans doute deux nœuds. Ça fait de 24 à 48 milles par jour. L'Antarctique est à 800 milles au sud. Même si je pouvais dériver droit au sud, ce qui est impossible, ça me prendrait au moins seize jours. D'ici là, je serai mort de faim ou bien le bateau aura coulé.

Réfléchis, Tony, réfléchis !

Ma boîte à outils : je peux peut-être faire tourner le générateur, utiliser les batteries et le réchaud à gaz. Dès l'instant où j'aurai touché terre, ce ne sera plus si important de maintenir intacte la structure des compartiments étanches : je pourrai donc ouvrir les panneaux sous le pont et récupérer des vivres en abondance.

Je pourrai me construire un abri, allumer un feu et faire sécher mes vêtements. Ensuite, je fabriquerai des skis et je bricolerai un traîneau que je pourrai traîner derrière moi. Je m'envelopperai dans de la toile pour me protéger du vent et je gagnerai à pied la station scientifique la plus proche. Je ne ferai pas tout ça en un jour, bien sûr : je progresserai peut-être par étapes de dix ou quinze kilomètres. La nuit, je creuserai un abri dans la glace et j'absorberai de grandes quantités de nourriture pour me fournir les calories nécessaires. Peut-être que je peux emporter avec moi quelque chose pour faire du feu.

Allons, Tony, sois sérieux. Tu rêves !

On va envoyer un navire à ma recherche, selon toute probabilité d'Australie. Je doute qu'on se donne cette peine, mais il faut bien espérer. En fonction du temps, un navire mettra trois ou quatre jours pour arriver jusqu'à moi. Il faut que je reste en vie jusque-là.

L'aube arrive. Par la bulle sous mes pieds, je vois l'eau sombre devenir plus claire, baignant le rouf d'une lueur verdâtre. J'entends quelque chose qui tape. La bôme frappe le plexi quand le bateau plonge dans les creux. Je ne m'inquiète pas. Le verre a douze millimètres d'épaisseur et il est solidement fixé au pont avec un joint de caoutchouc, de la colle et du mastic étanche. C'est fichtrement costaud : on peut taper dessus avec un marteau.

Je cesse d'y penser et je me concentre sur le problème de faire passer à l'extérieur une balise de détresse.

Les voiliers traditionnels (les monocoques) ne sont pas construits avec un capot de sécurité dans la coque au cas où quelqu'un se trouverait prisonnier à l'intérieur d'un bateau chaviré. La plupart d'entre eux, comme l'*Exide Challenger*, sont conçus pour se redresser automatiquement. La quille de quatorze pieds, avec une boule de plomb de 4 tonnes et demie, doit le remettre droit s'il chavire.

La dernière chose à quoi on puisse s'attendre, c'est de *perdre* la quille. La mienne était un petit chef-d'œuvre de technique : en carbone, avec un poids en plomb en forme de torpille au fond, elle n'était pas boulonnée sous le bateau comme dans la plupart des cas. Celle-ci remontait par une fente jusqu'à un réduit ménagé sous le plancher de la cabine. Entouré d'une enveloppe de carbone et de résine, elle faisait corps avec le bateau. Alors pourquoi a-t-elle cassé ? Je n'en sais rien. Pourquoi des avions tombent-ils tout d'un coup ?

A mon avis, les mâts-ailes faisaient sans doute prendre de la gîte au bateau, amenant la quille près de la surface juste au moment où une vague était venue se briser. Elle avait dû frapper la quille juste sous le bon angle avec la résonance qu'il fallait : comme un punch décoché par Mike Tyson. Elle avait trouvé un point faible et bang ! — la quille avait disparu.

Cela, bien sûr, n'est qu'une hypothèse. Avant même le départ de la course, j'avais sans un seul problème fait 20 000 milles avec le bateau. N'y pensons plus : c'est de l'histoire ancienne. Ce qui compte, c'est ici et maintenant.

Une eau verte bouillonne sous les bulles. La bôme

SAUVÉ

cogne joyeusement. Il me faut des secours et une stratégie de survie : tout va se jouer avec les balises de détresse et l'arrivée de quelqu'un pour me tirer de là.

D'abord, je dois trouver un moyen de faire sortir une balise : peut-être puis-je utiliser mes outils pour découper un trou dans la coque. Ensuite, je vais rendre le bateau habitable : je peux retourner le réchaud pour avoir des aliments chauds, du café et du thé. J'ai des vêtements secs dans la cambuse derrière le local du moteur : un petit réduit qui sert au rangement. Les batteries pourraient durer deux ou trois jours, ce qui me donnerait un peu de lumière.

Une petite voie d'eau se déclare : une quinzaine de centimètres au fond du bateau : ça n'est pas terrible. Je peux rester au sec et me blottir dans un coin pour ne pas être trimbalé au risque de me casser un os. Voilà le plan : je suis sûr que ça peut marcher.

Et la bôme continue à faire tap, tap, tap.

3

OCÉAN AUSTRAL
Dimanche 5 janvier 1997

Un torrent d'eau fait irruption dans la coque avec une telle violence qu'il frappe le toit au-dessus de ma tête. On dirait une cascade à l'envers et, pendant trois ou quatre secondes, je regarde ça d'un œil vide, pétrifié par le choc. J'entends un petit gémissement de surprise et je sais que c'est moi qui ai dû le pousser.

Déjà l'eau de mer tourbillonne autour de mes genoux, puis de mes cuisses, montant avec une rapidité extraordinaire. Bonté divine, que c'est froid !

Je sais que l'eau doit s'arrêter au niveau de la ligne de flottaison — c'est une loi physique — mais il ne semble guère y avoir de logique dans ce qui m'arrive. La bôme a fracassé la bulle. Elle a fait un grand trou de près de cinquante centimètres de haut sur un mètre de long dans le pont, sous mes pieds.

L'eau envahit tout, elle m'arrive maintenant à la poitrine. Elle clapote d'une cloison à l'autre de la cabine : je suis dans une machine à laver infernale. Je me répète sans cesse : « C'est un bateau à coque sandwich avec des cellules étanches. Il ne va pas couler. » Expliquez donc ça aux vagues !

SAUVÉ

Les lumières se sont éteintes : la coque est plongée dans l'obscurité. Si je n'arrive pas à trouver ma combinaison de survie, je suis mort. Pataugeant dans l'eau glacée, j'arrive au local du moteur qui est encore relativement au sec. Les cabines sont séparées les unes des autres par une cloison avec des portes de forme ovale dont la partie inférieure est à près de cinquante centimètres au-dessus du pont.

De l'autre côté du compartiment moteur se trouve la cambuse et il y a là quatre grands sacs de toile sur les équipets. Je cherche à tâtons dans le noir. L'un contient des sous-vêtements en Thermolactyl, des gilets et des chaussettes, un jeu de cirés de rechange, dans le troisième il y a une petite trousse de secours et des affaires de toilette, comme un rasoir et de la crème à raser. Le quatrième contient ma combinaison de survie : une enveloppe de nylon ultra-légère au tissage extrêmement serré qui recouvre un tissu plastique flexible.

Je me débarrasse de mon ciré et j'enfile la combinaison jaune. Ce n'est pas facile car le bateau roule et tangue. Aussitôt remontée la fermeture Éclair, je me sens tout de suite plus au chaud. La combinaison ne protège malheureusement pas les mains ni les pieds. A la maison, j'ai une combinaison de survie pour la mer du Nord qui m'enveloppe complètement. Tu es vraiment stupide, Tony, de ne pas l'avoir emportée. J'en apprends à chaque instant.

Je vide l'eau de mes bottes et je les remets. Elles ne me protègent guère du froid mais du moins m'éviteront elles de me couper les pieds sur des débris hachés par l'eau.

Bon, priorité numéro un. Déclencher une balise de détresse. L'une se trouve dans une console-cloison du local du moteur, une autre est attachée par une courroie à un équipet à côté et une troisième est sous la table à cartes. Deux d'entre elles sont des balises Argos, exactement comme celle qui n'a cessé de fonctionner

SAUVÉ

dans le cockpit de l'*Exide Challenger* depuis le début de la course.

Les balises ont trois différents modes de fonctionnement. Le réglage normal indique votre position en envoyant continuellement un simple signal digital par l'intermédiaire d'un satellite, avec un code spécial qui permet d'identifier sa provenance. On déclenche le second mode en poussant un bouton séparé qui modifie le signal : on l'utilise pour essayer de tester la balise ou, dans certains cas, pour indiquer une difficulté technique. Le troisième mode est actionné par une manette de détresse protégée par une calotte en plastique qui se visse.

Je décroche la balise de la cloison, je dévisse le capuchon et j'actionne la manette. Une petite lumière rouge se met à clignoter lentement. Je remets le capuchon pour que la balise ne s'arrête pas accidentellement et je plonge dans la cabine. Quelqu'un d'un mètre quatre-vingt-quinze peut se tenir debout au milieu de la pièce. Je ne fais qu'un mètre soixante et l'eau m'arrive presque au menton. Je m'efforce de suivre les côtés où l'eau n'est pas trop profonde.

L'*Exide Challenger* a l'air de piquer du nez à l'arrière mais c'est difficile à vérifier avec tant d'eau qui roule d'un flanc à l'autre. L'eau semble bien s'être arrêtée à la ligne de flottaison.

J'attache la balise à un bout, je prends une profonde inspiration et je plonge. Bon sang que c'est froid. J'ai l'impression qu'on m'appuie des glaçons contre les yeux. Je pousse la balise par la bulle brisée et je laisse filer. Le cordage glisse entre mes doigts et je tire dessus à plusieurs reprises, comme si je pêchais, pour essayer de sentir si la balise flotte à la surface où si elle est prise dans des débris de gréements. Il doit y avoir des mâts et des cordages partout.

Je ne peux pas en être sûr à moins d'ouvrir le capot de descente : mais la tempête continue à faire rage et je

SAUVÉ

ne pourrais peut-être pas revenir. Je ne peux qu'espérer que quelqu'un captera l'appel.

De retour dans le local du moteur, j'essaie de me réchauffer. « C'est le froid qui aura ta peau en premier », me dis-je.

Maintenant que la bulle s'est brisée, c'est une tout autre histoire : de désespérée, la situation est devenue critique. Il y a tout un équipement sur lequel je ne peux pas compter : à commencer par l'*Exide Challenger*. L'eau se déverse par le panneau dans le local du moteur pour atteindre à peu près la hauteur de mes genoux. Je ne crois pas que le bateau va couler, mais il est plus bas dans l'eau que je ne m'y attendais.

Il faut que je prépare le radeau de survie — à tout hasard. Je ne sais même pas s'il est encore attaché au pont ou s'il a été arraché. Si quelqu'un le retrouve ? On dira : « Ah, tout est fini, il est mort », et on arrêtera les recherches.

Je prends ma boîte à outils dans le local du moteur et j'en sors un marteau, deux ciseaux à froid et deux clés à molette. Je me cale contre le côté de la cabine pour éviter le balancement et je commence à essayer de creuser un trou dans la cloison au-dessus de la ligne de flottaison. Si je réussis à percer jusqu'au cockpit, peut-être que j'arriverai à voir le coffre du radeau de survie sans laisser s'engouffrer davantage d'eau. Mon Dieu, faites qu'il soit bien là.

Normalement, le container en plastique repose avec ses quatre cales de caoutchouc sur le plancher du cockpit vers l'arrière. Il a environ 90 centimètres de long sur 50 de large et 25 de haut. Chaque côté a deux pitons à œil où passe le cordage qui le maintient fixé. Un cordon séparé déclenche le gonflage du radeau.

Bang ! Bang ! Bang ! Je ne cesse de frapper des points durs dans le carbone renforcé de la cloison. C'est comme de la pierre. Au bout d'une heure, je renonce et je regagne en pataugeant le local du moteur pour essayer de me réchauffer.

Allons, Tony, réfléchis à ce que tu veux faire.

Si le radeau est toujours sur le pont, il est sous l'eau. Il faudra que je nage jusqu'au cockpit pour couper les cordages qui le maintiennent à sa place. Je pourrai alors le pousser par-dessous les rambardes avant de le gonfler à la surface.

Mais je n'ai pas envie de me mettre à nager dans la mer, pas encore. Et si je m'emmêle dans les gréements, si le radeau ne se gonfle pas, s'il est déchiré par une vague. Si je n'arrive pas à regagner la cabine ? Allons, Tony, il doit y avoir une solution.

Je peux peut-être détacher le radeau de survie, tirer le container dans la cabine, attacher le cordon de déclenchement à un long bout et puis le repousser dehors, en le faisant passer entre le cockpit et le bastingage jusqu'au moment où il sera dégagé de la coque. Alors, je pourrai tirer sur le bout plus long et déclencher le gonflage. Si ça marche, je n'aurai pas à quitter la coque.

Voilà le plan. Allons-y.

Planté sous le capot de descente, je renverse la tête en arrière au-dessus de l'eau qui clapote et je prends une profonde respiration. Je plonge : le choc du froid est stupéfiant et j'écope de la pire migraine de l'histoire. Je remonte, haletant, puis je replonge, je m'assieds sous l'eau pour essayer de m'acclimater.

J'ai passé sous mes aisselles un cordage que j'ai attaché à un anneau de gréement qui sert à bloquer le mât d'artimon : cela afin de pouvoir me hâler dans la cabine si j'ai des pépins. Je n'ai pas envie que le capot se referme en me laissant prisonnier à l'extérieur. Les épaules coincées contre la porte, je saisis le loquet et je pousse de toutes mes forces. Au début, la porte ne veut pas bouger, et puis elle commence à céder tandis que la pression de l'eau s'équilibre des deux côtés.

SAUVÉ

Je plonge encore et j'empoigne le chambranle à la hauteur du loquet. Brusquement, un jaillissement d'eau referme le capot. Ma main glisse. Je ressens une violente douleur. La chair et l'os ne sont pas de taille à résister au plastique et au métal.

Je lève la main en me disant : « Bonté divine, où est passé mon doigt ? » Ce n'est plus qu'un moignon d'os déchiqueté et ensanglanté. La brûlure de feu m'arrive comme un choc en retour. Je ferme les yeux aussi fort que je peux pour réprimer mes larmes. Il y a des tourbillons rouges dans l'eau de mer d'une pureté de cristal, comme une peinture en trois dimensions. Je me demande si je vais perdre tout mon sang. C'est extraordinaire comme j'éprouve peu de douleur tant le froid m'engourdit les mains.

Tenant ma main hors de l'eau, je retourne jusqu'à la cambuse et je cherche ma petite trousse de premiers secours. J'essaie d'envelopper le moignon ensanglanté dans de la ouate et des bandages mais, au bout de dix minutes, le pansement est tombé dans l'eau. Chose étonnante, le saignement cesse au bout d'une demi-heure et le froid engourdit presque complètement la douleur.

Je retourne au capot de descente et je recommence à pousser sur la porte. Je me dis que je dois être fou à lier, mais je n'ai pas le choix. Il faut que je trouve ce radeau de survie.

Cette fois, je réussis à pousser le panneau, je m'écarte de la cloison et j'aperçois le radeau de survie à environ cinq mètres de moi. Le temps d'y arriver, j'ai les poumons vides. Je retourne sans avoir pu couper le cordage et je me précipite dans la cabine par le capot ouvert, hors d'haleine. Que s'est-il passé ? Il y a des années, je pouvais retenir mon souffle pendant à peu près deux minutes et demie. Maintenant, ça fait à peine une minute et demie : voilà ce que c'est que de fumer. Je suis sûr que le froid y est aussi pour quelque chose.

Cinq minutes plus tard, je fais une nouvelle tentative, en comptant presque les secondes mentalement. J'empoigne les cordages, brin après brin et je parviens à en couper deux sur la douzaine qui attachent le container avant de battre en retraite à l'intérieur.

C'est sacrément désespérant. Il fait un froid de gueux et il faut que je me réchauffe.

La cambuse est encore sèche et plongée dans une obscurité presque totale. Je remarque un étroit équipet le long d'une cloison, large d'une quarantaine de centimètres, avec le rebord qui pointe vers le bas et le filet qui pend.

Je me plante sur le rebord de l'encadrement de la porte et je glisse jusqu'à l'étagère, me cognant les côtes contre la tranche de l'équipet jusqu'à pouvoir presque compter les os l'un après l'autre au fur et à mesure de ma progression. A mi-chemin de l'équipet, je prends appui contre l'encadrement de la porte, puis sur la cloison pour me pousser plus loin le long du rayonnage.

Mes épaules sont coincées contre le côté de la coque, un bras est levé et l'autre baissé : pas la place de me retourner. Je suis si fatigué que je n'ai qu'une envie : dormir. Le grondement de l'eau qui se fracasse contre la coque étouffe tout autre bruit. Mes yeux refusent de rester ouverts. Je suis si fatigué, j'ai si froid.

4

SOUTHEND-ON-SEA, ANGLETERRE

« Ne t'inquiète pas, fiston, tu n'as pas à avoir peur là-dessous. »

Le vieil homme prit son mouchoir pour essuyer son chapeau et son écharpe. Il sourit à ma mère dans la pénombre et lui dit de ne pas s'énerver.

J'étais allongé à même une paillasse sur la couchette supérieure d'un châlit métallique. Le vieil homme se trouvait dans la couchette d'en dessous quand j'avais vomi. Je ne me souviens pas quelle station de métro c'était. Sans doute quelque part dans l'East End. On entendait les bombes exploser au-dessus de nous, ma grand-mère et ma tante étaient blotties l'une contre l'autre. Moi, je n'avais que quatre ans.

On peut dire que c'est mon premier souvenir. Pas très gai, bien sûr, mais on n'avait pas beaucoup de raisons d'être gai en 1943. Mon seul autre souvenir de cette époque, ce fut quand on nous évacua ma sœur et moi dans le Gloucestershire pour séjourner dans un refuge de l'Armée du Salut à Montpelier, non loin de Bristol. Je me rappelle avoir joué avec d'autres enfants dans un petit couloir, nous étions tous très jeunes et nos parents nous manquaient.

Vers la fin de la guerre, ma sœur Diane (« Doody ») et moi habitions avec nos grands-parents dans une maison avec terrasse sur Hainault Avenue, Southend-on-Sea. Ma mère est d'une famille de juifs sépharades : Doody et moi avons été élevés religieusement. Ma grand-mère s'occupait beaucoup des événements qui se déroulaient sur le continent et, je m'en souviens, elle nous serrait contre elle en disant que, si jamais les nazis débarquent en Angleterre, « nous fourrerons le torchon sous la porte et nous ouvrirons le gaz ». Je ne compris pourquoi elle disait ça que lorsque j'allai à l'école.

Les soldats britanniques étaient stationnés juste en haut de Hainault Avenue, pour la plupart des équipes d'ambulanciers, et ils nous fascinaient. Grand-mère nous avait interdit de les approcher — je pense qu'elle ne faisait pas confiance aux étrangers — mais Doody et moi nous glissions par les ruelles, en passant devant le poste de la Military Police pour nous retrouver dans le grand hall transformé en cantine.

Le cuistot était un énorme sergent drapé dans un grand tablier. Il nous emmenait dans la cuisine, nous faisait asseoir à une table et nous donnait à chacun une assiette de purée de pomme de terre et de bœuf en conserve, ou ce qu'il y avait au menu ce jour-là.

Southend-on-Sea n'échappa pas aux bombes allemandes. La ville était située dans le couloir aérien qu'utilisaient la Luftwaffe et les V-1, si bien que tout ce qui n'allait pas jusqu'au but ou qu'on lâchait au retour risquait de tomber sur nous. On ne me laissait pas sortir le soir, surtout quand les sirènes d'alerte aérienne avaient retenti, mais je revois encore les projecteurs fouillant le ciel noir, leurs faisceaux se reflétant sur les nuages tandis qu'ils recherchaient les appareils ennemis.

Ma mère passa une grande partie de la guerre à travailler dans une usine quelque part dans le sud de l'Angleterre, pour contribuer comme elle pouvait à l'effort de guerre. Pendant ce temps, mon père était dans l'Armée : en garnison dans le nord de l'Angleterre puis, pendant de nombreuses années, en Extrême-Orient. Je n'ai pas souvenir de l'avoir vu avant la fin de tout le concours de tir.

Il revint en 1947. Je le vois entrer dans notre maison de Southend-on-Sea, en uniforme, et avec un grand sac sur l'épaule. Il l'ouvrit et en tira des tablettes de chocolat et autres douceurs. Assis dans l'escalier de service, je regardais notre petit jardin et je croquais du chocolat tandis que Papa et Maman, installés dans la cuisine, buvaient du thé et refaisaient connaissance.

Je ne tardai pas à découvrir que, durant la guerre, il était dans l'Entertainments National Service Association (ENSA), l'équivalent britannique du Théâtre aux Armées, pour distraire les troupes en Malaisie, à Singapour et en Inde. Il se faisait appeler « Bert » Bullimore — son vrai nom, c'était William — et travaillait souvent avec son ami intime Bunny Reynolds. Leur numéro de duettistes s'intitulait « The Gale Brothers ».

Il gardait un album avec toutes les vieilles photos et les annonces dans les journaux. On y trouvait des choses comme :

LE CABARET DU SANS-SOUCI
présente ce soir :
LANI — la première danseuse hawaïenne à avoir été en tournée à travers les États-Unis et qui vient d'arriver ici pour interpréter le
« Chant de guerre hawaïen » et le « Chant des Iles ».
Pour la première fois à Singapour.
Ne manquez pas non plus Bert et Bunny, les Gale Brothers, le 1er octobre 1946.

SAUVÉ

Mon père était un artiste-né capable de chanter, de danser, de raconter des histoires... il savait tout faire. Il était capable d'entrer dans une salle silencieuse, de tapoter au piano deux ou trois jolies chansons et tout le monde reprenait en chœur *Thanks for the Memory* ou bien *Roll Out the Barrel*.

Après la guerre, Bunny et lui passaient quelques soirs par semaine dans divers music-halls et théâtres avant de se séparer. Bunny devait émigrer en Australie et nous allions en faire autant, mais il ne dépassa jamais Singapour. Je crois qu'il est devenu policier.

Je me souviens, étant enfant, être allé voir mon père sur scène. Je restais dans les coulisses derrière le rideau, à le regarder avec son chapeau de paille et sa canne. Tandis que l'orchestre jouait les dernières mesures, il quittait le plateau en dansant, empoignait une serviette, essuyait la transpiration qui ruisselait sur son visage, se changeait rapidement et puis revenait. C'était fabuleusement excitant.

Peu après la guerre, un grand agent de Shaftesbury Avenue, qui avait parmi ses clients un tas d'artistes connus, envoya mon père à plusieurs auditions pour des spectacles dans le West End et pour des tournées en province. Ce fut alors que ma mère vint mettre le holà et lui lança un ultimatum : la guerre l'avait éloigné de chez lui pendant sept ans et elle ne voulait pas voir ça recommencer. La famille d'abord : mon père abandonna le music-hall.

Maman et lui tenaient un café à Southend, appelé chez B & K pour (Bill et Kitty) où on servait des saucisses, des haricots et des frites, du pain et du beurre et des tasses de thé fumantes. Ils utilisaient les quatre pièces en étage pour louer des chambres avec petit déjeuner. Quand ils avaient besoin d'une cinquième, je me retrouvais à dormir dans l'appentis au fond du jardin sur une couchette improvisée.

Il y avait toujours des tas de visages inconnus dans

la maison, même si certains d'entre eux finirent par devenir familiers à force de revenir année après année. Ils adoraient tous Maman, et moi aussi : elle avait le sens de l'hospitalité et donnait aux gens le sentiment qu'ils étaient importants.

Mon père venait d'une famille de vrais Londoniens, originaires du quartier d'Elephant and Castle et, quand ils se réunissaient, il y avait une véritable ambiance de fête avec chansons et réjouissances jusqu'au petit matin. Oncle Len travaillait au marché de Billingsgate et le vendredi il rapportait à la maison plein de poissons pour le week-end.
Tante Gladys travaillait comme femme de ménage dans une des banques du quartier. C'était une vieille famille de commerçants et nombre d'entre eux, y compris mon père, possédaient des éventaires dans des endroits comme Petticoat Lane. Parfois, il allait même plus loin.
A neuf ou dix ans, je l'accompagnais pendant les week-ends : je chargeais la camionnette et nous partions pour les marchés de Peterborough, Kettering ou Corby. Nous arrivions à sept heures, déchargions tous les cageots, dressions les tréteaux et puis nous faisions notre étalage. Mon père allait jusqu'au café et revenait avec deux gros sandwichs à la saucisse et des tasses de thé. Nous étions alors prêts à travailler.
Nous étions dans le commerce du plâtre : nous vendions ces petites plaques que les gens accrochent dans leurs salons, et des statuettes de chiens et de chevaux. Mon père les vendait deux shillings la paire et cela lui laissait encore un coquet bénéfice. Comme on pouvait s'y attendre, on le surnommait « Le Plâtrier » et, même un jour de pluie où les affaires n'allaient pas fort, il réussissait à faire naître un sourire sur le visage de ceux qui s'approchaient de son éventaire.
Papa était un des meilleurs « aboyeurs » de la profes-

sion et il m'enseigna tous les trucs du métier, comme appâter le chaland. Brandissant une statuette, il disait : « Mesdames et Messieurs, si vous essayez d'acheter un de ces objets d'art chez Harrods, on vous fera payer sept shillings six pence. Chez Marks & Spencer, on vous en demandera cinq shillings et, même si vous alliez chez Woolworth, vous paierez trois shillings six pence. Mais laissez-moi vous dire, Mesdames et Messieurs, je ne vais pas vous en donner juste un... je ne vais pas vous en donner juste deux. » Il marquait un temps, prêt à remonter sa prise. « Mesdames et Messieurs, je vais vous en donner trois. Et les six premières mains que je vois se lever pourront les avoir tous pour juste trois thunes. » Au premier rang, je levais aussitôt la main avec les autres « barons ». En général, il n'en fallait pas plus pour que la foule se mette à acheter.

Même si ça se passait sans entourloupe, la vie sur les marchés pouvait être rude : il fallait parfois se lever au milieu de la nuit pour aller jusqu'à tel ou tel marché et, si on n'avait pas une place attitrée, il fallait baratiner le Toby (l'inspecteur) pour obtenir un bon emplacement. On s'inquiétait du temps qui pouvait gâcher une journée de travail si les clients restaient chez eux.

Gagner de l'argent, c'est quelque chose que j'ai compris très jeune. J'avais à peine commencé l'école que j'allais avec ma brouette jusqu'à la gare routière de Southend attendre l'arrivée des cars de vacanciers. La plupart d'entre eux étaient des ouvriers qui n'avaient pas les moyens de prendre un taxi. Je trimbalais leurs bagages jusqu'à leur chambres avec petit déjeuner et ça me rapportait mes trois pence.

Au moment de Noël, je gonflais les ballons, je les attachais à des bâtons et je les vendais devant les supermarchés. Je dépensais un peu d'argent en bonbons et en bandes dessinées, mais j'en mettais de côté la plus grande partie. A chaque week-end et pendant les vacances scolaires, je me trouvais un petit boulot sur le front de mer ou dans les fêtes foraines, toujours à l'affût d'une occasion.

En ce temps-là, juste après la guerre, Southend avait la réputation d'être le lieu de villégiature où l'on buvait le plus de toute l'Angleterre. La station attirait des foules de dockers de l'East End de Londres qui économisaient toute l'année et qui prenaient un billet de car pour aller passer une journée à la mer. Quelque temps, je me fis photographe : je prenais pour Bill Selly qui avait un studio à Camberwell des photos des groupes arrivés en autocar. Les dockers venus pour la journée se rassemblaient dans les pubs autour de l'East End et j'attendais qu'ils aient fini leurs bières. Ensuite, ils entassaient des caisses de canettes dans le compartiment à bagages du car et faisaient la soixantaine de kilomètres qui les séparaient de Southend-on-Sea.

A moins qu'il n'y eût une place libre, je m'asseyais sur le plancher en serrant contre moi mon appareil photo Agfa. A mi-chemin, on faisait un arrêt au bord de la route pour permettre à tout le monde de se dégourdir les jambes et, dans certains cas, d'aller s'éclipser derrière les buissons. C'était le bon moment pour ouvrir le compartiment à bagages et faire circuler encore de la bière.

Le car s'arrêtait régulièrement à des pubs sur la route, comme le Mi-Chemin, le Cygne et le Hasard de la Guerre. C'était pour moi l'occasion rêvée : je faisais aligner les dockers le long du car pour leur tirer le portrait afin qu'ils aient une photo-souvenir de leur excursion. Pour un autocar de quarante places, ça faisait quarante fois deux shillings six pence : au total, un billet de cinq livres. Ma commission était de trente pour cent. L'organisateur de l'excursion me donnait l'argent et m'empoignait par la nuque pour me faire son petit speech habituel.

« Attention, petit bougre, si nous n'avons pas ces photos, on viendra te chercher.
— Oui, monsieur.
— Et tu sais ce qu'on te fera ?
— Oui, monsieur.
— Bon, Tony, casse-toi. »

J'attendais au pub le car suivant pour prendre une autre photo. En général, j'arrivais à en faire à peu près trois avant d'arriver à Southend. Je traînais alors pendant une heure du côté de la gare routière tandis que d'autres cars arrivaient. Tous les organisateurs me connaissaient : les affaires devinrent si florissantes qu'un de mes proches amis, Dave Mathieson (les gens croyaient que nous étions frères), se mit de la partie et cela nous permit de prendre encore plus de photos.

Bill Selley, qui avait une jambe de bois, prenait la pellicule et la rapportait à Londres pour la faire tirer et expédier les photos. Pendant ce temps, les dockers buvaient toute la journée, dévoraient leur poisson avec des frites, louaient un transat pour une pièce de six pence et faisaient la sieste en attendant l'ouverture des pubs le soir. Ils allaient alors faire un brin de toilette aux lavabos et retournaient au pub jusqu'à l'heure de la fermeture. Les cars étaient garés dehors, prêts à les ramener chez eux.

Si les affaires semblaient prometteuses, je sautais l'école pour la journée. Dans ma famille, on n'avait pas un grand respect pour l'instruction ni pour les études, alors que gagner de l'argent était un objectif honorable, sinon la vocation fondamentale.

Comme mon père, je n'avais aucun mal à gagner une livre par-ci par-là, même si j'avais d'autres ambitions qui ne semblaient pas compatibles. D'un côté, je voulais m'instruire et écrire des livres. A seize ans, j'achetai ma première machine à écrire Olivetti et, au fond du jardin, je tapai mon premier roman. Tout le monde ricanait et se fichait de moi. Quelle rigolade : Tony, écrire un livre !

En même temps, j'avais une immense admiration pour les magnats de l'industrie britannique : les hommes qui créaient des affaires et des empires immobiliers après la guerre. Ils faisaient fortune et ont joué un rôle capital dans la reconstruction du pays. Une partie de moi voulait être comme eux : j'étudiais leurs carrières dans les articles de journaux et de magazines.

Lorsque je quittai l'école à quinze ans, je montai une affaire de photographie et je m'installai une chambre noire dans l'appentis derrière le B&B. Lors de ma première commande, pour un mariage, je pris des photos de la cérémonie et de la signature du registre, puis je me précipitai à la maison et je plongeai la pellicule dans la cuve de développement. Ils voulaient voir les feuilles de contact à la réception.

Je ne sais pas ce qui s'est passé, mais les négatifs ressortirent plus noirs que l'intérieur d'un four. Je ne savais pas quoi faire. Le père de la mariée débarqua à la maison :

« Bougre de petit idiot, je devrais te tuer, dit-il quand il m'eut enfin trouvé. C'est le mariage de ma fille et dire que je n'ai même pas de photos. »

Je n'avais jamais été aussi embarrassé. Il finit par demander à sa fille de se rhabiller et procéder à une reconstitution de la cérémonie, mais ce fut quelqu'un d'autre qui prit les photos. Je ne le blâme pas.

A dix-sept ans, quand j'eus passé mon permis de conduire, je m'achetai une petite camionnette — une Ford 1938 qui me coûta dix livres et que me procura Harry Webb, un vendeur de voitures de Southend-on-Sea. Peu après, je l'échangeai chez un autre marchand contre une Rolls Royce 1930, avec un vitrage entre l'avant et les sièges arrière. Cela me coûta ma camionnette plus un supplément de cinq livres.

SAUVÉ

Je m'installai au volant et tournai la clé de contact. Rien. Cette saloperie de machine refusait de démarrer. Le marchand avait la réputation d'être un type pas commode et il ne voulut rien entendre. Nous discutâmes pendant deux heures et il finit par me rendre ma camionnette mais il garda les cinq livres. J'aurais dû être furieux, en fait, j'étais soulagé. Encore une dure leçon.

Entre-temps, Dave Mathieson et moi avions démarré notre affaire de vente au porte à porte. Les Articles Ménagers B&M. Nous vendions des couvertures, des draps, des duvets, des édredons, du tissu, des culottes et des robes de coton. Les deux articles qui se vendaient le mieux étaient la couverture espagnole Moderno Sorento et le tapis de coton belge. Nous en vendîmes des milliers.

Parfois, il fallait trimer dur et parfois il suffisait de frapper à un tas de portes pour faire un chiffre d'affaires suffisant pour gagner notre vie. Au bout d'un mois, nous avions cinq employés et, au bout d'un an, nous avions cent vingt représentants, quatre petits entrepôts répartis à travers le pays, vingt-deux fourgonnettes Austin et deux camions Bedford de trois tonnes. Pour ma part, je roulais dans une Humber Super Snipe, une des grandes voitures britanniques de l'époque.

La vente par courtage peut sembler sans problème mais, comme faire les marchés, cela représente beaucoup de travail, connaître les produits et trouver les arguments adéquats. Cette même méthode devait m'être fort utile des années plus tard quand je commençai à traiter des marchés internationaux.

J'étais capable en ce temps-là de m'engager dans n'importe quelle rue et de repérer aussitôt les maisons où on m'achèterait quelque chose et celles d'où je repartirais bredouille. C'était important, car la plupart du temps nous vendions à crédit — deux shillings par semaine — et l'encaisseur devait percevoir les versements pour que l'affaire soit rentable. Mais il y avait trop de mauvais payeurs et l'affaire capota.

Là encore, il y avait des trucs. Parfois, je découvrais une petite boutique de quartier où j'apprenais quel genre de personnes habitaient le voisinage. Je recueillais les noms de quelques clients potentiels et je suivais les pistes.

« Bonjour, Mrs Jones, nous avons une vente promotionnelle dans le secteur et on m'a donné votre nom car vous êtes bien connue et respectée dans le voisinage... » Venait alors le baratin du vendeur.

Que j'aie vendu quelque chose à Mrs Jones ou non, je tâchais de savoir si elle avait des amis ou de la famille dans le quartier : cela me permettait souvent de vendre plus facilement quand je frappais à ces portes-là.

« Bonjour, Mrs Gibbs, je viens de parler à votre fille Valérie. Quelle femme charmante. Elle m'a dit que vous pourriez être intéressée par une promotion spéciale que nous avons en ce moment... »

Les techniques de vente différaient selon les clients. Les mères de famille habitant des HLM, qui élevaient des ribambelles de gosses, qui se défonçaient tous les jours pour faire bouillir la marmite et habiller ce petit monde, celles-là m'adoraient généralement parce que je vendais à crédit et que je m'efforçais de leur faire des prix abordables.

Après la guerre, les gens manquaient de tout. Ils avaient besoin de tapis, de rideaux, de meubles, de linge et de vêtements. Je gagnais plus d'argent que la plupart des garçons de mon âge et mon père me disait de garder les pieds sur terre. Ma mère était très fière de moi et m'encourageait. Elle était persuadée que je réussirais dans la vie et s'efforçait de me pousser dans la bonne direction.

Presque chaque vendredi, Dave et moi sortions dans

le West End avec quelques amis. Nous dînions tard au London Curry House, juste à deux pas de Piccadilly — plus le curry était fort, meilleur il était — et, vers minuit, nous allions aux Bains Turcs ouverts toute la nuit dans le sous-sol du Russell Hotel. Pour dix-sept shillings et six pence, nous avions accès au bain turc, à des cabines de sauna, à une piscine et à un plongeon dans l'eau glacée.

Après cela, nous nous installions au bar pour manger des sandwichs et boire des jus de fruits. On y rencontrait toujours les mêmes habitués : des boxeurs et des organisateurs de combats qui restaient là à discuter sport, affaires et politique. Pour finir, nous nous retirions dans des chambres comprises dans le prix et nous réveillions vers neuf heures du matin pour prendre le petit déjeuner, thé, toasts avec beurre et confiture.

Le samedi soir, nous faisions la tournée des boîtes : nous allions dans des endroits comme le Whisky à Gogo, Chez Ronnie Scotts et au Club 41 avant de finir au Zambezi Club dans Greek Street. Ensuite, nous nous trouvions un bon restaurant qui restait ouvert jusqu'à une heure avancée. Le week-end me coûtait d'ordinaire entre treize et quinze livres.

Mon père et ma mère n'avaient pas eu la vie facile, et j'étais bien décidé à réussir. Gagner de l'argent était devenu une vraie passion et je restais éveillé la nuit dans mon lit à concevoir des opérations commerciales. Comme j'avais eu très peu d'instruction, j'étais conscient de ne pas posséder les connaissances ni l'habitude du monde qui me permettraient de côtoyer n'importe qui.

Je répondis à une petite annonce dans l'*Écho*, le journal local de Southend-on-Sea, qui disait : « Enseignement de l'anglais. Cours particuliers. » Je décidai de m'inscrire. Quand j'allai là-bas, un nommé Peter

SAUVÉ

Chilver vint m'ouvrir la porte et m'invita à entrer. Son accent me fascina.

« Si l'on veut vraiment réussir dans la vie, déclara-t-il, il faut comprendre et se faire comprendre. C'est ce que je vais vous enseigner. »

Je commençai avec deux leçons par semaine et Peter me donna une liste d'auteurs à lire : Dickens, D.H. Lawrence, Huxley, Shaw et F. Scott Fitzgerald. Ensuite, il me posait des colles pour voir dans quelle mesure j'avais compris les nuances et les sous-entendus. Puis il se mit à m'enseigner ce qu'étaient les diphtongues et la phonétique, en me faisant répéter encore et encore les mots jusqu'au moment où j'articulais parfaitement.

Après bien des mois, Peter et moi prîmes congé, mais nous sommes toujours restés amis. Il m'a beaucoup appris et a aiguisé mon envie d'en apprendre davantage. Très peu de gens ont eu autant d'influence sur moi. J'en vins à penser qu'on n'aurait qu'à m'accepter pour ce que je suis : le fils de parents ayant trimé à Londres, qui essayait de se faire un nom dans le monde.

5

CANBERRA, AUTRALIE
Dimanche 5 janvier 1997, 22 h 50

Mike Jackson-Calway poussa la lourde porte battante et sentit le souffle frais de la climatisation quand il pénétra dans le bureau. Il avait beau être près de 11 heures du soir, la température se maintenait toujours aux environs de 30° : janvier pouvait être un mois pénible à Canberra.

Le Maritime Rescue Co-ordination Center (MRCC), le Centre de coordination de sauvetage en mer de Belconnen, est situé au premier étage d'un petit immeuble en béton dans un ensemble dominé par des allées et des parkings couverts. Les divers bâtiments sont si gris et uniformes que les architectes ont décidé de leur donner une couleur codée pour éviter aux visiteurs de se perdre. Le MRCC est situé dans le « Bâtiment Magenta ».

Il avait fallu à Jackson-Calway moins de vingt minutes pour aller en voiture jusqu'à son bureau : à une heure aussi tardive, les routes étaient pratiquement désertes. Au MRCC, le personnel travaillait par roulement de six jours : deux services de nuit, deux services le matin et deux l'après-midi. A chaque changement d'équipe, on prévoit une marge de dix minutes, si bien que les consignes passent sans heurt au coordinateur qui arrive.

Voyant Jackson-Calway entrer dans la salle des opérations, Phil Doyle leva les yeux en souriant.

« Tiens, juste l'homme que j'avais envie de voir.
— Parce que tu veux rentrer chez toi, j'imagine.
— Absolument.
— Beaucoup de boulot ?
— Non, c'est très calme, mais il vient d'arriver ceci. »
Il lui tendit une unique feuille de papier.

C'était un télex provenant du Centre maritime français de recherche et de sauvetage en mer d'Étel. Un satellite en orbite polaire au-dessus de l'océan Austral avait capté un « possible message de détresse » d'un concurrent de la course Vendée Globe.

CONCERNE : VOILIER RETARDATAIRE *EXIDE CHALLENGER* (COURSE VENDÉE GLOBE) TXT.

1 — NOUS AVONS REÇU POSSIBLE MESSAGE DE DÉTRESSE PROVENANT D'UN « SYSTÈME ARGOS » CONCERNANT VOILIER *EXIDE CHALLENGER* (NOM DU SKIPPER : TONY BULLIMORE)

DERNIÈRE POSITION CONNUE 52° 03' 08" SUD/100° 30' 05" EST

2 — CARACTÉRISTIQUES DU NAVIRE :
NUMÉRO DE COURSE : 33/COULEUR DE LA COQUE AU-DESSOUS DE LA LIGNE DE FLOTTAISON : GRISE.

LHT (Longueur hors tout) : 18 MÈTRES 28/COULEUR DU MAT : BLANCHE (2 MATS)

COULEUR DE LA COQUE ; BLANCHE/COULEUR COMBINAISON DE SURVIE : JAUNE

COULEUR DU PONT : BLANCHE

UN RADEAU DE SURVIE/SYSTÈME INMARSAT-C HS/ RADIO BLU (bande latérale unique) A BORD.

3 — DANS LES PARAGES, À ENVIRON 10 MILLES NAUTIQUES, SE TROUVE LE VOILIER *AMNESTY INTERNATIONAL* (NOM DU SKIPPER : THIERRY DUBOIS)

SAUVÉ

NUMÉRO INMARSAT-C : 422763210
LE PC DE LA COURSE N'A PAS RÉUSSI À CONTACTER CE VOILIER UN BLU ET RADIO UHF À BORD.
4 — ATTENDONS CONFIRMATION DE DÉTRESSE DÈS QUE POSSIBLE. VOUS DEMANDONS CONTACTER TOUS NAVIRES DANS LES PARAGES.

SALUTATIONS.

BT.

Le télex était daté et avait été envoyé à 11 h 15 GMT, mais le « possible message de détresse » avait été capté près de trois heures auparavant par une station de réception de satellite Argos à Toulouse, en France, qui avait prévenu Étel.

Le système Argos a été institué en 1978 à la suite d'un accord intervenu entre la National Oceanic and Atmospheric Administration (NOAA) américaine (l'Administration nationale pour l'océan et l'atmosphère), la NASA (l'Agence spatiale américaine), et son homologue français, le CNES (Centre national d'études spatiales). Utilisant des satellites passant sur une orbite à 1 000 kilomètres du pôle Nord et du pôle Sud, le système peut repérer un émetteur n'importe où dans le monde avec une précision de 350 mètres. Outre les intérêts évidents qu'il présente pour la navigation et la sécurité maritime, le système est également utilisé pour étudier les migrations d'oiseaux ou de mammifères sauvages et pour surveiller les icebergs, les glaciers, les courants marins, la température du globe et la pression atmosphérique.

On avait utilisé pour la première fois les balises Argos pour une course océanique en mai 1979, celle de Lorient-les Bermudes-Lorient : depuis lors c'est un système de repérage universellement admis. En émettant un message codé, une balise permet non seulement d'identifier un bateau précis mais donne également sa latitude, sa longitude, sa vitesse et son cap.

SAUVÉ

Jackson-Calway relut le télex. Qu'entendait-on par possible message de détresse ? Le voilier avait-il annoncé ou non qu'il était en détresse ?

Peut-être une balise s'était-elle déclenchée accidentellement, ou bien était-elle tombée à la mer, se dit-il. Après quinze ans passés au centre de sauvetage, dont onze comme coordinateur en chef, il savait que bien des appels d'urgence se révélaient de fausses alarmes.

« Qu'est-ce que tu penses de ça, Mahesh ? », dit-il en tendant le télex au coordinateur du SAR, le service de recherche et sauvetage, Mahesh Alimchandani, assis juste en face de lui. Jackson-Calway consulta alors le dossier contenant les doubles de tous les messages parvenus à la salle des opérations pendant la journée. Pas d'autre alerte ni alarme.

« Il est très au sud, n'est-ce pas ? fit Mahesh incapable de dissimuler son appréhension.

— Oui. »

Tous deux pensaient à Raphael Dinelli, un autre navigateur solitaire sauvé dix jours plus tôt après avoir passé vingt heures cramponné à la coque submergée de son voilier en train de couler, l'*Algimouss*. Le bateau sombra complètement tout juste cinq minutes après qu'un appareil de la Royal Australian Air Force (RAAF) eut parachuté un radeau de survie au naufragé.

Un autre concurrent du Vendée Globe, Pete Goss, un ancien fusilier de la Marine royale avait répondu au SOS de Dinelli : il avait fait demi-tour au plus fort d'une violente tempête. A trois reprises, les vagues firent chavirer son bateau, l'*Aqua Quorum*, mais il poursuivit sa route dans l'obscurité jusqu'au moment où il eut retrouvé le radeau de survie de Dinelli et eut hissé celui-ci à son bord. Le sauvetage de Dinelli s'était passé plus au sud que toute opération jamais coordonnée par le MRCC d'Australie et ceux qui y avaient participé estimaient que le Français avait eu une chance extraordinaire de s'en être tiré.

SAUVÉ

Jackson-Calway se renversa dans son fauteuil. « Bon. Composons un message à l'intention de tous les navires du secteur. Je doute qu'il y en ait un à moins de 500 milles de là.
— Dis plutôt 1 000 », dit Mahseh.
Le message INMARSAT-C fut envoyé à 23 h 27 de la plus proche station terrestre, celle de Perth, pour être diffusé dans la zone de l'océan Indien. Comme tous les messages de détresse adressés aux navires, il était précédé d'un signal d'alarme et il était répété jusqu'à nouvel avis.

OCÉAN AUSTRAL
SIGNAUX BALISE DÉTRESSE REÇUS DU VOILIER *EXIDE CHALLENGER* POSITION 52 04 SUD 100 30 EST (5 JANVIER À 08 H 30 GMT). PRIÈRE À TOUT NAVIRE DANS UN RAYON DE 200 MILLES DE CONTACTER CETTE STATION VIA RADIO PERTH OU DIRECTEMENT PAR TÉLEX.

Une demi-heure plus tard, la salle des opérations avait un appel téléphonique du Centre de sauvetage en mer d'Étel en France. Jackson-Calway ne pouvait entendre qu'un des interlocuteurs tandis que Mahesh coinçait le téléphone contre son épaule et prenait des notes.
« Pouvez-vous me confirmer encore une fois ces détails ?... Quatre balises !... A quelle distance les unes des autres ?... »
Mahesh secouait la tête. « Vous êtes sûr ?... Bon, bon, j'ai bien noté : "Erreurs de position impossibles." Quelle assistance réclamez-vous ?... D'accord... Je vais attendre le fax. »
Mahesh raccrocha le combiné et pivota dans son fauteuil.
« Tu ne vas pas le croire, dit-il. Ils ont reçu deux signaux de l'*Exide Challenger* à onze milles de distance l'un de l'autre ; et deux signaux de *Pour Amnesty International*, à dix-huit milles de distance.

SAUVÉ

— Combien en mode de détresse ?
— Ils ne peuvent pas me le dire. Ils envoient les détails.
— Bon, attendons le message. »
Un fax manuscrit arriva, donnant les coordonnées exactes des quatre balises.
Le message concluait :

COMME L'ORGANISATION DE LA COURSE CONFIRME LA DÉTRESSE, DEMANDE QUE VOUS ASSUMIEZ LA COORDINATION DE CETTE OPÉRATION.

SALUTATIONS
ÉTEL

À TITRE D'INFORMATION : LE CONCURRENT LE PLUS PROCHE SE TROUVE À UNE DISTANCE D'ENVIRON 1 200 MILLES NAUTIQUES.

« C'est le nôtre », dit Jackson-Calway en s'approchant à grands pas de la longue table à cartes disposée sur un des côtés de la salle des opérations. Faisant glisser son doigt le long de l'index, il prit dans le tiroir la carte du secteur. Avec Mahesh auprès de lui, il utilisa les parallèles pour calculer la distance, traçant une ligne droite sur le papier blanc. La carte représentait des milliers de milles carrés d'océan ; on ne voyait que les lignes de latitude et de longitude.
« J'estime que c'est à 1 400 milles nautiques de Perth.
— D'accord, fit Mahesh. Est-ce que les Orions peuvent voler aussi loin ?
— Il va falloir l'espérer. »
Jackson-Calway décrocha le téléphone pour appeler le SARO, l'organisation de recherche et de sauvetage de l'aviation basée à Melbourne.
« Attention, attention. Nous semblons avoir deux voiliers en difficulté par 2 600 kilomètres sud-sud-

ouest de Perth. J'envoie une demande de secours par fax. »

C'était la procédure habituelle. Dans la mesure du possible, on utilise en Australie des appareils civils pour les opérations de recherche et de sauvetage en mer. C'est seulement quand la distance est trop grande ou quand il n'y a pas d'appareil civil disponible, qu'on fait appel aux militaires.

Dans ce cas, le doute n'était pas permis. Les seuls avions en Australie capables de parcourir une pareille distance et d'intervenir quand ils seraient sur place étaient les Orions P-3C de la base de RAAF d'Edinburgh à Adélaïde. C'était un Orion qui avait réussi à retrouver Raphael Dinelli le lendemain de Noël et qui lui avait parachuté un radeau de survie au moment où son voilier était en train de couler. Ça s'était passé à une distance de 1 216 milles nautiques au sud sud-ouest de Perth. La nouvelle urgence se situait à 190 milles nautiques plus au sud.

Que s'était-il passé cette fois dans l'océan Austral ? se demanda Jackson-Calway. Deux des balises étaient apparemment stationnaires : installées à bord de chaque voilier pour fonctionner en continu et donner leur position. Mais qu'est-ce qui avait bien pu amener deux skippers à déclencher chacun une balise ? Et pourquoi les balises dérivaient-elles à une telle distance ? Il s'était passé quelque chose, mais quoi ?

Il se mit à penser tout haut : « Et si une balise était accidentellement tombée du bateau et flottait à la dérive. Le skipper alors en active une autre pour continuer à donner sa vraie position. Mais comment cela pourrait-il arriver à deux voiliers pratiquement au même instant ? Les chances sont... sont...

— Infinitésimales, dit Mahesh.

— Oui.

— Et s'ils avaient essuyé la même tempête ? Peut-être qu'ils ont abandonné leur bateau pour s'embar-

SAUVÉ

quer sur leur radeau de survie. Ça pourrait expliquer les quatre balises.

— En effet. Et les vitesses de dérive d'un radeau de survie et d'un bateau doivent être différentes. »

L'explication collait aux rares faits dont ils disposaient, mais posait le problème cauchemardesque d'avoir à repérer *deux* radeaux de survie sur une mer déchaînée et aussi de trouver un navire capable de recueillir des survivants.

« S'ils sont en vie, ils sont plus proches de l'Antarctique que de nous, dit Mahesh en secouant la tête. Que Dieu les protège. »

A 1 h 20, le téléphone sonna dans la casemate de la 92e escadre aérienne de la RAAF, à Edinburgh. L'officier de permanence, le capitaine Lindsey Campbell, avait passé presque toute la nuit à répondre à une requête officielle lui demandant son aide pour repérer un yacht soupçonné de transporter une cargaison de drogue qui entrait dans les eaux australiennes.

Il sifflota entre ses dents tout en notant le message téléphonique : « Quatre balises, dont deux séparées de leur navire d'origine : ça fait quatre objectifs mais seulement deux survivants possibles. »

Le système Argos avait entre-temps fourni de nouvelles positions. Le satellite passait à portée toutes les trois heures et leur fournirait des mises au point régulières. Mais un radeau de survie peut dériver sur une bonne distance pendant ce temps-là.

La plupart des équipages des Orions étaient encore en permission de Noël et il allait falloir les rappeler à la base. Au moins, se dit Campbell, on pourra les joindre : ils seront au lit chez eux.

Au quartier général du MRCC, Mike Jackson-Calway avait diffusé l'appel de détresse à tous les bateaux se trouvant dans la région, dans l'espoir de découvrir à proximité un navire marchand. Il demanda aussi des rapports météo de six heures en six heures sur la situation dans la zone de recherches depuis le 3 janvier ainsi que des prévisions à vingt-quatre heures dans toutes les directions. Cela leur permettrait de calculer les tracés de dérive et de délimiter une zone de recherches.

Ce n'est pas un exercice facile que d'essayer de prévoir le temps aussi loin dans l'océan Austral. Il y a peu de stations météo flottantes dans le secteur et aucun satellite en orbite juste au-dessus. Les techniciens du bureau de météorologie de Perth devaient compter sur des images en bordure des photographies prises par deux autres satellites et rassemblées pour former une seule image. Les météorologues, en outre, utilisaient une nouvelle génération de satellites portant des engins appelés « scattéromètres » qui lançaient vers la terre des faisceaux radar afin de mesurer la vitesse et la direction du vent à la surface de l'océan. Toutes ces informations étaient programmées dans des modèles numériques globaux enregistrés sur des superordinateurs capables d'exécuter le nombre astronomique de calculs nécessaires. Au bout du compte, les météorologues prédisaient alors l'évolution probable du temps en se fondant sur ces modèles plutôt que sur des observations directes.

Les images satellite du 5 janvier montraient la formation d'un énorme champ de basse pression dans la région du 52e parallèle au sud. Appelés parfois « bombe » par les météorologues, ces systèmes sont si explosifs qu'ils semblent frapper sans avertissement. Les vents se déchaînent dans un courant d'ouest et la pression atmosphérique tombe si bas et si vite qu'on a presque l'impression qu'ils vous aspirent les tympans. Certaines de ces tempêtes peuvent avoir un front de 2 000 kilomètres et, sans masse continentale pour les ralentir à cette latitude, elles se renforcent de plus en plus, produisant des vents ayant la force d'un ouragan.

SAUVÉ

Jackson-Calway avait un problème plus sérieux. Aucun navire n'avait répondu au SOS pour indiquer sa présence dans les parages des voiliers en difficulté. Il lui fallait pourtant avoir une plate-forme de sauvetage dans le secteur pour recueillir les éventuels survivants.

La Marine royale australienne a toujours un navire de service prêt à appareiller à la base de Stirling en Australie-Occidentale. A 2 h 25 du matin, Jackson-Calway appela l'officier de permanence au quartier général de la Flotte à Sydney pour lui demander si la Marine pouvait trouver une solution de surface à son problème. C'était son jour de chance. A minuit, un petit patrouilleur de la Marine avait été remplacé comme navire de service à Stirling par la frégate lance-missiles *Adelaide*. Si on lui en accordait l'autorisation, le navire de guerre pourrait être prêt à appareiller dans un délai de huit heures, et il avait une vitesse de croisière de 18 à 24 nœuds, selon le temps.

« Vous comprenez bien, je pense, qu'aucun navire de guerre australien ne s'est jamais aventuré aussi loin au sud, dit l'officier de permanence.

— Vous plaisantez.

— Absolument. Je ne dis pas que nous n'irons pas, mais j'ai pensé que je devrais vous informer. »

Jackson-Calway raccrocha : il comprit soudain ce que c'était que de piloter sans visibilité. Sans avoir la moindre idée de ce qui s'était véritablement passé dans l'océan Austral, il avait envoyé un équipage de la RAAF presque jusque dans l'Antarctique sous prétexte que deux navigateurs avaient peut-être des ennuis. Il lui fallait maintenant demander à la Marine royale australienne d'expédier un navire plus au sud qu'elle ne l'avait jamais fait : si loin, que la frégate serait peut-être obligée de refaire du mazout en mer pour pouvoir rentrer au port.

Le premier des Orions P-3C de la 92e escadre aérienne devrait quitter Adélaïde aux premières lueurs du jour. Le vol jusqu'à Perth prendrait à peu près quatre heures. Il faudrait trente minutes pour refaire le plein, et l'appareil redécollerait pour la zone de recherche à 00 h 30 GMT.

A 3 h 33 du matin, à Canberra, une autre option se présenta. Un pétrolier battant pavillon libérien, le *Sanko Phoenix*, avait répondu au SOS. Il se trouvait à 728 milles nautiques des voiliers en perdition, ce qui représentait un trajet d'environ cinquante-six heures.

Le pétrolier, qui faisait route vers Sydney, avait à bord un chargement de 85 000 tonnes de pétrole brut. Conformément aux lois de la mer, il allait se dérouter pour porter secours à condition que cela ne mît pas en danger l'équipage, le matériel ni la cargaison. Jackson-Calway décida d'attendre. Il allait voir ce que le premier avion découvrirait avant d'engager de nouvelles vies dans l'opération de recherche.

Cela faisait cinq heures qu'il était arrivé au travail et il n'avait même pas eu le temps de se faire un café. Le jour allait bientôt se lever sur l'océan Austral. Quel réconfort cela apporterait-il à Tony Bullimore et à Thierry Dubois, il ne pouvait que se le demander. L'un ou l'autre était-il même en vie pour le voir ?

Comme la plupart des coordinateurs du SAR, Jackson-Calway avait l'expérience de la mer. A dix mois de la retraite, cet homme de soixante-quatre ans avait passé près d'un demi-siècle dans des activités ayant un rapport avec la mer.

Né à Chesterfield, dans le Derbyshire, il s'était engagé dans la marine marchande à l'âge de quinze ans en signant un contrat avec la vieille compagnie de navigation Elder Dempster, d'Afrique occidentale. A vingt-neuf ans, il était devenu capitaine, naviguant entre l'Angleterre et l'Afrique. Il avait alors rencontré et épousé une Australienne. Leur premier enfant avait dix mois quand ils rendirent visite à des parents en Nouvelles-Galles du Sud. Peu après, il accepta un poste de surintendant de dockers pour la Compagnie britannique des Phosphates à Port Kembla, juste au sud de Sydney. C'était en mai 1963. Il passa les dix-huit années suivantes à travailler pour cette société.

A bien des égards, Jackson-Calway était un parfait exemple de la raison pour laquelle le MRCC emploie des gens qui ont l'expérience de la mer et de ses dangers : si on sait ce que c'est que d'être au milieu d'une tempête, on ne perd pas contact avec la triste situation des survivants et les dures réalités du travail. Jackson-Calway n'avait jamais pu oublier le jour où il avait été pris dans un fort coup de vent en mer du Nord avec un navire qui naviguait à vide pour aller se faire réparer en Allemagne. Comme il s'agissait d'un navire « lège » qui tanguait sévèrement, l'hélice sortit de l'eau et se mit à tourner follement, provoquant la rupture du volant. Des fragments tombèrent dans la machine qui se grippa.

Le navire était au large d'Amsterdam, non loin de l'entrée du canal de la mer du Nord. L'équipage jeta l'ancre mais elle ne voulait pas tenir. Les deux ancres se trouvèrent bientôt à leur longueur maximum. Tout ce qui maintenait le navire, c'étaient les boulons et les rivets là où les câbles d'ancrage étaient fixés au fond du bateau. Le capitaine lança un appel de détresse et un canot de sauvetage lutta contre une mer déchaînée pour atteindre le navire. Au moment où il arrivait, Jackson-Calway, debout sur le pont, regardait le cargo dériver jusqu'à une soixantaine de mètres du rivage. Des vagues écumaient sur des récifs déchiquetés et le vent le cinglait à travers son caban. Il s'attendait d'une minute à l'autre à entendre le bruit du métal se déchirer sur la roche.

Le canot de sauvetage resta auprès du navire jusqu'à ce que la tempête se fût calmée et que l'équipage fût en sûreté, mais le danger n'était pas passé pour autant : deux membres de son équipage furent emportés par-

SAUVÉ

dessus bord par une vague et se noyèrent tandis que leur canot regagnait le canal.

En rentrant chez lui à la fin de son service, Jackson-Calway ne cessait de se demander s'il avait fait tout ce qui était en son pouvoir pour Thierry Dubois et Tony Bullimore. D'autres questions le préoccupaient. Pourquoi aucune des balises Argos n'émettait-elle en mode de détresse ? Les survivants avaient-ils commis une erreur en les déclenchant, ou bien se trompait-on dans l'interprétation des signaux ? Et pourquoi aucun des deux skippers n'avait-il déclenché sa balise 406 SAR-SAT, dont le message pouvait être reçu par les stations aux quatre coins du monde, y compris en Australie ?

Le premier Orion se trouverait dans la zone de recherches en fin d'après-midi. L'*Adelaide* quitterait Perth environ à la même heure, à moins de recevoir d'autres instructions. Tout ce qu'on pouvait faire pour l'instant, c'était attendre.

6

OCÉAN AUSTRAL
Dimanche 5 janvier 1997

Le bateau roule et je dégringole de l'équipet : au lieu d'un choc sourd, ma chute fait un bruit d'éclaboussure. De l'eau ? Je ne sais comment, la cambuse commence à se remplir. Cela veut-il dire que je suis en train de couler ? Il fait si sombre que je ne vois plus rien : être enterré vivant, ça doit ressembler à ça. M'essuyant les yeux, je gagne en trébuchant le local du moteur.

Je repère un point sur le côté de la cabine : un équipet sous lequel sont disposés des anguillers. L'eau arrive à environ cinq centimètres au-dessous des trous, même quand les mouvements du bateau provoquent de mini-vagues. J'observe un long moment mais le niveau n'a pas l'air de monter. Je me dis qu'elle est peut-être stabilisée maintenant. Je vérifierai de nouveau plus tard.

Dans la cambuse, l'eau m'arrive aux genoux : assez haut pour emplir mes bottes de caoutchouc. A moins de faire un effort délibéré pour les remuer, je ne sens plus mes doigts ni mes orteils. En m'essuyant le nez, j'aperçois une traînée de sang sur le revers de ma main : j'ai dû me cogner en tombant. Allons, Tony, tâche de faire un peu plus attention. Tu n'es pas dans une zone où on viendra te sauver en moins de douze heures : si jamais on prend la peine d'envoyer un bateau, il mettra vraisemblablement trois ou quatre jours.

De l'équipement et des provisions flottent partout dans le compartiment moteur et dans le rouf... Le filet des équipets s'est rompu sous le poids du matériel et avec les violents mouvements qui secouent le bateau. Des biscuits détrempés, des gobelets en plastique, des cartes marines, des sachets de thé, des crayons... tout ce qui avait sa place quand le bateau était droit dérive maintenant dans tous les coins. Des dizaines de mètres de cordage sont emmêlés comme des spaghetti sous l'eau.

Combien de temps ai-je dormi? Ma montre est quelque part au fond et je n'ai pas le courage de plonger pour aller la chercher. Je remarque alors un phénomène étrange. Des morceaux de l'équipement intérieur et des objets disparaissent. La cabine est aux trois quarts emplie d'eau de mer et, chaque fois que le bateau plonge dans un grand creux, le niveau monte. Quand le bateau est porté à la crête d'une vague, l'eau à l'intérieur est de nouveau aspirée à l'extérieur par la bulle brisée, emportant davantage d'équipement et de provisions du bord. Ainsi s'en vont un roman de Robert Ludlum... mes jumelles...une boîte de riz Uncle Ben's.

D'abord, ça ne me paraît pas un gros problème, ensuite je me rends compte qu'il se passe beaucoup plus de choses sous l'eau que je ne peux en apercevoir. Des pendules, des instruments, des cordages, des équipets bourrés de provisions, même la table à cartes, tout cela a disparu. La succion est en train de démanteler le bateau de l'intérieur.

Où est la boîte à outils ? Non, non, non : elle n'a pas pu disparaître, sûrement pas... Pataugeant dans la cabine, je cherche les ciseaux à froid et le marteau que j'ai laissés sur le réchaud retourné. Disparus. Je n'en crois pas mes yeux!

Il y a même des choses qui ont disparu de la cambuse et du local du moteur. A bord de l'*Exide Challenger*, c'est là qu'on avait entreposé une partie des vivres (biscuits, céréales, café, thé, sucre et riz) pour alourdir l'avant du bateau. Les articles plus lourds comme les boîtes de conserve et les boissons étaient à l'arrière, dans le compartiment étanche sous le cockpit. C'était un arrangement délibéré car l'essentiel de la course se ferait avec des vents dominants.

Je m'approche de la bulle cassée et, quand le bateau s'élève, je sens la pression. L'effet de vide cherche à m'aspirer par l'ouverture. Je n'arrive pas encore à comprendre comment l'intérieur de la cabine a été ainsi démantelé. La table à cartes et les équipets étaient en matériaux légers et ne jouaient aucun rôle dans la structure du voilier : un bateau léger va plus vite. Mais que diable est-il advenu de la boîte à outils, du réchaud et de mes ordinateurs portables?

Tout est parti petit à petit. Combien de temps ai-je dormi? Sans les outils, plus question de remettre le bateau à l'endroit. Je n'ai aucun moyen de bloquer l'orifice : la succion est trop forte. Laisse tomber, Tony : occupe-toi du radeau de survie, il faut le dégager.

Je retourne dans la cambuse et je trouve un fourre-tout vide. Je ramasse tout ce qui n'a pas disparu, que je repêche dans l'eau ou dans les anguillers : des petites barres de chocolat, une tablette de Mars, trois fusées, des sous-vêtements en Thermolactyl, deux projecteurs, six sachets en plastique emplis d'eau, une boîte de haricots, une bande Velpeau détrempée, un rouleau de cordage de cinq millimètres et mon Survivor.

Le manque de nourriture ne m'inquiète pas : j'ai toutes les chances de mourir d'hypothermie avant de mourir de faim. Je mets donc tout dans le fourre-tout, sauf l'adoucisseur d'eau que je fixe à la cloison près de ma couchette. Je referme alors le sac et je l'attache dans la cambuse. Si j'arrive à libérer le radeau de survie, cela fera quelques petites choses à mettre dedans. De quoi compléter l'équipement d'urgence du radeau qui comprend un couteau, une torche, une ligne pour pêcher et un peu d'eau.

Je sens mon souffle se condenser devant mon visage pas rasé. Voilà plus d'une heure que je patauge dans l'eau de mer : le froid passe à travers la combinaison de survie et s'attaque à la peau exposée. Des vaguelettes déferlent à l'intérieur de la coque. Il faut que je reste au chaud, mais je vais tout d'abord faire une nouvelle tentative pour dégager le radeau.

Devant le capot de descente, je m'immerge à plusieurs reprises pour m'accoutumer au froid. Puis je plonge, je passe la porte, je donne un coup de pied contre la cloison et je nage en direction du radeau. L'air contenu dans la combinaison me pousse vers le haut et je me cogne au plancher du cockpit.

Cette fois, je parviens à couper encore deux brins du cordage avant de faire demi-tour. J'ai la poitrine sur le point d'exploser. Haletant, je file droit vers la cambuse, je me hisse sur l'équipet et, une nouvelle fois, je me cogne les côtes. Il faut que je me réchauffe.

Solidement coincé, je soulève un peu une jambe après l'autre et je sens l'eau s'écouler de mes bottes. Puis je tape des pieds contre la cloison pour essayer d'entretenir la circulation du sang. Je serre et je desserre les poings, en attendant que mon calorifère intérieur me réchauffe.

Chaque fois que je crois que la tempête s'est calmée, une nouvelle vague vient frapper la coque et s'efforce de me faire lâcher prise. L'eau ruisselle sur moi d'au-dessus, ce qui me donne à penser qu'il doit y avoir un trou là où la quille s'est détachée. Au moins, je ne manquerai pas d'air.

Au bout d'une heure, je vérifie le niveau d'eau dans le

local du moteur et je constate qu'elle clapote par les anguillers au-dessous des équipets. Pas de doute, je coule, mais lentement. Je pourrais peut-être isoler la cambuse du compartiment moteur et empêcher l'eau d'entrer davantage. Il y a un panneau de couches superposées de carbone et de mousse dont je me sers normalement pour fermer la cabine quand il fait froid, pour que le radiateur chauffe plus efficacement. Je le retourne et j'essaie de le coincer contre la porte de la cambuse. J'essaie à plusieurs reprises : ça ne marche pas. Je ne m'énerve pas, je ne me mets pas en colère. Je me contente de poser le panneau sur le côté et de réfléchir au problème du radeau.

Cette fois, quand je plonge, je réussis à couper quatre des brins du cordage qui fixe le container en plastique. Il n'en reste que trois, mais l'un d'eux est celui qui déclenche le gonflage du radeau et je ne sais pas lequel c'est. C'est si horrible que c'en n'est pas croyable.

Une étrange pensée me vient tandis que je suis là dans la cabine, dans l'eau jusqu'à la poitrine. Si c'était un film, ce serait à peu près à ce moment que je me prendrais la tête à deux mains pour éclater en sanglots. C'est peut-être ce que je devrais faire. Je me demande si j'en suis capable. Je ferme les yeux très fort et j'essaie de me faire pleurer en pensant à quelque chose de triste, mais, au lieu de ça, je me mets à rire.

« Allons, c'est sérieux : il y a de quoi pleurer », me dis-je, mais en vain. Alors, j'essaie de pousser des cris de déception et de désespoir. Je me mets à hurler comme un possédé : j'ai envie de m'en prendre à la mer et à quiconque pourrait m'entendre. Mais, au lieu de déclamer comme un héros de Shakespeare — comme le roi Lear en proie à la folie ou comme Othello dévoré de jalousie —, j'émets des sons pitoyables et ridicules. Pourquoi gaspiller mon souffle et mon énergie ?

L'équipet de la cambuse est le seul endroit où je sur-

SAUVÉ

vivrai au froid : il me faut attacher un filet de sécurité pour m'empêcher de tomber. La plupart des filets se sont rompus sous le poids de l'équipement et à cause des mouvements du bateau.

Avec mon couteau, je creuse des trous dans le « plafond » vers le milieu de la planche. Le filet est fixé à des crochets sous l'équipet et j'en tire un morceau vers le haut pour le fixer au plafond avec de la ficelle. Ça ne supportera pas un grand poids mais, avec un peu de chance, suffira à me retenir si je m'assoupis et que je suis projeté de côté par une vague.

Je découpe le coin d'un sachet d'eau et j'en bois le contenu : à peu près les trois quarts d'un gobelet. Puis je déballe une tablette de chocolat au lait, j'en croque la moitié et je garde le reste pour plus tard. Mes mains sont devenues celles d'un vieillard, sillonnées de grosses rides blanches. Je les fourre sous mes aisselles en me balançant d'avant en arrière. Ça commence à sentir le renfermé et des relents de diesel me prennent à la gorge. J'ai besoin d'eau douce, mais je ne peux pas gaspiller mes maigres réserves.

Le bruit de l'eau est partout. Elle claque contre le flan de la coque, elle est aspirée par la cassure de la bulle, elle filtre par le trou là où la quille s'est rompue, elle suinte, ruisselle, goutte, clapote, roule et tourbillonne par chaque fissure, dans chaque espace vide. Allongé sur l'équipet, je laisse mon esprit vagabonder. Au début du voyage, j'ai lu un livre intitulé *Trésor* : un polar archéologique à propos d'un trésor perdu en Éthiopie. Pas génial et je ne me rappelle plus le nom de l'auteur, mais il y a tous les ingrédients classiques avec les bons, les méchants, les vieilles malédictions, les pièges, ce genre de chose. Vers la fin du livre, le héros se trouve devant un labyrinthe souterrain qu'on ne peut atteindre qu'en passant par un orifice sous une cascade. Comme avec le trou dans la coque de l'*Exide Challenger*, l'eau est aspirée et recrachée, la seule façon d'entrer dans le labyrinthe ou d'en sortir, c'est de bien calculer son saut et de nager par les siphons. Je n'arrête pas d'y penser et je me demande si je ne vais pas être le type qui reste en plan parce qu'il n'arrive pas à franchir le trou. Encore un exemple de la vie qui imite l'art.

Autrefois, je ne prenais ni livre ni musique avec moi dans mes voyages. J'étais un puriste qui ne voulait que voir l'océan et entendre les bruits du bateau. Un Américain du nom de Walter Green m'a convaincu du contraire. Il emportait toujours des livres et, pendant une course, il m'en a prêté un. Depuis lors, j'en ai toujours trimbalé quelques-uns. J'en avais choisi une douzaine pour le Vendée Globe : pas des monuments comme *La Guerre et la Paix,* juste quelques bons romans de suspense et des polars. Aujourd'hui, j'emporte de la musique aussi. Avant de partir, j'enregistre sur cassettes des compilations et je finis en général par avoir des combinaisons vraiment étranges : Bob Marley sur une face de la cassette et Jimmy Smith sur l'autre.

Là-haut, sur mon équipet, j'ai beaucoup de temps pour réfléchir. Ce n'est pas vrai que je ne peux pas pleurer. Il me suffit de penser à Lal assise chez nous à Bristol à se demander pourquoi elle n'a pas eu de mes nouvelles et les larmes me montent aux yeux. Elle ne doit pas encore être au courant pour l'accident, ce sera sans doute pour ce soir ou pour demain — mais elle doit sentir que quelque chose ne va pas : elle sent toujours.

Ce doit être dimanche matin là-bas. Elle est en train de lire les journaux dans la cuisine en bavardant avec Yvonne qui s'apprête pour l'église. Je me demande comment Lal va s'en tirer sans moi. Je sais qu'elle va être triste, mais ça, je n'y peux rien. Elle aura beaucoup de famille et d'amis autour d'elle : ses neveux et nièces n'habitent pas loin ; et, en tout cas, elle n'aura pas de problèmes financiers. La maison est entièrement payée et j'ai une assurance-vie depuis des années à cause de mes courses croisières. Sans être une femme riche, du moins pourra-t-elle vivre avec une certaine dignité.

Le matin du départ de la course, aux Sables-d'Olonne, pour la première fois de ma vie, j'ai fait un testament. Un de ces formulaires très simples qu'on trouve pour quelques livres chez les marchands de journaux. « Je laisse par la présente tous les biens que je possède en ce monde à... etc. » Lal et moi avions loué une petite maison juste à côté des Sables-d'Olonne de façon à pouvoir passer un peu de temps ensemble. Il y avait malheureusement des douzaines de corvées de dernière minute, de vérifications à faire et nous n'avions pas beaucoup de temps en tête à tête. Ce matin-là, j'ai rédigé le testament dans la chambre à coucher et j'ai demandé à Yvonne et à Jim Doxey, un vieil ami, de certifier ma signature.

« Qu'est-ce que c'est que ça ? a demandé Lal quand je le lui ai glissé dans la main.

— C'est mon testament. »

Elle a d'abord paru surprise, et puis elle a éclaté en sanglots. « Pourquoi me donnes-tu ça ? Tu n'en n'avais encore jamais fait. Pourquoi maintenant ?

— Oh, allons donc, j'aurais dû le faire voilà des années, dis-je.

— Oui, mais pourquoi maintenant ? Est-ce que tu crains de ne pas revenir ? Tu ne t'es jamais inquiété auparavant...

— Ça n'est pas ça, je te promets. » Je l'ai prise dans mes bras.

« Alors, pourquoi maintenant ? fit-elle entre deux sanglots. Je ne veux pas de ton testament. Je veux que tu reviennes.

— Allons, allons, j'essaie simplement de te protéger.

S'il m'arrivait quelque chose, je ne veux pas que tu sois démunie. »

Debout dans la chambre, à nous étreindre, nous pleurions tous les deux.

« Ne t'inquiète pas. Tout ira bien, murmurai-je. Tu te souviens du " Troisième Œil " ? »

Chaque fois que l'un de nous avait des problèmes, nous nous disions que nous pouvions faire appel à une sorte de force intérieure magique qui nous protégerait. On pourrait dire que ça marche. Après tout, il m'est arrivé plusieurs fois de frôler la mort et de l'échapper belle, et je suis toujours là — du moins pour un petit moment encore.

Lal pleurait quand j'ai quitté la maison pour la marina. J'étais furieux de partir comme ça. J'aurais dû arranger mes affaires plus tôt et avoir déjà rédigé un testament. Logiquement, j'aurais dû le faire en 1989, quand j'avais failli me noyer au large de la côte du Dorset, pris sous les filets de sécurité de mon trimaran chaviré, le *Spirit of Apricot*.

Pourquoi ne l'ai-je pas fait alors ? Je suis plus vieux aujourd'hui, voilà une des raisons, j'imagine. Et le Vendée Globe est une épreuve si extrême qu'on la considère comme la course de voiliers la plus dure du monde. Lors des deux précédentes — 1989-1990 et 1992-1993 — vingt-six concurrents avaient pris le départ (13 chaque fois) et la moitié seulement avait officiellement terminé. Par chance, un seul concurrent avait trouvé la mort.

C'est facile maintenant, allongé sur un équipet dans l'obscurité, de penser que j'ai dû avoir une prémonition, un pressentiment de désastre, mais c'est de la foutaise : je voulais simplement mettre mes affaires en ordre avant une course aussi dure.

Un de mes amis m'a dit un jour : « Tony, tu aimes bien vivre aussi près du bord que possible parce que tu penses qu'un jour tu pourras vraiment regarder par-dessus et voir ce qu'il y a là-bas. »

Il a peut-être raison. C'est peut-être pour ça que j'ai voulu faire le Vendée Globe.

Depuis que je suis gosse, j'ai toujours essayé de trouver mes limites. Je me souviens avoir pris des bains froids parce que je croyais que ça m'endurcirait. Ça me paraît drôle aujourd'hui alors que c'est sans doute l'eau froide qui va me tuer. Il y a une vraie mystique du Vendée Globe. L'épreuve a été fondée par Philippe Jeantot, le grand navigateur solitaire qui a remporté les deux premières courses autour du monde du BOC Challenge, un exploit phénoménal. Il voulait organiser ce qu'il appelait une « pure course » — une épreuve autour du monde sans arrêt ni escale pour réparer ou se ravitailler —, l'ultime défi pour des navigateurs solitaires.

Philippe a créé une compétition qui met à l'épreuve non seulement le courage et l'endurance d'un homme et d'un bateau, mais aussi le talent des concepteurs de voiliers, des architectes navals, des voiliers et des fabricants d'équipement. Certains des concurrents français avaient des budgets de plusieurs dizaines de millions.

La course croisière est en France une véritable religion et les navigateurs solitaires en sont les grands prêtres. Je trouvais extrêmement flatteur d'être reconnu dans les rues de Paris, de Brest ou de Lyon et de voir de jeunes garçons me demander un autographe, des gens m'apporter des cadeaux à bord, comme des gâteaux faits à la maison avant le départ de la course. Je crois que même Lal ne se rendait pas compte de cela jusqu'au jour où elle a vu l'accueil que l'on m'a réservé quand on a remorqué l'*Exide Challenger* hors du port jusqu'à la ligne de départ. Il devait bien y avoir trois cent mille spectateurs massés sur le rivage : et ils n'acclamaient pas seulement les super-stars françaises, ils applaudissaient chaque concurrent.

SAUVÉ

Lal était debout sur le pont du chalutier qui me tirait, me faisant de temps en temps de grands gestes des bras. Le dernier souvenir que j'ai d'elle, c'est son geste d'adieu quand on a largué l'amarre de l'*Exide Challenger* et que je me dirigeais seul vers la ligne de départ.

7

OCÉAN AUSTRAL
Lundi 6 janvier 1997, 11 h 28

Le capitaine « Simmo » Simpson régla la fréquence de son émetteur à longue portée.

« Air Force Sydney, Air Force Sydney, ici PatMar 251, à vous. »

Le pilote, le capitaine Ludo Dierickx, écouta les parasites qui emplissaient le silence. Une voix finit par se faire entendre : « PatMar [1] 251, ici Air Force Sydney. A vous.

— Ici PatMar 251. Demande relais vers salle des opérations 92e escadre. Heure prévue d'arrivée sur zone 4 h 48 GMT. Temps sur la route médiocre. Vents de nord-ouest de plus de 60 nœuds, ciel très nuageux, sommet de la couche à 500 pieds, plafond inconnu, état de la mer inconnu, terminé.

— PatMar 251, ici Air Force Sydney, bien reçu. Terminé. »

Dierickx but une gorgée de café et inspecta les instruments du tableau de bord. Voilà près de quatre heures que l'Orion P-3C avait décollé de l'aéroport de

---

1. PatMar : avion de patrouille maritime.

SAUVÉ

Perth et dix heures qu'il avait quitté la base de la RAAF d'Edinburgh, près d'Adélaïde. Comme les treize autres hommes de l'équipage, on l'avait tiré de son lit à trois heures du matin, mettant un terme au dernier jour de sa permission de Noël.

Le commandant Vic Lewkowski, l'officier de permanence de la 10e escadrille, les avait briefés dans la casemate de la 92e escadre. Assis sur des chaises, perchés sur des tables, les chefs d'équipage, déjà en combinaison de vol, écoutaient les moindres détails qu'on pouvait leur donner.

« Il y a une seule personne à bord de chaque voilier. Aucun message ni de l'un ni de l'autre. Chacun d'eux a activé deux balises et celles-ci donnent des positions différentes. Nous n'avons donc que quatre objectifs mais seulement deux rescapés possibles.

« On suppose que les navigateurs ont mis à l'eau leur radeau de survie et qu'ils ont peut-être quitté leur bord. Mais la vérité c'est que nous n'en savons rien. Ils pourraient être sur leur bateau, sur leur radeau de survie ou dans l'eau. »

Lindsay Campbell distribua des descriptions des navires et de l'équipement de sécurité se trouvant à bord. « En dehors des balises Argos, les deux voiliers sont équipés d'un EPIRB sur 406 MHz mais aucun signal n'a été capté en provenance de ces émetteurs. Nous recevons une mise à jour de leurs coordonnées toutes les deux heures et demie. »

Pour le PatMar 251, le transit par Perth et le ravitaillement s'étaient effectués sans problème. Après le décollage, l'appareil avait rapidement gagné une altitude de 28 000 pieds pour ménager le carburant dans une atmosphère plus raréfiée. L'équipage savait qu'on poussait l'Orion à la limite de ses possibilités. Il disposerait tout au plus de trois heures « sur zone » dans le secteur des recherches avant de devoir faire demi-tour.

D'habitude, on terminait une mission avec quarante-cinq minutes de réserve de carburant au cas où les pistes seraient encombrées ou que les pilotes manquent une approche. On leur avait donné cette fois l'autorisation de réduire cette marge à quinze minutes. Cela mettait une pression accrue sur le coordinateur tactique, le capitaine Louis Gameau. S'il faisait une erreur de calcul dans la consommation de carburant ou ne tenait pas compte de possibles vents contraires, l'Orion se retrouverait avec son train d'atterrissage dans l'eau avant d'atteindre le continent australien.

Bâti par Lockheed en Amérique, l'Orion P-3C est un appareil de patrouille à longue distance, idéal pour la guerre anti-sous-marine, la reconnaissance en mer ainsi que les recherches et le sauvetage. Il a un plafond de trente mille pieds et une vitesse de croisière de 650 km/h.

« Bon, descendons jeter un coup d'œil », dit Dierickx en laissant le P-3C plonger dans des nuages épais comme du porridge. Naviguant aux instruments, l'appareil descendit lentement, secoué par les turbulences, jusqu'au moment où il émergea des nuages à deux cents mètres d'altitude.

« Regardez-moi ça », marmonna Gameau.

Sous l'appareil, dans la lumière froide et grise, la mer était un chaudron bouillonnant. Des vagues de la taille d'un immeuble de cinq étages, poussées par des vents de plus de 110 km/h roulaient à la surface, blanche d'écume. Des embruns venaient gifler le pare-brise et les essuie-glaces avaient bien du mal à faire leur travail.

« Dieu protège ces pauvres diables », dit Dierickx.

Simpson regarda par-dessus son épaule. « Des coques blanches dans de l'eau blanche : on ne va jamais les retrouver. »

Dierickx haussa les épaules. « Peut-être pas mais, puisque nous avons fait tout ce chemin, ce ne serait pas poli de rentrer sans dire bonjour. »

SAUVÉ

Tandis que le coordinateur commençait à balayer les fréquences pour capter tout signal de balise sur 121,5, Dierickx descendait l'Orion jusqu'à moins de cent mètres au-dessus de la crête des vagues.

« Faites gaffe aux icebergs, hein ! » lança-t-il en plaisantant.

Les membres de l'équipage avaient pris position à chaque hublot disponible, à chaque endroit d'où on pouvait voir quelque chose, scrutant la mer pour y trouver la moindre trace de *Pour Amnesty International*, le plus proche des deux voiliers, d'après les dernières positions fournies par le satellite.

Argos prétendait pouvoir repérer un émetteur avec une précision de quelques centaines de mètres, mais un bateau à la dérive, un radeau de survie ou un corps peut être emmené à des milles en l'espace de trois heures. L'équipage devait prendre comme repère la dernière position connue, puis organiser des carrés de recherche sous le vent.

« J'ai un signal sur 121,5, cria Simpson. Attendez, je repère la position... 51 17 sud, 101 48 est. » C'était à 60 milles nautiques de la position la plus septentrionale donnée par le satellite Argos. Les coordonnées étaient déjà entrées dans l'ordinateur et l'Orion virait de trente degrés se dirigeant vers le point d'où venait le signal. L'appareil descendit encore un peu et l'équipage se mit à scruter les vagues écumantes.

« Tu vois quelque chose ?
— Rien.
— Idem.
— Je capte toujours le signal, annonça Simpson.
— Verticale, verticale, verticale, cria le capitaine Don Hickey du poste de vigie arrière tribord. Juste là, à trois heures, à un demi mille. »

Dierickx pressa le bouton « Marque à la verticale » à 5 h 04 GMT, enregistrant la position exacte de l'appareil. Il exécuta un long demi-tour et revint suivant la même trajectoire.

« Je ne vois rien.

— Il est là, j'en suis sûr, dit Hickey. Disparu dans un creux.

— Le voilà. Là-bas ! » s'exclama Gameau.

Une coque chavirée s'élevait sur la crête d'une vague. Chose étonnante, la quille semblait toujours en place, ce qui signifiait que le voilier aurait dû se redresser. L'Orion survola l'épave, volant aussi bas et aussi lentement que possible.

« Il y a quelque chose sur... sur le gouvernail... c'est lui, c'est lui ! » Thierry Dubois fit des gestes frénétiques en voyant l'avion passer au-dessus de lui. Le Français avait les yeux si encroûtés de sel que c'était à peine s'il pouvait voir. Cela faisait plus d'une demi-journée qu'il était attaché au gouvernail de son voilier, battu par des vagues énormes et affaibli par le froid. S'il n'avait pas eu une combinaison de survie, le vent glacial l'aurait tué en une heure.

La tempête avait frappé *Pour Amnesty International* le samedi avec des vents de 65 nœuds et plus. Dubois se mit à fuir au vent en ne gardant que quatre mètres carrés de toile pour éviter de filer trop vite. A deux reprises, il s'était couché, le mât dans l'eau. La troisième fois, il avait fait une culbute complète et le mât s'était brisé.

Dubois rampa sur le pont avec une scie à métaux et un couteau : il réussit à libérer le mât tandis que l'eau déferlait sur lui, le recouvrant complètement. Il avait déjà prévu ce qu'il fallait faire : quand le temps s'améliorerait, il installerait un mât improvisé, remettrait la voile et ferait route vers Perth.

Soudain, le bateau exécuta une nouvelle culbute, faisant tomber du pont la balise Argos indiquant la position. Dubois actionna une seconde balise, mais pas en

SAUVÉ

mode de détresse. Il avait encore l'impression qu'il pourrait surmonter la tempête.

Il resta à l'intérieur de la cabine pendant la nuit de dimanche et la journée de lundi, emmitouflé dans son sac de couchage tandis que la tempête faisait rage autour de lui. Frappé par deux vagues l'une après l'autre, le voilier roula de nouveau, prenant cette fois une gîte de 180°. Le Français attendit que le poids de la quille redressât le bateau mais, inexplicablement, cela ne se produisit pas.

Tandis que de l'eau s'infiltrait dans la coque, Dubois prépara son radeau et son container de survie ; il y avait là des vivres, de l'eau, des vêtements et une radio BLU. Une fois dehors, il tira le cordon mais le radeau ne se gonfla qu'à moitié et la violence des vagues l'arracha. Entre-temps, le capot de descente s'était bloqué et Dubois ne pouvait plus rentrer à l'intérieur. Il parvint on ne sait comment à se glisser sur la coque retournée et à se cramponner aux gouvernails. Il avait ses deux balises de secours restantes accrochées à son cou et il les déclencha toutes les deux. A plusieurs reprises au cours des heures suivantes, les vagues l'emportèrent et il dut revenir à la nage jusqu'aux gouvernails.

« Air Force Sydney, ici PatMar 251. Nous avons repéré un survivant. Déployons l'ASRK (Air See Rescue Kit : le matériel de sauvetage). »

Dans la soute à bombes de l'Orion se trouvaient deux radeaux de survie et deux paquetages de survie, reliés entre eux par des sections de cordage flottant de cent soixante-quinze mètres de long. L'idée était de larguer les paquetages contre le vent et contre le courant, en essayant d'accrocher le voilier naufragé de façon que les radeaux dérivent vers Dubois, qu'il puisse empoigner le cordage et hâler le plus proche jusqu'à lui.

C'est plus facile à dire qu'à faire quand on sait que la vitesse la plus lente que puisse se permettre l'Orion est de 300 kilomètres à l'heure, que le vent souffle à la surface de la mer à 110 kilomètres à l'heure et qu'à cause des vagues l'altimètre oscille entre vingt-cinq et trente-cinq mètres.

Après plusieurs passages au-dessus du voilier pour évaluer les possibilités, l'équipage largua des bouées fumigènes dans l'eau pour permettre à Ludo Dierickx de pouvoir aligner son largage. En se basant sur un calcul de cinquante mètres plus dix mètres pour chaque nœud de vent, il envisageait de larguer les radeaux de survie à six cent cinquante mètres contre le vent.

L'appareil amorça son approche finale avec les baies de la soute à bombes ouvertes, prêtes au largage.

« Où sont les bouées fumigènes ? » cria Dierickx, qui n'arrivait pas à les distinguer dans l'eau blanche d'écume. Il aperçut le voilier par tribord, avec la forme sombre de Dubois cramponné aux deux gouvernails.

« Bon, il va falloir que ça me serve de repère. »

Un doigt posé sur le bouton de largage, il poursuivit sa trajectoire, se fiant maintenant à son jugement et aux exercices d'entraînement.

Il pressa le bouton. Le premier radeau tomba, puis un container, puis rien. Les autres paquetages s'étaient coincés dans la soute à bombes. L'Orion décrivit un huit et recommença la manœuvre. L'unique radeau de survie ne parvint pas à dériver assez près pour que Dubois puisse s'emparer du cordage flottant : l'équipage choisit donc de lâcher le second matériel. C'était une question de vie ou de mort : ils n'avaient pas d'autre radeau.

L'Orion effectua son virage et aborda l'ultime approche contre le vent. Du sel s'était incrusté sur le pare-brise au bord des lames de l'essuie-glace, réduisant encore la visibilité, mais Dierickx parvint tout juste à distinguer *Pour Amnesty International* qui dansait sur les vagues en montagnes russes.

SAUVÉ

« Attends... attends... attends, encore un peu. Maintenant ! » se dit-il.

Cette fois, les radeaux et les containers se déployèrent correctement. Les choses se présentaient bien : ils s'étaient posés à environ trois cents mètres contre le vent et les filins semblaient chevaucher la coque. Le vent et les vagues devraient les pousser droit jusqu'à Dubois.

« Combien de temps avons-nous ? demanda Dierickx.

— Quarante-cinq minutes pour être prudents, répondit Gameau.

— Voyons si nous pouvons trouver l'autre voilier. Nous repasserons ici au retour. »

Mettant cap au sud, l'Orion remonta à dix mille pieds et se mit à balayer les fréquences pour repérer les deux balises appartenant à l'*Exide Challenger*.

Sans résultat. L'équipage entama alors une recherche à vue, en ratissant un secteur suivant des couloirs parallèles distants chacun d'un mille nautique. Les recherches se fondaient sur les dernières positions enregistrées par satellite pour les balises avec une vitesse de dérive estimée à deux nœuds.

Outre les deux pilotes et le navigateur, trois autres membres de l'équipage s'entassaient dans le cockpit, les uns scrutant la mer par-dessus les épaules des autres et à travers le pare-brise. Les autres hublots de l'appareil étaient occupés par un observateur aux aguets. Avec la tempête qui faisait écumer l'eau, les chances de repérer une coque blanche étaient faibles et ils savaient qu'il serait presque impossible de retrouver un radeau de survie.

« Il faut y aller, dit Paul " Darvo " Darveniza, le navigateur, en surveillant le niveau de carburant.

— Tu peux nous accorder encore quelques minutes ? demanda Dierickx.

SAUVÉ

— Non. Au point où nous en sommes, il faudra déjà couper un moteur sur le trajet du retour. »

Avant de reprendre de l'altitude, l'équipage aperçut une dernière fois Thierry Dubois. Ce qu'ils virent les horrifia. Les radeaux du second ARSK semblaient dériver plus lentement que la coque chavirée. Au lieu de se rapprocher, ils s'en éloignaient.

Les vagues avaient renversé les radeaux et les tentes jouaient le rôle de grandes ancres flottantes. En même temps, la quille de *Pour Amnesty International* agissait comme une voile et augmentait la dérive du bateau. Toujours cramponné à un gouvernail, Dubois ne pouvait que suivre avec consternation cette débâcle. S'il tentait de gagner un des radeaux de survie à la nage, il périrait sans doute dans la mer déchaînée ou bien mourrait de froid avant de pouvoir y parvenir.

« Il faut y aller maintenant, insista Gameau.

— Mais on ne peut pas le laisser, supplia un jeune membre de l'équipage.

— Il le faut, fit Dierickx. Nous ne pouvons rien faire de plus pour lui.

— Regardez-le ! comment peut-on s'en aller ? il doit bien y avoir quelque chose...

— Écoute, nous sommes à la PLE (Prudente limite d'endurance). Nous faisons demi-tour maintenant ou bien nous le rejoignons en bas : c'est aussi simple que ça. »

Désespéré, Thierry Dubois vit l'avion s'éloigner. Combien de temps encore pourrait-il survivre ? Y aurait-il un autre appareil ? Devait-il tenter le tout pour le tout et nager jusqu'au radeau ?

Une heure plus tard, à 19 h 34, heure de la côte Est de l'Australie, le PatMar 252 plongea à travers les nuages et se mit à chercher *Pour Amnesty International*. A son poste dans la cabine de l'avion, le capitaine Phil Buckley était assis devant une batterie d'écrans verdâtres, entouré de deux opérateurs radio. Les Orions de la RAAF sont bourrés d'équipement d'écoute extrêmement sophistiqué : ils ont la possibilité de repérer et d'identifier à peu près tout ce qui se trouve dans l'eau, des sous-marins russes jusqu'à des baleines.

En tant qu'officier chargé de la détection, le travail de Buckley consistait à reconnaître les informations les plus importantes recueillies par les capteurs et par les opérateurs radio pour les transmettre au coordinateur tactique du vol. Buckley, un officier de la Royal Air Force détaché dans le cadre d'un programme d'échange auprès de la RAAF, était en Australie depuis deux ans et demi, et il avait encore six mois à y passer avant de regagner la base de la RAF de Kinloss, en Écosse.

Utilisant un signal de radio-guidage émis par une bouée du SAR larguée par le PatMar 251 pour marquer la position du voilier naufragé, le PatMar 252 découvrit *Pour Amnesty International* ainsi que plusieurs radeaux de survie dérivant dans les parages. Dubois ne se trouvait plus sur la coque chavirée.

« Où diable est-il passé ? » murmura le pilote, le capitaine Ian Whyte. Avait-il tenté d'atteindre un radeau ou bien avait-il été emporté par une vague ? Dans un cas comme dans l'autre, ils avaient peu de chances de retrouver un corps dans ce bouillonnement écumant.

« Et les radeaux ? interrogea Phil Buckley. Il me semble qu'il y avait peut-être quelqu'un sur le dernier que nous avons survolé. »

L'appareil fit demi-tour et on découvrit Dubois qui faisait des gestes frénétiques. Ayant vu le premier Orion repartir, le Français avait décidé de gagner à la nage le radeau le plus proche, à cinquante mètres de là. Juste au moment où il parvenait à se hisser à bord, une énorme vague avait fait chavirer le radeau et l'avait précipité à la mer.

SAUVÉ

Il raconta plus tard : « Je me suis retrouvé dans l'eau, sans radeau de survie, sans eau, sans vivres, et en train de me dire avec calme (*sic*) que j'allais mourir. J'éprouvais un sentiment de regret pour tout ce que je voulais encore faire dans ma vie : je n'ai que vingt-neuf ans. Mais je ne me suis jamais affolé, jamais. »

Il parvint à remonter sur le radeau endommagé et il resta allongé là tandis que la toile se dégonflait lentement autour de lui. Le second Orion arriva : l'appareil ne disposait que de quelques minutes et s'apprêta aussitôt à effectuer un nouveau largage d'ASRK.

« Ça doit lui paraître une éternité, dit Buckley tandis qu'ils viraient et lâchaient des bouées fumigènes avant la dernière approche. Le vent avait légèrement faibli mais la visibilité était encore horriblement mauvaise. Ian Whyte pressa le bouton. Dubois eut l'impression que les radeaux pneumatiques arrivaient tout droit du ciel. Cette fois, le cordon lui tomba « juste dans les mains », selon Buckley, et l'équipage le vit se hisser à l'intérieur.

Il avait fallu au PatMar 252 plus de vingt-cinq minutes pour larguer les radeaux de survie et l'attention de l'équipage se concentra maintenant sur la recherche de l'*Exide Challenger*. La nuit approchait et le prochain Orion n'arriverait pas avant les premières lueurs du jour suivant.

« Mon Dieu, dit Whyte en commençant à quadriller une zone, je voudrais bien savoir ce que nous cherchons. Un radeau de survie, une balise ou un voilier ? »

Les membres de l'équipage se pressèrent de nouveau à chaque hublot, à chaque espace libre dans le cockpit. Assis auprès du radar avant, Buckley surveillait le quart avant gauche. Le plafond de nuages était descendu à moins de cent mètres et la visibilité n'atteignait pas huit cents mètres. De temps en temps, Whyte piquait délibérément dans une averse pour rincer les embruns qui laissaient un dépôt de sel sur le pare-brise.

Buckley avait connu des conditions difficiles en mer du Nord, il avait aussi navigué dans la Baltique par ce qu'il considérait comme un assez gros temps, mais il n'avait jamais rien vu de pareil. Il estimait que les vagues avaient la hauteur d'un immeuble de quatre étages, avec des embruns que le vent soufflait sur leur crête en hurlant.

Pour commencer, l'équipage tenta des recherches électroniques, en essayant sans succès de capter les signaux des balises. Puis ils entreprirent un quadrillage en tenant compte de la dernière position connue des émetteurs. Cela impliquait un important facteur d'incertitude en raison des vitesses de dérive différentes dans l'eau d'un voilier, d'un radeau de survie ou d'un homme.

Sillonnant inlassablement la zone suivant un quadrillage serré, l'Orion volait à la vitesse la plus basse qu'il pût se permettre sans caler. Cinquante minutes durant, l'équipage scruta l'océan, pas assez longtemps heureusement pour que l'esprit en arrive à faire une fixation et commence à provoquer des illusions d'optique. Quand on en arrive là, on croit qu'il y a quelque chose dans l'eau — un corps, une sirène ou une embarcation — alors que ce n'est qu'une brèche dans l'écume ou une ombre. Inversement, on peut finir par être tellement habitué à regarder le même paysage que la fatigue s'installe et qu'on ne remarque même plus un changement. Un cuirassé pourrait passer droit devant eux : ils ne verraient que des vagues.

« Verticale, verticale, verticale ! » cria une voix dans l'intercom.

Un ordinateur enregistra la verticale de la position.

« Coque chavirée à deux cents mètres, juste sur l'arrière. »

SAUVÉ

L'Orion venait de survoler la coque et un observateur posté à l'arrière l'avait vue émerger des eaux écumantes. Le coordinateur tactique utilisa l'écran du marqueur pour repérer la position et l'Orion fit demi-tour.

« Je ne le vois toujours pas, dit Whyte.

— Le voilà », lança Buckley en montrant quelque chose par-dessus l'épaule du pilote.

L'*Exide Challenger* s'élevait sur une vague, le numéro « 33 » clairement visible sur son flanc. La quille avait cassé net, laissant une marque noire comme une plaie ouverte à la pointe de la coque. On distinguait sous l'eau des mâts et des gréements brisés.

Le PatMar 252 fit plusieurs passages pour prendre des photos et par deux fois vit le voilier disparaître sous une vague qui le submergea complètement.

« Il ne peut tout de même pas être là-dedans, murmura un membre de l'équipage.

— Mais si, il peut très bien, dit Buckley, essayant de remonter le moral des hommes. C'est probablement l'endroit le plus sûr où il pourrait se trouver.

— J'espère qu'il est sur son radeau de survie », dit Whyte en secouant la tête.

L'équipage repéra ce qui semblait être une balise d'urgence auprès de la coque, émettant sur 119,25 MHz. Il leur restait moins de quinze minutes de carburant : ils se mirent à chercher au sud pour voir s'il n'y avait pas un radeau de survie ou une autre balise.

« Air Force Sydney, Air Force Sydney, ici PatMar 252, à vous.

— PatMar 252, ici Air Force Sydney, à vous.

— Coque chavirée de l'*Exide Challenger* repérée par 52 11 sud et 101 14 est à 10 h 49 GMT. Aucune trace de survivant. Nous quittons maintenant les lieux, à vous. »

En virant pour regagner sa base, l'Orion effectua deux passages au-dessus de Thierry Dubois, qui aurait

SAUVÉ

dû maintenant être bien enfermé sous la fermeture à glissière d'un radeau de survie avec de l'eau et des vivres en abondance pour les jours à venir. Au lieu de cela, ils le trouvèrent retombé à l'eau, le radeau chaviré.

Faute de temps pour lui larguer un autre ASRK, ils durent regarder impuissants le Français s'efforcer de redresser le radeau pour se hisser à l'intérieur.

BRISTOL, ANGLETERRE
Dimanche soir, 5 janvier 1997

Toute une journée sans nouvelles de Tony. Il doit essayer de m'appeler mais ne parvient pas à obtenir la communication. A dix heures du soir, le téléphone sonne, je crois que c'est lui : non, ce sont les gardes-côtes de Portsmouth.

« Mrs Bullimore, il y a un journaliste qui demande votre numéro, mais je ne le lui ai pas donné.
— Pourquoi veut-il me parler ? demandé-je, étonnée.
— Oh, vous connaissez les journalistes. Vous avez eu des nouvelles de Tony ?
— Oui, hier.
— Il allait bien ?
— Oui, pour autant que je sache, pourquoi ?
— Oh, rien... c'est juste ces journalistes. »

Quand il a raccroché, je me sens vaguement soucieuse. « Ne sois pas stupide, Lal, il va très bien », dis-je et je retourne dans le salon. Je lui ai parlé il y a moins d'un jour.

En allant me coucher, je m'attends un peu à ce que Tony me réveille au milieu de la nuit. C'est ce qu'il a fait samedi à deux heures du matin. Il a toujours été comme ça, même quand il était en voyage d'affaires. S'il n'arrivait pas à dormir, il m'appelait. Ça ne me gêne plus, surtout quand il navigue : je suis heureuse de l'entendre.

Il a tendance à rester de longs moments au téléphone, à me parler de détails de la vie quotidienne. Qui j'ai vu, est-ce que je suis allée faire des courses, comment vont les neveux et nièces ? S'il téléphone pendant la journée et qu'il ne me trouve pas, il rappellera et rappellera jusqu'au moment où il finira par me joindre.

« Tu es sortie aujourd'hui ? dira-t-il quand il m'aura au bout du fil.
— Oui.
— Tu as été absente longtemps ?
— Pourquoi ?
— Parce que j'ai appelé.
— Quand ça ?
— Quatre fois.
— Tu me surveilles ? » dis-je en riant.

Je sens quand quelque chose ne va pas sur le bateau ou si quelque chose le tracasse. Il ne m'en parle pas, mais je connais sa voix. Samedi, il avait l'air content. Le vent fraîchissait et il venait de prendre quelques ris.

« Je t'aime. Je te parlerai demain, m'avait-il dit.
— Entendu. Fais attention. »

Quand Tony part pour une longue croisière, je ne suis pas mécontente d'être débarrassée de lui. Il est si préoccupé, si obsédé dans les semaines qui précèdent que la vie avec lui est un cauchemar. « Dieu soit loué, le bougre est parti, me dis-je. Maintenant, je peux avoir la paix. » Et puis, au bout d'un jour ou deux, je commence à me dire : « Oh, Tony, où es-tu ? Quand reviens-tu ? »

Cette fois-ci, ça a été pire qu'avant. Peut-être parce que nous vieillissons. Il me manque terriblement.

SAUVÉ

Lundi matin, le téléphone sonne. Ça doit être Tony, me dis-je. Mais non, c'est Yvonne, ma nièce.

« Tante Lal, allume la télé. Je crois qu'oncle Tony a des problèmes. »

Je descends en robe de chambre, l'esprit vide. La télévision met quelques secondes à chauffer, puis apparaît l'image d'un bateau chaviré. Je n'arrive pas à attendre la voix du présentateur, mais je vois le numéro 33 sur la coque : c'est Tony.

Je ne peux me décider à augmenter le volume : je ne veux pas savoir si on a retrouvé un corps.

Je fais trois pas dans la cuisine et je décroche le téléphone pour appeler Steve Mulvany, le neveu de Tony. L'esprit engourdi, j'écoute le téléphone qui sonne, qui sonne encore. Il finit par répondre.

« Allume ta télévision, dis-je.

— Pourquoi ?

— Allume-la. »

Je raccroche et je fixe l'écran. Je n'ai plus ma tête à moi. Je suis incapable de faire un geste. Je ne sais pas si je vais remonter pour m'habiller ou bien me faire une tasse de thé. Je reste à arpenter le salon, en regardant l'écran : je vois l'*Exide Challenger* et je pense à Tony.

Le téléphone sonne. C'est un journaliste de Radio Bristol.

« Mrs Bullimore, je suis désolé de vous déranger, mais je voulais vous poser quelques questions à propos de votre mari.

— Je ne peux pas parler », dis-je, et je raccroche.

Nouvelle sonnerie. Un journaliste de l'*Evening Post* dit : « Mrs Bullimore, je voudrais quelques détails sur la carrière de navigateur de votre mari. A-t-il jamais fait auparavant des courses en solitaire ?

— Vous devriez avoir honte, dis-je, furieuse. Ça fait plus de trente ans qu'il habite Bristol, qu'il y construit des bateaux et qu'il les fait naviguer. Regardez dans votre bibliothèque et cessez de me poser des questions stupides. » Je raccroche.

Quand il rappelle, je me contente de regarder l'appareil. Je ne peux pas parler à des journalistes. Mais si c'était des nouvelles de Tony ? Je décroche.

« Mrs Bullimore, ici le *Daily Mail*... »
Je raccroche brutalement.

Presque en même temps, on sonne à la porte. J'ai un téléphone intérieur.

« Qui est-ce ?

— Mrs Bullimore, je suis navré de vous déranger...

— Allez-vous-en, je vous en prie. Je vous en prie, laissez-moi tranquille. Je viens juste d'apprendre la nouvelle.

— Je voulais simplement vous demander...

— Je ne peux pas vous parler. Je vous en prie, laissez moi. »

Je reste seule quatre heures avant qu'arrive quelqu'un que je connais. Wesley Massam, celui qui a construit l'*Exide Challenger*, apprend la nouvelle en arrivant à son bureau et téléphone à sa femme, Jane. Elle vient à la maison me tenir compagnie. Quelques minutes avant elle, Dave Mathieson, un ami d'enfance de Tony de Southend-on-Sea arrive aussi et se met aussitôt à répondre aux médias.

Juste avant cela, un journaliste australien en poste à Londres appelle. Je m'apprête à reposer le combiné quand il dit : « Mrs Bullimore, ne raccrochez pas. Je sais que vous êtes désemparée. Je sais que vous n'avez envie de parler à personne, mais ne raccrochez pas. » Il est vraiment gentil et il me calme.

« Je ne vais pas vous poser de questions, je veux simplement que vous me parliez. Avez-vous eu des nouvelles des organisateurs de la course ?

— Non.

— Comment avez-vous appris la nouvelle ?

— Par la télévision.

SAUVÉ

— Bon, voici ce que je vais faire. Je vais essayer d'apprendre quelque chose et je vais vous rappeler. Promis. »

Plus tard, quand il rappelle, c'est Dave qui prend la communication.

« Deux voiliers ont chaviré, m'explique-t-il. On a repéré un des skippers et on lui a largué un radeau de survie. Il y a un navire qui fait route dans sa direction.

— Quel skipper ? demande Dave, d'une voix que je sens trembler.

— On ne l'a pas dit. »

Je rassemble mes forces pour ne pas pleurer. « On en a retrouvé qu'un seul de vivant, n'est-ce pas ? Il n'ont pas retrouvé les deux. »

Je me dirige d'un pas traînant vers la porte.

« Où vas-tu ? demande Jane.

— Je ferais mieux de m'habiller. Il va peut-être falloir que je parte précipitamment. »

Là-haut, j'ouvre le robinet de la douche et je m'avance sous le jet. Les larmes tout à coup se mettent à ruisseler et je suis incapable de les arrêter. « Où es-tu, Tony ? Tu vas bien ? Ne me fais pas ça. Parle-moi. Je t'en prie. » Je m'appuie à la cloison et je me mets à sangloter jusqu'au moment où j'en ai mal à la poitrine et où je suis épuisée.

En bas, Dave et Jane filtrent toujours les appels des médias. Jane me prépare une tasse de thé et je me remets à pleurer. Je suis debout dans la cuisine auprès de la machine à laver, à sangloter comme une gosse. Je ne sais pas si je vais pouvoir tenir le coup.

Au cours de la journée, aucune nouvelle des organisateurs de la course en France. Nos informations viennent de la télévision et de la radio : beaucoup sont contradictoires. On finit par annoncer que le navigateur solitaire dans le radeau de survie est un Français, Thierry Dubois et que le skipper disparu, c'est Tony.

« Il est dans le bateau, dis-je.

SAUVÉ

— Comment ça ? ricane Dave.
— Tony est dans le bateau.
— Ne dis pas de bêtise, Lalel. Ça va seulement te faire plus mal quand tu vas apprendre qu'il a disparu.
— Il n'a pas disparu : il est vivant ! dis-je avec colère.
— Comment le sais-tu ?
— Parce que mon ventre me le dit. Je n'ai plus ma tête à moi, mais j'ai l'estomac bien accroché. Il est vivant, Dave, il est là-dedans. »

En fin d'après-midi arrive un fax de la sœur de Raphaël Dinelli, en France. Je ne l'ai jamais rencontrée, mais c'est gentil de sa part de penser à moi.

Famille Dinelli à famille Bullimore.
Bonjour,
Nous savons ce qu'on ressent quand il faut attendre des nouvelles de quelqu'un qu'on aime. Nous ne connaissons pas vraiment Tony mais c'est un de ces marins dont nous sommes si fiers. J'en suis certaine, bientôt vous aurez de bonnes nouvelles de Tony. Ne vous inquiétez pas : faire ce qu'il a fait l'a déjà rendu fort, très fort.
(Pardon pour mon abominable anglais)
Isabelle Dinelli (la sœur de Raphaël)

Wesley arrive quand il a fini son travail et me fait aussitôt asseoir dans un fauteuil. Agenouillé devant moi, il me parle sévèrement. « Lalel, ne regarde plus la télévision. N'écoute plus la radio. On ne va donner que des versions différentes et ils vont tous faire des hypothèses. Tu n'as pas besoin de ça. Ce qu'il te faut, ce sont des faits. Je vais recueillir tous les renseignements que je peux et je te tiendrai au courant. » Il téléphone alors aux gardes-côtes de Portsmouth et on lui donne le numéro du Centre de coordination de sauvetage en mer à Canberra.

Je connais Wesley depuis son adolescence. Il a aidé à

construire deux des précédents bateaux de Tony, le *IT 82* et le *Spirit Of Apricot*, ainsi que l'*Exide Challenger*. Je le sais bien, une partie de lui se demande avec angoisse si l'accident a eu lieu à cause de quelque chose qu'il a fait ou qu'il n'a pas fait. Était-ce un défaut de conception, un défaut de construction ou un incident imprévisible qui a provoqué la fracture de la quille ?

Il raccroche le téléphone et me dit qu'un navire de guerre australien est envoyé dans la zone des recherches.

« Il est vivant, Wesley. Il est là-dedans.
— Oui, répond-il, je le crois aussi.
— Quand vont-ils arriver là-bas ? »

Je vois bien que Wesley n'a pas envie de me le dire.
« Ça va prendre trois jours. »

Je porte la main à ma bouche. Pauvre, pauvre Tony.

Minuit arrive et je suis incapable de dormir. Assise dans un fauteuil du salon ou agenouillée auprès de mon lit avec ma Bible, je prie. Tout ce que je vois me rappelle Tony. Sur le buffet, une carte qu'il m'a envoyée quand il était allé à la Jamaïque pour affaires. Ce n'était pas mon anniversaire, ni Noël, ni aucune fête en particulier : il voulait simplement m'envoyer une carte.

On peut lire :

Ce matin en me réveillant, j'ai vu un arbre superbe qui se balançait dans le vent, si libre et si élégant : il m'a rappelé ce que toi et moi avons tant de chance de partager du fond de notre âme, que nous soyons éloignés ou proches.
Tendresses, Tony.

Cela a toujours été comme ça. Impossible à vivre à un moment, puis un instant plus tard, il m'achète un cadeau pour me dire qu'il est désolé. Je me rappelle encore la première fois que je l'ai vu en 1963. Ma jeune sœur et moi étions arrivées de la Jamaïque seulement quelques mois plus tôt. Elle avait voulu travailler en Angleterre dans le cadre d'un programme organisé par le gouvernement britannique, et j'avais décidé qu'elle avait besoin d'un chaperon. Nous nous étions donné cinq ans et ensuite nous rentrerions au pays.

Notre père avait une petite ferme dans les collines de la Jamaïque, il avait réussi à faire vivre une femme et huit enfants. Ni lui ni ma mère n'ont jamais quitté l'île.

Doreen et moi arrivâmes pendant l'été et allâmes nous installer dans une famille que nous connaissions à Swindon. Nous trouvâmes toutes les deux du travail dans un atelier local qui fabriquait des dessus de tables. Par un matin d'été froid et gris, on sonna à la porte sur la terrasse de notre maison et voilà qu'un jeune représentant qui n'avait pas la langue dans sa poche se mit à essayer de vendre à ma sœur des draps et des couvertures. Il nous fit rire et je finis par être obligée de lui claquer la porte au nez.

Vingt minutes plus tard, on sonna de nouveau. Un autre représentant : celui-ci impeccablement habillé, avec veston et cravate. Il parut surpris de me voir. Même s'il semblait n'avoir qu'une vingtaine d'années, c'était manifestement lui qui dirigeait les opérations, mais je n'arrivais pas à comprendre pourquoi il avait décidé de tenter sa chance alors que l'autre avait échoué.

« Je m'appelle Tony, annonça-t-il.

— J'ai déjà dit à votre ami que nous n'avions besoin de rien.

— Oh, je ne suis pas ici pour vendre. Mon cousin Syd vient tout juste de me dire que deux des plus jolies filles qu'il ait jamais vues habitaient cette maison et qu'il fallait absolument que j'aille voir ça de mes propres yeux. »

Je dois le reconnaître, je fus flattée. Tony ne voulait

pas s'en aller. Il insistait pour que je l'invite à entrer. Puis il me demanda mon numéro de téléphone. Je répondais toujours non et je finis par le pousser dehors.

J'avais sous-estimé Tony. Et ce ne devait pas être la dernière fois. Comme il ne pouvait pas avoir mon numéro de téléphone, il se mit à m'envoyer des billets. Je rentrais du travail pour les trouver glissés sous la porte. Par douzaines. Tony habitait Bristol, mais il avait des bureaux à Plymouth et il faisait exprès de passer par Swindon pour me déposer un nouveau message, m'invitant à prendre un café ou aller au cinéma.

Ça dura trois semaines jusqu'au moment où une de mes amies me dit : « Tu n'as qu'à sortir avec lui. Ne va pas au cinéma parce que c'est dans le noir, va dans un pub où c'est éclairé et où tout le monde peut te voir. Il verra alors comment tout le monde dévisage un Blanc avec une Noire. Il verra comment les gens se comportent et il cessera de te harceler. »

J'ai donc fini par dire oui et Tony passa me prendre un samedi à l'heure du déjeuner pour m'emmener dans un pub juste à la sortie de Swindon. Je savais que les gens nous regardaient et je me disais : « Oh, Lal, tu es devenue folle. Qu'est-ce que tu fais ? »

Loin de décourager Tony, cela ne fit qu'aggraver les choses. Quand il me raccompagna à la maison, il me demanda quand il pourrait me revoir.

« Je ne crois pas que ce soit une bonne idée, dis-je.
— Pourquoi ?
— Je ne pense pas pouvoir supporter tout ça. »

Tony avait l'air sincèrement choqué.

« Vous avez vu les gens. Ils me regardaient comme si j'étais une prostituée.
— Ne soyez pas bête.
— Mais si, je vous assure. Une Noire avec un Blanc, ce doit être une prostituée. Voilà ce qu'ils se sont dit. »

SAUVÉ

Tony me regarda droit dans les yeux. « Je me fiche de ce qu'ils pensent. Ça m'est vraiment égal. »

Au cours des deux mois suivants, Tony redoubla d'efforts et multiplia les billets qu'il glissait dans la boîte aux lettres. Je ne tardais pas à me rendre compte qu'il ne me lâcherait pas. Ce n'était pas seulement son obstination, il y avait autre chose qui me touchait. Il était charmant et plein de prévenance dans un style un peu démodé. Peut-être un peu trop protecteur, mais en ce temps-là j'avais besoin de ça. C'est seulement plus tard que j'appris qu'il venait juste de rentrer de trois ans passés en Afrique du Sud, qu'il avait décidé de quitter à cause de son hostilité à l'apartheid.

Tony ne se souciait pas des questions de couleur de peau. Je pense qu'il ne remarquait même pas que les gens nous dévisageaient, mais moi, je m'en apercevais. Ils chuchotaient entre eux et je surprenais de temps en temps des bribes de conversation, des mots comme « dégoûtant » et « traînée ». Parfois, cela me bouleversait, mais Tony a une présence si rassurante qu'il me donnait des forces. Je n'étais pas une prostituée : j'avais été élevée dans une famille modeste et convenable où l'on allait à l'église tous les dimanche. J'étais quelqu'un de respectable et je ne méritais pas ces insultes.

Au bout d'environ six mois, Tony et moi sommes devenus amants et il m'invita à faire la connaissance de ses parents à Southend-on-Sea. Je n'ai jamais été aussi nerveuse. Doody, la sœur de Tony, m'accueillit à la porte et ses premiers mots furent : « Oh, vous n'êtes pas aussi noire qu'il nous l'a dit. »

Mon cœur se serra.

Nous passâmes là le week-end et les parents de Tony se montrèrent très gentils avec moi. Son père ne me parla pas beaucoup, mais sa mère finit par me prendre à part pour me dire :

« Il va vous épouser.

— Pourquoi ?
— Parce que vous êtes la première fille qu'il ait jamais amenée à la maison en disant : " C'est ma petite amie ". »
J'étais aux anges.

Un soir, dans son appartement d'Aberdeen Road, à Bristol, Tony me demanda de l'épouser. Nous avions envisagé auparavant cette possibilité, nous disant toujours que nous allions attendre un peu. De toute évidence quelque chose l'avait décidé car il regarda par-dessus le divan et dit : « Il est temps de nous marier. »
Je lui redemandai : « Tu en es vraiment sûr ? »
— Oui, absolument. »
Nous étions ensemble depuis assez longtemps pour connaître les problèmes que nous allions affronter et nous savions qu'ils ne risquaient guère d'empirer. Quant aux enfants à venir, nous décidâmes que, si nous les élevions en les laissant honnêtement adopter nos deux cultures, ils deviendraient en grandissant forts et tolérants.
« C'est un privilège d'avoir deux cultures », déclara Tony, qui le croyait passionnément. Il disait aussi : « Est-ce que ce ne serait pas formidable si l'Angleterre pouvait montrer au monde combien c'est merveilleux quand se combine ce qu'il y a de mieux dans des cultures différentes. » C'est peut-être de la naïveté, mais quelle merveilleuse idée.
Chaque fois que j'étais bouleversée par une insulte chuchotée ou un commentaire désobligeant, Tony ne voulait pas que je m'appesantisse là-dessus. « Ne te laisse pas énerver par les gens, disait-il. Ne te laisse pas impressionner. Les Blancs ne sont pas tous comme ça. »
Il a raison, bien sûr, et le sectarisme marche dans les deux sens. Bien des Noirs de mon entourage affirmèrent que le mariage serait un échec et certains manifestaient à Tony une hostilité non dissimulée. Pour ma

part, j'étais convaincue que notre amour surmonterait tous les obstacles. Le mariage n'est pas une affaire de lutte et d'effort : il doit être assez solide pour survivre tout seul.

Non sans quelque appréhension, mes parents acceptèrent l'idée que je voulais épouser Tony. A la Jamaïque, la race n'est pas un problème : on a plutôt des préjugés de classe que de couleur de peau. Il n'en va, hélas, pas de même à Southend-on-Sea. Je m'étais attendue à être bien accueillie dans la famille de Tony : ils désapprouvèrent ce mariage. Tony avait toujours été le préféré de ses parents. Ils étaient extrêmement fiers de lui et il ne voulait pas les décevoir. C'est sans doute pourquoi il ne leur parla pas du mariage.

« C'est juste une affaire entre toi et moi, dit-il. Ça ne regarde personne d'autre. »

Même si j'avais envie d'un mariage à l'église, avec notre famille et nos amis, je me rendis vite compte que ce ne serait pas possible. Ça n'avait d'ailleurs pas d'importance ; nous nous aimions : c'est ce qui compte. Le mariage fut célébré à la mairie de Bristol. Nous n'avions pas les moyens de partir en voyage de noces.

Tony n'en parla à ses parents que quelques jours avant que sa mère ne fût emportée par un cancer. Il alla la voir à l'hôpital et lui annonça la nouvelle. Elle éclata en sanglots en lui disant : « Stupide garçon, tu as gâché ta vie. »

J'ai toujours considéré le fait que Tony m'ait épousée alors qu'il savait que sa mère désapprouvait ce mariage comme un témoignage de l'amour qu'il me portait. Je sais qu'elle comptait beaucoup pour lui.

Agenouillée dans le noir auprès de mon lit, je recommence à pleurer. Dave, Jane et Wesley sont endormis quelque part dans la maison. La pendulette sur ma table de chevet indique 3 h 41 du matin.

« Où es-tu, Tony ? murmuré-je.

— Oh, Lal, le bateau s'est retourné.
— Oui, je sais.
— C'était une si forte tempête. Je n'ai pas pu le sauver.
— Mais il faut que tu te sauves, toi, maintenant, tu m'entends ?
— Je ne sais pas comment, Lal.
— Il y a un navire de sauvetage qui arrive. Il sera bientôt là.
— Dans combien de temps ?
— Pas longtemps. Pas longtemps. » Je n'ose pas lui avouer la vérité.
« Je vais te dire ce que tu vas faire, dis-je. Nous allons avoir recours au Troisième Œil. Tu te souviens ?
— Oui. »
C'est un jeu auquel nous jouions voilà longtemps. Je n'arrive pas à me rappeler quand c'était pour la dernière fois. Le Troisième Œil, c'est comme une force intérieure ou un ange gardien.
« Je suis désolé, Lal.
— De quoi t'excuses-tu ?
— De te faire subir ça.
— Ne t'inquiète pas pour moi, contente-toi de rester en vie. As-tu assez chaud ?
— Oui.
— Ne me mens pas.
— Pas question. »
Nous continuons à parler : il me pose des questions sur ce que j'ai fait dans la journée, il me demande s'il y a eu du courrier. Je l'imagine assis sur une caisse dans la coque, la tête entre ses mains. Il n'est pas blessé.
« Tu devrais aller te coucher, me dit-il.
— Non, je ne pourrais absolument pas.
— Ça t'ennuie si je dors un peu ?
— Mais non. Assure-toi seulement de bien te réveiller. »

9

PERTH, AUSTRALIE
Lundi 6 janvier 1997, 8 heures

Le premier maître Pete Wicker entendit la fin du bulletin d'informations à la radio au moment où il franchissait la grille de la Base navale de Stirling, à Garden Island, en Australie-Occidentale. Résumant les principaux titres, le présentateur parla de recherches pour retrouver un navigateur disparu dans l'océan Austral.

« Pauvres diables », songea Wicker en s'engageant sur la chaussée de quatre kilomètres qui menait aux quais. Il envisageait un bref passage au bureau avant de rentrer chez lui pour la dernière semaine de sa permission de Noël. Après vingt-trois ans passés dans la Marine royale australienne, et des mois d'affilée loin de chez lui, il avait pris goût à des plaisirs simples comme les barbecues familiaux, emmener ses fillettes d'une dizaine d'années sur la plage et se détendre sous la pergola avec une bière.

Devant lui il apercevait l'arrière gris métal de son navire, le HMAS *Adelaide*, une frégate lance-missiles de 4 000 tonnes. Lui aussi avait eu droit à des vacances et une visite d'entretien. La plupart des membres de l'équipage étaient encore en permission, mais Wicker et quelques autres étaient rentrés avec quelques jours d'avance pour procéder à certains essais sur le navire et s'assurer qu'il était prêt pour les prochaines manœuvres navales dans le Pacifique.

Sa première tâche consistait à « mettre le navire au vent », ce qui signifiait le faire pivoter pour qu'on puisse peindre l'autre flanc, en utilisant les pontons comme plate-forme. Il remonta la passerelle de service et aperçut le visage souriant du quartier maître Jimmy Sharma.

« Tu sais qu'on lève l'ancre, n'est-ce pas ? fit-il.

— Oui, on va mettre le navire au vent à 8 h 30. C'est programmé.

— Non, non. On appareille.

— Qu'est-ce qui est arrivé ?

— Deux navigateurs sont portés disparus au sud. C'est nous qui sommes de service.

— Nous ne sommes pas prêts. Il n'y a pas d'équipage.

— On rappelle les hommes... autant qu'on peut en trouver. On lève l'ancre à 16 heures. »

Wicker se rendit droit au carré et vit l'officier de quart.

« Qu'est-ce qui se passe ? demanda-t-il.

— Vous feriez bien de voir de qui vous aurez besoin et de commencer à les rappeler. »

Des conférences avaient lieu dans tout le navire : les chefs des divers services avaient à organiser des centaines de tâches avant que l'*Adelaide* puisse prendre la mer. En raison de la période d'entretien qui venait d'avoir lieu, il fallut regrouper et ranger outils, bâches et équipement. Le navire devait avoir le plein de carburant et de ravitaillement, y compris assez de vivres pour tenir quatorze jours.

Le commandant Raydon Gates s'adressa à l'équipage par les haut-parleurs de bord peu après 8 heures du matin. Il confirma qu'il ne s'agissait pas d'une croisière

SAUVÉ

de routine. Le HMAS *Adelaide* allait naviguer plus au sud qu'aucun autre navire de guerre australien dans le cadre d'une tentative de sauvetage.

« Il doit bien y avoir quelqu'un de plus près que nous, dit Wicker une fois l'allocution terminée.

— Apparemment pas, dit un collègue. Il y a deux bateaux français — un navire scientifique en cours de chargement aux îles Kerguelen et un autre en route pour l'île de Heard — mais ni l'un ni l'autre ne peut faire plus de 11 nœuds. L'*Adelaide* arrivera là-bas avant eux. »

Un jeune matelot demanda : « Est-ce qu'on ne devrait pas attendre que l'Air Force trouve réellement quelque chose ? Il pourrait n'y avoir personne de vivant à sauver.

— Nous sommes le navire de garde. Nous devons être prêts », répondit Wicker.

Au début de l'après-midi, les deux tiers de l'équipage normal avaient été rappelés. En tant que maître d'équipage, Pete Wicker était responsable de l'entretien et des manœuvres pour le pont supérieur. Il s'occupait aussi de l'entraînement aux armes légères et de l'artillerie de petit calibre.

« Je suis responsable de tout ce qui se trouve sur le pont supérieur, expliquait-il aux jeunes matelots. S'il y a de la casse, une chute, de la corrosion, si quelque chose se décroche ou saute, alors c'est moi qui écope. C'est pourquoi, quand je vous demande d'arranger quelque chose, vous le faites. »

Ainsi, il fallait remonter les machines démontées, trier les provisions et les arrimer soigneusement pour affronter une mer déchaînée. A midi, Wicker rentra chez lui pour prendre ses sous-vêtements en Thermolactyl et sa trousse à raser. Il déjeuna sur le pouce avec sa femme Dael puis elle le reconduisit en voiture jusqu'à la base de Stirling.

SAUVÉ

Cependant, sur la passerelle, le commandant Gates jonglait avec des appels téléphoniques du quartier général de la Flotte et avait toutes les heures des réunions avec ses principaux officiers. Il avait été réveillé à une heure du matin par le téléphone quand le quartier général de la Flotte l'avait averti de la possibilité d'une opération de recherche et de sauvetage.

Après vingt-cinq ans dans la Marine, Gates savait se réveiller rapidement et il se mit aussitôt à envisager les aspects logistiques de la préparation de son navire. Il commandait le HMAS *Adelaide* depuis dix-huit mois et, avant cela, il avait assuré pendant vingt et un mois le commandement de son jumeau, le HMAS *Canberra*, avec notamment une période de patrouille dans la mer Rouge dans le cadre des sanctions des Nations unies contre l'Irak. Outre qu'il était l'officier le plus élevé en grade à naviguer en Australie-Occidentale, il était responsable de la coordination des six frégates lance-missiles de la marine australienne.

A 3 h 30 du matin, le téléphone sonna de nouveau : la probabilité de l'opération de sauvetage était confirmée. Gates passa dans son bureau, ne voulant pas réveiller sa femme Alison, et se mit à discuter le rappel du personnel essentiel. Il s'inquiétait notamment pour l'équipage de l'hélicoptère de l'*Adelaide* : ces hommes se trouvaient à trois mille kilomètres de là sur la côte est de l'Australie à la base navale de Nowra où ils effectuaient des exercices de vol d'urgence. Il fallait d'une façon ou d'une autre les faire revenir à Perth.

« Bon, dit Gates à l'officier de quart, ils ont trois heures d'avance sur nous en Nouvelle-Galles-du-Sud. Je veux que vous appeliez le chef d'escadrille Arthur Heather pour lui dire de s'occuper immédiatement des réservations pour que son équipage revienne ici. »

Gates se mit alors à dresser une liste de tout ce que nécessitait une opération de recherche et de sauvetage dans l'océan Austral. Combien de temps cela prendrait-

SAUVÉ

il ? Quelle température ferait-il ? Quelles quantités de carburant seraient nécessaires ? Comme toujours, il prévoyait le pire et espérait le mieux.

A 7 heures, il reçut un appel du commandant Rowan Moffitt, le chef d'état-major des opérations au quartier général de la Flotte, pour lui dire qu'on s'attendait d'un instant à l'autre à ce que l'amiral donne l'ordre d'appareiller.

« A quelle heure pouvez-vous être prêt ? »

Gates savait que l'*Adelaide* prendrait officiellement son service à 8 heures. Il devait alors être prêt à appareiller dans un délai de huit heures. Il répondit sans hésitation : « Nous serons prêts à appareiller à 16 heures. »

Gates arriva à bord à 7 h 40, assista à la traditionnelle cérémonie des couleurs, puis tint une réunion dans sa cabine avec tous ses chefs de service pour préparer un plan. Quel personnel faudrait-il rappeler ? Qui n'était pas disponible ? Pourrait-on trouver des remplaçants ?

Comme personne à bord n'était jamais allé aussi loin au sud, il n'existait aucune procédure standard d'opération pour les guider. Ils fixaient eux-mêmes les règles. Le principal souci était comment combattre le froid. Le magasin central n'avait pas de tenues polaires ni de sous-vêtements en Thermolactyl disponibles ; l'école locale de sous-mariniers ne pouvait fournir qu'un nombre limité de gros chandails blancs. Ce n'était manifestement pas suffisant et on informa les hommes que, s'ils avaient chez eux des tenues adéquates telles que bonnets, gants et blousons de ski, ils devaient se dépêcher d'aller les chercher.

Gates voulait un docteur à bord ainsi que l'habituel infirmier. Il avait également pris ses dispositions afin d'avoir de l'équipement médical spécial pour le traitement de l'hypothermie, des gelures et des blessures par eau salée. Il se procura en outre trois body-bags à tout hasard.

Pendant ce temps, un hélicoptère militaire transbordait les aviateurs de Nowra à l'aéroport de Kingsford Smith à Sydney : ils embarquèrent sur un vol Qantas et arrivèrent à Perth à 14 h 50. De là, ils gagnèrent le hangar d'aviation de la base de Stirling à 15 h 30, une demi-heure seulement avant le départ de l'*Adelaide*. Gates attendit d'avoir la certitude qu'ils étaient avec l'hélicoptère avant de donner l'ordre de lever l'ancre. Le Seahawk S70B pourrait alors les transborder jusqu'à la frégate.

Le rappel des hommes s'était passé relativement bien, compte tenu qu'ils étaient nombreux à être en permission de Noël. On ne put toutefois trouver que deux cuisiniers — ce qui était insuffisant pour un aussi long voyage — il fallut donc en détacher d'autres navires ainsi que des officiers mécaniciens spécialisés, plusieurs techniciens de la maintenance aérienne, un commis aux vivres supplémentaire et deux officiers de quart pour travailler sur la passerelle.

A 16 heures, comme le célèbre vent frais baptisé « Docteur Fremantle » commençait à souffler de l'ouest, le HMAS *Adelaide* largua ses amarres, s'éloigna du quai et descendit l'étroit chenal connu sous le nom de Success Parmelia Passage pour gagner le goulet de Cockburn. A bord se trouvaient un équipage de cent quarante-trois hommes — les deux tiers de l'effectif normal — et huit représentants des médias travaillant en pool. L'officier navigateur Ken Burleigh fit sortir le navire du port à faible allure, pendant que le second, Jim Manson, s'assurait qu'on avait bien arrimé les amarres et saisi l'ancre.

Par un vent modéré et une mer calme, le navire de guerre fit route à l'ouest jusqu'à la pointe septentrionale de l'île de Rotternest, puis mit cap au sud. Son

SAUVÉ

heure d'arrivée prévue dans la zone des recherches, compte tenu des conditions météo, avait été estimée à 8 heures le 9 janvier : dans trois jours exactement.

Peu après le départ, la nouvelle parvint à bord que Thierry Dubois avait été retrouvé vivant et qu'on lui avait largué un radeau de survie. L'équipage jusqu'alors avait travaillé dans le noir mais l'objectif maintenant était clair : le sort d'au moins un navigateur solitaire dépendait de ce que le navire le rejoigne aussi vite que possible.

Cependant, les coordinateurs de sauvetage à Canberra envoyèrent un message INMARSAT-C urgent au commandant du pétrolier *Sanko Phoenix*, donnant la position de Dubois dans son radeau de survie :

> DEMANDE QUE SI POSSIBLE VOTRE NAVIRE SE DÉROUTE VERS CETTE POSITION. DEMANDE VITESSE MAXIMUM POSSIBLE. UN SURVIVANT A ÉTÉ REPÉRÉ. VEUILLEZ DONNER HEURE PRÉVUE D'ARRIVÉE. VEUILLEZ ACCUSER RÉCEPTION D'URGENCE DE CE MESSAGE.

Dix minutes plus tard, le *Sanko Phoenix* répondait :

> POSITION ACTUELLE 170 MILLES NAUTIQUES JUSQU'À POSITION DÉTRESSE. MEILLEURE HEURE ARRIVÉE PRÉVUE À VITESSE MOYENNE 11 NŒUDS : 2 JOURS 14 HEURES.

Presque aussitôt, le message suivant fut adressé au pétrolier :

> DEMANDE VOUS DÉROUTER VERS POSITION POUR RECUEILLIR SURVIVANT... NAVIRE DE GUERRE AUSTRALIEN *ADELAIDE* QUITTE PERTH A 08 H GMT MAIS METTRA AU MOINS TROIS JOURS POUR ATTEINDRE POSITION.

Après une heure de route, comme l'*Adelaide* doublait la pointe de l'île de Rottnest, le commandant Arthur

Heather informa la passerelle que l'hélicoptère Seahawk était immobilisé à Stirling à la suite d'une fuite dans le système hydraulique. On n'avait laissé qu'un seul technicien d'aviation pour assurer le décollage du Seahawk et voler avec l'équipage : les autres étaient à bord. Si l'on ne parvenait pas rapidement à réparer l'hélico, l'*Adelaide* allait se trouver hors de portée.

Le commandant Gates avait une décision à prendre. S'il faisait demi-tour, un délai de deux ou trois heures pourrait être fatal à Thierry Dubois et Tony Bullimore. D'un autre côté, le Seahawk lui donnait des possibilités supplémentaires essentielles pour toute tentative de sauvetage.

« Je ne reviens pas en arrière, annonça-t-il à l'équipage de la passerelle. Demandez à Stirling s'ils peuvent envoyer un RIB (canot pneumatique à coque semi-rigide, un Zodiac) pour nous intercepter. S'il peut contourner Garden Island, nous arriverons de Rotternest aussi près des récifs que nous oserons le faire. Le canot peut recueillir les techniciens et les ramener. S'ils réussissent à régler le problème, le Seahawk pourrait nous rejoindre avant que nous soyons hors de portée. »

Ce raisonnement se révéla judicieux. Tard ce soir-là, le Seahawk se posa dans l'obscurité sur le pont de la frégate à 130 milles nautiques au sud-ouest de Fremantle. Ce qui aurait pu être de la malchance se révélait de bon augure.

Cependant l'*Exide Challenger* avait été repéré par la RAAF, sans aucun signe de vie. L'*Adelaide* avait pour mission de gagner « à la vitesse maximum possible » la zone des recherches, d'abord pour recueillir Thierry Dubois, puis pour inspecter le voilier britannique.

Au carré des officiers mariniers, Pete Wicker apprit la nouvelle à propos de Tony Bullimore alors qu'il venait de s'asseoir pour prendre un repas chaud et une tasse de thé. Le principal sujet de conversation était de

SAUVÉ

savoir si le navigateur solitaire pouvait être encore vivant à l'intérieur de la coque.

« On le retrouvera sans doute demain dans un radeau de survie », dit Wicker avec optimisme.

Le « téléphone arabe » du navire tenait l'équipage informé des dernières nouvelles en provenance du quartier général de la Flotte et de la 92e escadre aérienne. Le sentiment général était plutôt à l'optimisme, surtout en ce qui concernait le Français. A moins d'incidents fâcheux, le navire l'atteindrait à temps.

Le sort de Tony Bullimore semblait bien moins certain. Les gens voulaient y croire, mais la plupart d'entre eux étaient des marins expérimentés et ils connaissaient ses chances. Quand l'aube de mardi se leva, leurs doutes ne firent que s'accentuer. On sentait déjà une fraîcheur dans l'air et la mer moutonnait d'un horizon à l'autre.

10

OCÉAN AUSTRAL
Lundi 6 janvier 1997

Qu'est-ce que c'est ? On tape à l'extérieur de la coque.

« Tap... tap... tap... tap... tap... tap... »

Est-ce un bruit humain ou simplement le gréement emmêlé qui bas contre le flanc ?

« Tap... tap... tap... tap... tap... «

J'ai une telle envie que ce soit du secours. Mon cœur veut y croire, mais ma tête me dit de ne pas être stupide. Il y a deux mâts brisés dehors et des dizaines de mètres de cordage et de filin. De temps en temps, j'entends un choc plus fort et quelque chose qui racle. J'imagine que la bôme ou le mât est en train de lentement percer un trou dans le flanc de la coque. D'un instant à l'autre, l'eau va s'engouffrer à l'intérieur.

Combien de temps ai-je dormi ? Peut-être seulement dix minutes, peut-être des heures ; je regarde le niveau de l'eau dans le compartiment moteur et je vois qu'il a monté. Le bateau ne devrait pas couler. Il ne peut pas couler. Pas avant que j'aie dégagé le radeau de survie.

Je ne peux rien faire dans le noir sauf rester au chaud et conserver mes forces. Je ferai une nouvelle tentative sur le radeau au lever du soleil quand la lumière verdâtre commencera à filtrer par les bulles submergées du rouf.

Du moins la tempête s'est-elle calmée : le tangage du bateau est moins violent. Il y a moins d'eau aussi qui suinte par la brèche là où la base de la quille a cassé. Si je me plante sur le seuil du local du moteur et que je lève les yeux avec un angle d'à peu près 45 degrés, j'arrive à voir par une fente dans le « plafond » du rouf (autrefois le plancher) et j'aperçois un petit bout du ciel nocturne. J'arrive même à me persuader que je vois des étoiles quand de temps en temps les nuages s'écartent. Ça signifie en tout cas que je ne vais pas manquer d'air — à moins, bien sûr, que le bateau coule.

Chose étonnante, je m'habitue à l'obscurité et aux bruits bizarres. En général, quand je navigue, je peux déchiffrer chaque gémissement, chaque crissement, chaque murmure d'un bateau. C'est comme un mécanicien qui peut dire tout de suite ce qui ne va pas dans un moteur quand il l'entend tourner. Maintenant je n'entends que les vagues qui frappent le flanc de la coque et le « tap... tap... tap... » du gréement.

Il y a autre chose. Je ne le perçois que de temps en temps quand il y a une accalmie dans les bruits de fond, mais je jure que j'entends l'eau couler dans le compartiment avant du bateau, par-delà la cambuse. Je colle mon oreille à la cloison et j'écoute. On dirait quelqu'un qui déverse un seau d'eau dans une baignoire. Qu'est-ce que ça peut bien être ?

L'*Exide Challenger* est construit avec un certain nombre de compartiments étanches pour assurer la flottabilité, y compris un compartiment avant utilisé pour ranger les voiles et auquel on ne peut accéder que par un panneau sur le pont. Il est situé derrière une zone d'amortissement à l'étrave qui est conçue pour se déformer en cas de collision et protéger le bateau de dégâts structurels importants.

Si le compartiment avant que j'utilise comme placard à voiles est en train de s'emplir, je suis vraiment dans le pétrin. Il suffit sans doute de deux ou trois tonnes d'eau pour qu'il soit plein. Ça pourrait sembler beaucoup, mais 250 gallons pèsent à peu près une tonne et ce n'est qu'une goutte comparée à toute l'eau qui m'entoure.

Penses-y rationnellement, Tony, pas de conclusions prématurées. L'*Exide Challenger* est plus bas dans l'eau à l'arrière, ce qui veut dire que le compartiment avant doit tenir.

Un long moment, je garde l'oreille collée contre la cloison, aux aguets. Je ne suis pas encore sûr. Réfléchis de façon positive. Si le compartiment avant se remplit, l'arrière peut se soulever. S'il le fait suffisamment, j'aurai peut-être une chance de dégager le radeau de survie. C'est un peu tiré par les cheveux. Il est plus que probable que tout le bateau va s'enfoncer dans l'eau ce qui rendra ma survie encore plus difficile.

Je n'ai aucune idée du temps, mais le martèlement sur la coque me fait l'effet du tic-tac d'une horloge. Aux premières lueurs du jour, je descends de mon équipet, j'arrache l'emballage de ma tablette de Mars et j'en prends deux bouchées. Le papier est détrempé et le chocolat a un goût de sel.

L'eau dans la cambuse m'arrive à mi-cuisse et elle est jonchée de débris qui flottent à la surface. Si j'avais été un peu plus malin, j'aurai peut-être pu sauver davantage de vivres du local du moteur et de la cambuse pour l'installer au-dessus du niveau de l'eau dans des containers étanches. Maintenant les biscuits et les céréales sont détrempés ou ont été aspirés par la mer. Je m'étais trompé à propos du niveau de l'eau et je n'avais pas tenu compte de l'effet d'aspiration de la bulle cassée. De toute façon, une bonne partie de ce qui a disparu était ou bien inutilisable, avarié ou irrécupérable, ou bien n'avait aucun intérêt pour ma survie ou mon sauvetage. Il y a des petites choses que je regrette de ne pas avoir sauvées. Quelques vêtements par exemple, que j'aurais pu faire sécher dans le radeau de survie si j'avais deux ou trois jours ensoleillés. Mes jumelles et une torche auraient pu aussi être utiles. Maintenant, c'est trop tard.

Avec mon couteau, j'ouvre un sachet d'eau de secours. Il ne m'en reste que deux. La déshydratation va devenir un problème à moins que je ne me mette à utiliser le Survivor. C'est curieux, on se déshydrate davantage dans l'eau froide que dans l'eau chaude : ça ne paraît pas normal, n'est-ce pas ?

Revenu dans le rouf, sentant le froid enrouler ses doigts autour de ma poitrine, je plonge à deux reprises, je me cogne la tête et puis en poussant j'ouvre le capot de descente. A la première tentative, je parviens à repérer le cordon qui déclenche le gonflement du radeau. Au second essai, je coupe les autres et je prends à deux mains le container en plastique en essayant de le tirer vers le rouf.

Mes poumons sont sur le point d'éclater et je sens les meurtrissures sur mes côtes provoquées par mes reptations jusqu'à l'équipet. Allons, salopard, pourquoi ne veux-tu pas bouger ?

Puis je comprends. Le radeau de survie est plaqué contre le plancher du cockpit par sa seule flottabilité. Pour que j'arrive à le mettre à la mer, il faudrait que je sois assez fort pour résister à la poussée de l'eau et à le tirer par-dessous la bordure qui entoure le plancher du cockpit et les étançons. Deux hommes y parviendraient peut-être, mais pas un seul, non.

Jaillissant de l'eau dans l'atmosphère confinée du rouf, je frappai le flanc de la coque dans ma déception. Je vais vraiment mourir. Personne ne vient. Même si on envoyait un avion, il jetterait un coup d'œil à la coque et rentrerait à la base. On penserait qu'il n'y a personne de vivant là-dedans. Regarde les choses en face, Tony, tu es de l'histoire ancienne.

Je remonte dans mon trou noir sur l'équipet et j'essaie de me réchauffer. Lentement mon rythme cardiaque retourne à la normale et mon souffle redevient régulier. Je pense au petit oiseau que j'ai trouvé dans le placard de la cabine. Trop faible pour s'envoler, la pauvre créature avait choisi un coin sombre et tranquille pour mourir. Est-ce ce que je suis en train de faire ? La cambuse va-t-elle être le lieu de mon dernier repos ?

De sombres pensées tournent follement dans ma tête jusqu'au moment où mon esprit commence à se calmer. Non, pas encore. Pense à l'autre oiseau qui a réussi à s'envoler. Ce sont les forts qui survivent et les faibles qui périssent. Il faut que je sois fort. Cesse de t'apitoyer sur toi-même. Il est essentiel d'être simplement ici, vivant et conscient, et capable de changer les choses. Je sais bien que mes temps de réaction et mon cerveau commencent à ralentir à cause du froid — tout semble prendre un peu plus longtemps qu'avant — mais je garde encore un certain contrôle sur mon destin.

Je passe avec moi-même un pacte muet : je ne vais pas penser à mourir au moins pendant un jour encore. Ça peut sembler froidement rationnel mais, quand la vérité vous regarde en face, c'est dur de défendre un mensonge. Je crispe et je déploie mes orteils, je serre les poings.

Quand je commence à me réchauffer un peu, je décide de prendre les balises de détresse qui me restent et de les attacher tout près du capot de descente. Ainsi, je pourrai les empoigner rapidement si le bateau commence à couler et s'il faut que je plonge. Peut-être que je peux tenter un ultime effort et tirer le radeau de survie à la mer. Je prends les balises dans le rouf et je trouve un peu de cordage pour les attacher. L'eau m'arrive au menton et de temps en temps je dois retenir ma respiration quand une vaguelette déferle à l'intérieur de la coque et me recouvre le visage.

Avec un cordage dans chaque main et un autre entre les dents, j'ai du mal à me servir de mon couteau et à faire les nœuds. Chaque fois que le bateau se balance, il faut que je lâche un cordage et que je me serve d'une main pour m'empêcher de tomber.

Soudain le bateau tangue et le cordage glisse entre mes dents. La douleur me secoue : on dirait qu'elle rebondit sur ma mâchoire jusqu'à mon cou. J'ai perdu un plombage et, quand je passe avec précaution ma langue sur mes dents, je sens que plusieurs d'entre elles bougent. Encore des notes de dentiste en perspective.

Je récupère le cordage et je recommence mais, alors que j'essaie de démêler un nœud, mon couteau m'entaille proprement la paume de la main. Instinctivement, je lâche le couteau et je l'entends faire un plouf dans l'eau. Je plonge ma main valide pour le rattraper, cherchant frénétiquement à tâtons le manche. Il y a toutes sortes de cochonneries en bas : un mini-magnétophone, un stylo, des dizaines de mètres de cordage — un véritable bric-à-brac.

« Mon Dieu, faites que je ne perde pas le couteau, me dis-je. Rappelle-toi ce qui s'est passé la dernière fois. »

Mes doigts se referment autour de la lame. Attention, tu as déjà perdu un doigt. Je les fais glisser le long du manche et je le soulève jusqu'à la surface.

Mes pensées reviennent aux quais de Portishead en 1989. Le *Spirit of Apricot*, mon trimaran de dix-huit mètres, sortait de réparations et avait un air immaculé. Je prends la mer avec un équipage de quatre hommes à bord : Patrick et Ben, tous deux âgés d'une vingtaine d'années, Mervyn, un vieux copain à moi et David, un ingénieur hydraulicien de Cornouailles.

Patrick et Mervyn allaient être deux de mes équipiers dans la prochaine Course de l'Europe tandis que Ben et David m'aidaient à amener le *Spirit of Apricot* à Plymouth pour le Tour d'Angleterre qui devait débuter dans une quinzaine de jours.

Nous partîmes par un beau jour d'été et nous passâmes toute la matinée à descendre le canal de Bristol en route vers le cap de Lands End. En fin d'après-midi, nous étions au large de la côte du Devon : je confiai la barre à Patrick et descendis avec Mervyn pour boire une tasse de thé. Comme j'ouvrais le paquet de biscuits, Mervyn me demanda s'il pouvait m'emprunter mon couteau pour quelque chose qu'il voulait faire.

J'avais toujours dans ma poche un couteau Wishard, affûté comme un rasoir.

« Où est ton couteau ? lui demandai-je.

— Je ne l'ai pas pris avec moi.

— C'est impardonnable.

— Oui, je sais. »

Mervyn dut penser que je réagissais exagérément, mais je lui donnai quand même mon couteau tandis que nous bavardions en grignotant des biscuits. Dehors, le vent commençait à fraîchir.

Le *Spirit of Apricot* était un des bateaux les plus rapides du monde, capable de filer régulièrement 30 nœuds si les conditions étaient bonnes. Au moindre fraîchissement du vent, il se mettait à filer. C'est comme rétrograder une vitesse sur une voiture de sport et donner un coup d'accélérateur.

« La barre devient lourde », dit Patrick à Ben.

Je les entendis m'appeler quand une violente rafale de vent fit soudain accélérer le voilier. Je déboulai sur le pont et j'arrivai à temps pour voir l'étrave s'enfoncer dans l'eau tandis que le trimaran était sur le point de chavirer.

SAUVÉ

« As-tu largué les écoutes ? criai-je.
— Oui », clama Ben.
Je pris la barre, mais c'était trop tard. Les gouvernails étaient hors de l'eau et l'espar de tribord était plongé dans l'eau. « On va chavirer », hurlai-je.
Le mât heurta la mer, se rompit et je fus projeté hors du cockpit comme un caillou jailli d'une fronde. Je me fracturai le nez sur le pied du mât mais je ne m'évanouis pas. Je restai coincé sous les filets de sécurité tendus entre les deux coques. Poussant mon visage contre les mailles, je me débattais pour trouver de l'air mais je n'avalais que des gorgées d'eau. Ma main chercha alors mon couteau. Bon sang ! Il était resté à l'intérieur de la coque principale avec Mervyn qui essayait d'ouvrir un panneau de sécurité. David, hélas, avait disparu.

Je perdis connaissance et je fus sauvé de la mort par Ben et Patrick qui entreprirent de passer les mains à travers les filets de sécurité pour me hisser jusqu'au barrotin où ils purent me tirer hors de l'eau. Ben me fit du bouche à bouche et un hélicoptère de la RAF m'hélitreuilla pour me transporter au service de soins intensifs de l'hôpital du Nord Devon. Les médecins expliquèrent à Lal que mon cœur s'était arrêté et que je m'étais techniquement noyé avant d'être ranimé.

La première chose dont je me souvienne, c'est d'avoir vu deux grandes infirmières militaires penchées sur moi. Lal était assise à côté du lit et elle sourit quand j'ouvris les yeux. J'étais resté deux jours sans connaissance.

« Comment est le bateau ? » demandai-je.
Elle ne répondit pas.
« Qu'est-ce qu'il y a ?
— On n'a pas retrouvé David. »
Des hélicoptères et des canots de sauvetage poursuivirent les recherches pendant cinq jours, sans parvenir à trouver la trace de cet homme de quarante-trois ans.

SAUVÉ

Je suivis les opérations à la télévision, le cœur lourd et profondément attristé pour sa famille.

Je ne sais toujours pas ce qui a mal tourné ce jour-là. Les pêcheurs et les plaisanciers locaux disent que cette partie de la côte est connue pour de brusques coups de vent si les conditions sont réunies. Peut-être un de ces grains s'est-il attaqué au *Spirit of Apricot* et l'a-t-il fait chavirer. A vrai dire, je ne peux pas être sûr de ce qui s'est passé car je n'étais pas à la barre à ce moment-là.

Le tragique de l'affaire, c'est qu'un excellent homme y a trouvé la mort. J'appris une douloureuse leçon : ne jamais me séparer de mon couteau.

Au bout d'une heure, ma main cesse de saigner. Je crois un moment qu'il faudra peut-être que je recouse la plaie. Charmante perspective ! J'ai une trousse de premiers secours fixée à la cloison du compartiment moteur. C'est un merveilleux objet, superbement conçu, avec des étagères et de petits tiroirs, chacun d'eux étiqueté. J'ai de tout là-dedans, depuis des rouleaux d'albuplast jusqu'à de la morphine. Des antibiotiques en cas d'infection, du Valium contre l'insomnie, des pansements stérilisés, des scalpels, des aiguilles, du fil et du catgut. Je m'approche du coffre et je m'aperçois que la clé a disparu. L'eau l'a emportée et elle a été aspirée dans l'abîme. En faisant bien attention à ne pas briser la pointe, j'essaie de forcer la serrure avec mon couteau. Je me balance d'un côté à l'autre et mes mains me donnent l'impression d'être des bouts de bois pendus à mes poignets. Je pourrais taper dessus avec un marteau sans rien sentir.

Au bout de vingt minutes, je renonce à la trousse de secours. Je sais que, si ça devient vital, je peux ouvrir le coffre mais, pour le moment, je n'ai pas besoin d'antibiotiques et, même si je pouvais me faire un pansement avec ces mains-là, il serait bientôt détrempé et se détacherait. La morphine n'est pas une solution. Même

SAUVÉ

si je souffrais beaucoup, j'y réfléchirais à deux fois avant d'y recourir parce que j'ai besoin de garder toute ma tête à moi. Le froid est mon meilleur analgésique.

Je suis encore furieux pour le radeau de survie. J'aime bien me montrer à la hauteur : par nature, je passe beaucoup de temps à réfléchir avant de mettre un plan en action. Une tâche difficile ne me prendra peut-être que cinq minutes, mais je m'assurerai que je sais exactement ce que j'ai à faire et comment je vais m'y prendre avant de commencer. Beaucoup de gens se considèrent comme très doués pour faire des plans ; en réalité ils sont bons pour en esquisser les grandes lignes mais n'entrent pas dans le détail. Ils n'ont pas le don de pousser les choses jusqu'au bout, d'envisager toutes les possibilités, toutes les éventualités.

J'ai sauvé le Survivor, c'est capital, mais j'aurais dû ramasser des vivres et un peu d'équipement utile avant que la bulle se casse. L'ironie du sort, c'est qu'à moins de six mètres de là, j'ai deux mois de provisions dans les compartiments étanches sous le plancher du cockpit mais que je ne peux pas y toucher. Il y a là huit grands containers, bourrés de pâtes, de bœuf en conserve, de jambon en boîte, de ragoût en boîte et de boulettes en conserve, de plats stérilisés et de haricots à la tomate. Il y a un container plein de boîtes de lait que je conservais pour les seconds 15 000 milles de la course. Il y a aussi du jus d'orange et deux caisses de boissons sans alcool.

Ce serait différent si je parvenais à dégager le radeau de survie et à le mettre à l'eau. Je pourrais alors envisager d'ouvrir les panneaux et de prendre là quelques provisions. Mais, étant donné la façon dont les choses se présentent, je ne peux pas prendre ce risque. A quoi bon avoir un sandwich au bœuf en gelée si ça fait couler le bateau ?

Mon Dieu, que j'ai faim ! Que ne donnerais-je pour une des soupes de Lal, ou pour du poulet comme elle

SAUVÉ

le prépare avec des légumes à la vapeur, du riz et des pois. Bien qu'elle soit fière d'être jamaïquaine, Lal accommode le meilleur rôti de bœuf et le plus succulent Yorkshire pudding que j'aie jamais goûtés, ainsi que de fabuleux plats de poisson et de somptueuses boulettes de viande.

J'empoigne la boîte de haricots à la tomate que je gardais. Que je gardais pour quoi ? J'enfonce le couteau dans le couvercle et je le découpe soigneusement jusqu'au moment où je peux en soulever la moitié. J'utilise alors le couteau pour extraire les haricots qui avec le froid se sont figés. Cela me rappelle un de mes amis qui avait fait le tour du monde en bateau et qui disait qu'il n'avait jamais rien mangé ni bu de chaud, même pas du café ni du thé. Il paraît que les aliments chauds refroidissent le corps par réaction : je ne sais pas si c'est vrai.

Je n'ai pas assez de place sur l'équipet pour savourer mon « festin », alors je me mets debout dans l'eau. Je pense à la vitesse à laquelle le bateau dérive. Peut-être un demi-mille à l'heure, maintenant que le vent est tombé. De temps en temps, une vague plus forte que les autres lui donne pas mal de bande. Je me demande s'il ne pourrait pas chavirer complètement — juste pour une minute ou deux. Je pourrais alors me précipiter dehors, prendre le radeau de survie, ouvrir le paquetage et attacher le radeau au bateau. J'aurais peut-être même le temps d'ouvrir les panneaux du cockpit pour aller prendre encore quelques provisions.

Oui, il faut que je sois prêt. Les probabilités sont faibles, mais ici, en bas, je n'ai pas beaucoup de chances de m'en tirer.

Pendant un moment, coincé sur mon équipet, j'essaie par la force de ma volonté d'obliger l'*Exide Challenger* à chavirer et à se redresser. Par moments, je le sens bouger et je me dis que ça pourrait bien arriver mais, au lieu de cela, je roule contre le filet en espérant qu'il ne va pas casser. Chaque fois que je grimpe là-haut, j'ai l'impression que plus jamais je ne sentirai mes orteils. Je suis bien content de ne pas pouvoir les voir.

Quel jour est-on aujourd'hui ? Depuis combien de temps suis-je ici ? Trois jours ? Non, deux jours et trois nuits ? Franchement, je n'arrive pas à m'en souvenir. Il me semble que c'était dans une autre vie que j'ai vu l'île de Heard. Si je ferme les yeux et que je fais un effort d'imagination, je sens la terre : une douce brise chargée d'odeurs de terreau, de fumée de bois et de feuilles. C'est drôle comme après quelques semaines en mer les souvenirs se perdent et comme on oublie l'odeur de la terre. Voilà pourquoi c'est un souvenir si vif et si excitant quand il vous revient. L'île de Heard, ç'avait été comme ça.

Je me souviens d'avoir lu quelque part que, de tous les sens, celui de l'odorat est le plus puissant et le plus immédiat parce que les signaux vont directement au cerveau plutôt que de suivre tout un réseau de nerfs et de fibres optiques. Apparemment, c'est la raison pour laquelle un parfum peut évoquer une image aussi vive de l'enfance ou d'un endroit particulier. Mon esprit ne cesse de revenir à Lal à la maison, dans la cuisine. J'imagine que c'est dimanche à Bristol, qu'il est à peu près midi et qu'elle épluche les légumes pour le déjeuner. Je prends la voiture et je descends Ashley Road dans le quartier de Saint Paul pour aller retrouver mon ami Ronald au Cambridge et boire quelques verres. Le ciel est clair et le soleil brille.

Il doit y avoir une quarantaine de personnes dans l'établissement, venues boire un coup avant leur déjeuner dominical. Bertie, le patron, tire des pintes de bière et s'occupe de la caisse. Il y a de la musique : de vieux airs enchantés de la Jamaïque et des succès des années soixante.

« Jolie mélodie », dis-je.

SAUVÉ

Ronald hoche la tête. « Oui, mon vieux. C'est joli. » On évoque de vieux souvenirs, quelques heures passent. Je commence à me dire qu'il est temps de rentrer et j'imagine Lal me disant : « Reviens, Tony, ça fait assez longtemps que tu es sorti. » Et puis, tout d'un coup, la porte du bar s'ouvre et une bande de copains entre.

« Hé, Tony ! Où vas-tu ? Reste pour une tournée. Ça fait une éternité qu'on ne t'a vu. »

La musique démarre, tout se met à se balancer et les verres se succèdent. Lal m'en veut un peu de rentrer si tard mais, quand on a débouché le vin et que les plats sont sur la table, tout le monde est content.

L'image s'efface, remplacée par une série désordonnée de pensées et d'émotions. Je sombre dans un sommeil agité, en rêvant de ma maison, d'un endroit où il ne fait ni sombre ni froid.

11

BRISTOL, ANGLETERRE

Six mois après notre mariage, nous emménageâmes dans le luxe d'un minuscule appartement au-dessus d'une animalerie de Cheltenham Road à Bristol. Roger, le propriétaire du magasin, nous prit sous son aile comme un couple d'animaux égarés aventuré dans son existence. C'est ainsi qu'un après-midi je rentrai à la maison avec un petit chiot, un berger allemand que nous baptisâmes « Rain ». Il mâchonnait tout dans l'appartement : chaussures, pantoufles, oreillers, serviettes et cuvettes en plastique, mais la plupart du temps il se contentait de devenir de plus en plus grand.

Il ne nous fallut pas longtemps pour comprendre qu'il n'y avait pas assez de place pour nous trois. Je n'avais d'autre choix que de trouver un nouveau foyer pour Rain. Par chance, je découvris un couple d'un certain âge qui venait de perdre leur berger allemand et qui avait une grande maison avec un jardin. Ils s'entichèrent aussitôt de Rain. Lui dire adieu fut d'une tristesse désespérante et je retournai le voir une semaine plus tard pour m'assurer qu'il était bien installé dans sa nouvelle maison. Il se souvenait parfaitement de

SAUVÉ

moi : il se mit à sauter partout en agitant sa queue en panache. Puis il s'en retourna dévorer son dîner de patates et de viande fraîchement cuite. Je compris alors que je n'allais pas trop lui manquer.

Je m'étonnais encore parfois de trouver cette femme superbe qui m'attendait à la maison. Comme avait-elle pu m'épouser, je me le demandais. Elle avait tant de grâce, de dignité et d'humilité ainsi qu'un tel sentiment presque puéril d'émerveillement devant le monde que j'avais toujours envie de la prendre dans mes bras pour bien la protéger.

La petite fortune que j'avais amassée comme jeune homme d'affaires avait disparu au cours d'un séjour de trois ans en Afrique. Quand j'étais parti à dix-huit ans, je m'imaginais rentrant au pays chargé d'or et de diamants, mais en réalité je dus appeler mes parents de Durban et leur demander de m'envoyer quarante livres pour un billet d'avion.

Je suis incapable de me rappeler ce qui m'avait poussé à partir pour l'Afrique. Peut-être un livre que j'avais lu dans mon adolescence, intitulé *Un juif qui roulait sa bosse* : c'est l'histoire d'un juif de l'East End qui partit pour l'Afrique du Sud, se fit chercheur de diamants et gagna plein d'argent. Il revint en Angleterre riche au-delà de ses rêves, s'acheta une maison sur Park Lane, sans être jamais accepté par la « bonne » société.

Cette histoire me fascinait car j'adorais l'idée d'être l'audacieux aventurier qui s'en va faire fortune dans un pays lointain. Je liquidai mes affaires, achetai un billet sur le **SS** *Cape Town Castle* et m'embarquai, malgré les larmes de ma mère. Dans la poche de mon gilet, pliés en deux, se trouvaient vingt-cinq billets à ordre sur la Banque d'Angleterre — valant chacun mille livres. Avec cet argent, j'aurais pu acheter quatre maisons à Londres, mais j'emportai tout avec moi.

A bord du bateau, je fis la connaissance d'un book-

maker juif à la retraite qui venait passer chaque hiver avec son frère à Port Elizabeth.
 « Avez-vous déjà voyagé ? me demanda-t-il.
 — Non.
 — Eh bien, il y a une façon de bien voyager et une façon de mal voyager. Je m'en vais vous expliquer. Maintenant, posez votre vêtement là et votre valise ici. Ensuite, vous allez donner cinq livres au garçon de bain, cinq livres au steward de la cabine et cinq livres au serveur là-haut. Comme ça, on s'occupera de vous. »
 Je rencontrai aussi un missionnaire méthodiste qui devait avoir quatre-vingts ans. C'était son dernier voyage en Afrique avant de prendre sa retraite en Angleterre et, quand j'arrivai là-bas, il me fit visiter Le Cap. Je me rappelle encore mon émerveillement la première fois que je vis la montagne de la Table et que je sentis l'atmosphère brûlante et vibrante des rues.
 Je pris un train qui traversait le grand Karroo par Kimberley et Bloemfontein pour aller jusqu'à Johannesburg. Ne sachant trop quoi faire ensuite, je pris une chambre à un prix raisonnable au Victoria Hotel près du centre de la ville, et puis j'entrepris d'explorer le pays.
 Quelques semaines plus tard, j'achetai un vieux break Ford et j'entrepris de longues randonnées dans différentes parties de l'Afrique du Sud, visitant aussi le Zimbabwe, le Nyassaland, le Mozambique, la Tanzanie et le Zaïre. Je n'avais aucun regret de mener grand train et de dépenser mon argent : je considérais cela comme l'équivalent d'un séjour à l'Université. Je passai trois années à apprendre, à voir des choses et à rencontrer des gens qui eurent une extraordinaire influence sur la suite de mon existence.
 Une importante leçon concernait le problème racial. Je fréquentais les fils et les filles de très riches familles blanches qui n'arrivaient pas à comprendre mon hostilité envers l'apartheid. Pour eux, c'était l'ordre naturel

des choses : je n'étais qu'un étranger qui, ils en étaient persuadés, en viendrait avec le temps à penser comme eux. Ce ne fut pas le cas.

Je me mis à pratiquer le judo et je passais des heures à m'entraîner chaque jour dans un gymnase de Johannesburg tenu par le professeur Jack Robinson et son fils Norman qui tous deux devinrent de grands amis. Grâce à mes efforts et à mon obstination, je devins ceinture noire, premier dan et, en 1960, je fus sélectionner pour représenter l'Afrique du Sud dans l'équipe de judo des Springboks.

C'était un grand honneur, mais aussi une ironie du sort. Cette année-là, l'Afrique du sud se vit interdire de participer aux jeux Olympiques de Rome à cause de la politique d'apartheid que pratiquait le régime. J'avais de bonnes chances d'être sélectionné pour participer aux jeux dans l'équipe de judo, mais incapable de tolérer l'injustice raciale j'avais déjà décidé de partir. Je soutenais énergiquement le boycott sportif et, j'en étais convaincu, c'était le devoir du monde libre d'utiliser tous les moyens possibles pour faire pression sur le gouvernement d'alors afin qu'il abolisse l'apartheid, pour laisser s'épanouir la liberté d'expression et l'égalité des chances.

Comme il est triste que je n'aie pu emmener Lal en Afrique du Sud pour lui montrer la beauté de ce pays ! Je me suis souvent demandé si mes voyages à travers l'Afrique n'ont pas renforcé ma croyance dans la justice pour tous. La richesse spirituelle de l'Afrique assurément me touchait : je me rappelle m'être assis auprès d'un feu sur les rives du lac Nyassa dans le Nyassaland, après l'avoir traversé tout seul en canoë pour venir de Tanzanie. Je partageai mon repas avec un vieil ami africain qui m'avait emmené chasser de nuit, nous bavardâmes des heures durant et ce fut un des grands moments de mon existence, un moment que je n'oublierai jamais. J'ai tant de magnifiques souvenirs...

SAUVÉ

Un autre regret, ce fut de n'avoir jamais passé beaucoup de temps avec ma sœur cadette, Bunny. Mes parents l'avaient adoptée quand j'étais enfant. Elle venait de naître et elle était adorable mais, jeune et avide de mener ma vie, je ne la voyais guère : j'étais toujours par monts et par vaux. Bien des années plus tard, Bunny vint s'installer à Bristol et nous nous rencontrions de temps en temps, mais nous avions chacun notre vie. J'espère qu'elle se rend compte que je l'aime tendrement, qu'elle aura toujours une place dans mon cœur et que je serai toujours là pour elle.

Quand Lal et moi nous sommes mariés, j'avais réussi à rétablir mes finances. En me lançant dans le vieux métier du tireur de sonnette, la vente au porte à porte, je débutai avec une unique fourgonnette pour finir par employer plus de quatre-vingts personnes. J'avais mon siège à King's Square, à Bristol, et d'autres bureaux à Plymouth, Gloucester et Southampton.

Je vendais une gamme de produits dans le quartier de Saint Paul à Bristol, où vivait une importante communauté antillaise. Certains de ses membres devinrent de bons amis, et je les écoutais déplorer de n'avoir pas d'endroit où aller le soir pour jouer leur musique et exprimer leur culture. Il n'y avait que quelques pubs à Saint Paul et une boîte minuscule appelée le Colibri sur Grosvenor Road.

Une idée commençait à germer. En 1964, mon affaire de vente par courtage marchait encore bien mais j'avais le sentiment qu'il me fallait un nouveau défi. Enhardi par ce que je voyais autour de moi et par ce que j'apprenais d'autrui, des idées se développaient dans mon esprit et j'esquissais des projets d'avenir. Je commençais à avoir le sentiment que j'avais une mission. Ne pourrais-je pas faire construire une boîte ? Combien cela coûterait-il ? L'affaire serait-elle financièrement viable ? Lal dirait que c'est bien dans mon caractère de m'attaquer droit à un problème. Je n'avais aucune idée sur la façon de construire une boîte de nuit, encore moins d'en diriger une, mais cela ne m'empêcha pas de chercher un local. Mon agent immobilier me donna les clés d'un entrepôt sur Saint Paul's Road, juste à côté de Portland Square. Dans le sous-sol, il y avait presque un mètre d'eau où je pataugeais tout seul. Émergeant en clignant des yeux dans le soleil, je dis à l'agent : « Je prends. »

Le lendemain matin, j'allai jusqu'à l'auberge de l'Armée du Salut de Portland Square. L'endroit était plein de types au chômage, sans ressources ou trop amis de la bouteille.

« Est-ce qu'il y a quelqu'un qui ait fait un peu de plomberie ? criai-je.

— Ouais, un peu, dit l'un.

— Et de la maçonnerie ? » demandai-je. Deux mains se levèrent.

« Bon, j'offre une livre de l'heure en liquide, je ne pose pas de questions. Le travail est dur, c'est bien payé et je suis un homme équitable. Si vous voulez le travail, venez avec moi. »

Ayant rassemblé une équipe, je tournai le coin jusqu'au sous-sol et nous nous mîmes à patauger dans l'eau. La première tâche était de drainer le bâtiment et de colmater les infiltrations. Il nous fallut dix-huit mois pour transformer l'endroit : toutes nos économies y passèrent et six mille livres empruntées à la banque. Dès six heures du matin j'allais vendre draps et couvertures de porte en porte, et puis je travaillais tard le soir à l'entrepôt. L'argent que je gagnais chaque jour servait à payer les salaires.

La transformation était incroyable. Joe Gidds, mon tapissier, partit au bout du monde me trouver un tapis emballé dans de grandes feuilles de bananiers. Une autre firme me confectionna des banquettes en cuir et des artistes locaux peignirent des fresques. Nous avions une vraie scène, un restaurant, une piste de danse et un bar en acajou.

Le soir, je m'occupais des comptes, en me demandant si l'affaire pourrait être financièrement viable. A la différence des grandes boîtes de nuit de Londres qui attirent les gens qui dépensent beaucoup, je montais un établissement et un centre de distractions pour des Antillais dont beaucoup n'avaient guère d'argent.

Le 28 octobre 1966, le Bamboo Club donna une grande soirée d'inauguration avec un orchestre, les dignitaires du quartier et le préfet de police. Tout cela avait coûté quinze mille livres à construire et je savais que, dans les six premiers mois, ce serait le succès ou la ruine.

Lal dirigeait le restaurant, l'Orangeraie, pendant que je m'occupais du spectacle et du bar. Les horaires étaient insensés et souvent nous ne terminions pas avant quatre heures du matin, surtout si j'avais engagé un grand orchestre. La réputation du Bamboo Club se répandit rapidement. Comme le célèbre Cotton Club de Harlem, cela devint un aimant pour les artistes noirs et l'établissement était fréquenté par une clientèle de toutes les couleurs.

Au bout de trois mois, j'engageais des gens comme Derrick Morgan, Laurel Aitken, Owen Gray, Desmond Dekker, Millie Small et le grand Bob Marley de la Jamaïque. De même, chaque fois qu'une grande vedette américaine venait à Londres, comme Joe Tex, Solomon Burke, Ben E. King ou Jimmy McGriff, j'arrivais à les persuader de passer par Bristol pour une soirée d'échauffement ou pour ajouter une étape à leur tournée. Le Bamboo entretenait aussi des orchestres locaux comme les Atlantic Rollers, et je devins leur manager.

A l'origine, le club pouvait abriter jusqu'à cinq cents personnes mais par la suite nous avons aménagé l'étage au-dessus pour le transformer en une énorme piste de danse, ce qui doubla le nombre de places. Ensuite nous avons loué le sous-sol de l'immeuble d'à côté pour agrandir le restaurant.

Des sportifs et des célébrités, surtout dans le milieu noir, étaient des clients réguliers, et il nous arrivait aussi de recevoir des Premiers ministres et des diplomates étrangers. Le Bamboo Club devint une vitrine pour tout ce qu'un centre culturel antillais pouvait exposer. Excepté les soirs où jouaient les orchestres et où fonctionnait la discothèque, il y avait des équipes de fléchettes, des tournois de dominos, un groupe théâtral et des excursions régulières en car dans différentes régions du pays. Nous aidâmes aussi à fonder le club de cricket antillais de Bristol ainsi qu'un club de football. Mais on s'intéressait surtout à la musique et l'établissement devint un des plus célèbres lieux de rendez-vous africains et antillais hors de Londres.

Lal et moi travaillions côte à côte. Le club ne rapporta jamais de gros bénéfices, mais c'était la récompense d'un dur travail et j'étais bien décidé à ne pas faire payer trop cher les gens qui constituaient notre clientèle de base. C'est pourquoi une grande partie des activités était subventionnée et coûtait moins cher qu'ailleurs.

J'avais beau être devenu à Bristol un personnage fort connu, on voyait encore des haussements de sourcils et on entendait marmonner des commentaires quand Lal et moi nous tenions la main en public ou nous penchions l'un vers l'autre à une table de restaurant. Ce pouvait être un geste aussi simple que celui d'un employé d'un magasin laissant la monnaie de Lal sur le comptoir plutôt que de la lui rendre en disant « Merci, madame ».

Un été, je l'emmenai faire une croisière de dix jours en Méditerranée au départ de Venise : le premier soir où nous entrâmes dans la salle à manger, les conversations s'arrêtèrent net tout simplement. On nous escorta en silence jusqu'à notre table. Un groupe de femmes d'un certain âge aux airs de matrones y était installé : l'expression de leur visage était éloquente.

Pour essayer de briser la glace, je fis les présentations et je lançais quelques banalités sur le temps merveilleux et sur l'air charmant de toutes ces dames. Elles étaient bien trop polies pour rien dire devant nous, mais je savais ce que pensaient certaines d'entre elles. A un moment, quand je quittai la table quelques minutes, une femme se leva pour venir dire à Lal : « Pardonnez-moi, mais vous êtes de toute évidence à la mauvaise table : il va falloir changer de place. »

En 1970, le Bamboo Club avait atteint sa taille maximum et certains soirs nous devions organiser trois services au restaurant pour satisfaire la demande. Je ne me fatiguais jamais de ce travail, qu'il s'agît de négocier la venue d'un orchestre ou d'engager des tractations secrètes avec les studios d'enregistrement pour obtenir la priorité de leurs derniers disques.

Il y avait étonnamment peu de problèmes, à part une discussion de temps en temps, une bataille à coups de poing ou une alerte à la bombe. Quelqu'un téléphona un soir où Bob Marley et Jimmy Cliff étaient à l'affiche en affirmant qu'il y avait une bombe dans le club. Nous évacuâmes l'établissement et la police envoya des chiens renifleurs.

Marley remonta sur la scène, secoua la tête devant l'absurdité de tout cela et attaqua *One Love* :

> *One love, one heart*
> *Let's get together and feel all right*
> *Hear the children crying (one love)*
> *Hear the children crying (one heart)*
> *Sayin' give thanks and praise to the Lord and I will feel all right*
> *Sayin' let's get together and feel all right...*

SAUVÉ

De bonne heure un dimanche matin de décembre 1977, je fus réveillé par un coup de téléphone du traiteur installé au-dessus du club. Quelqu'un avait vu de la fumée et appelé les pompiers. Quand j'arrivai, la fumée sortait en tourbillonnant par les fenêtres et deux ou trois groupes actionnaient des lances. L'officier responsable me cria au milieu du tumulte : « Ne vous inquiétez pas, monsieur, nous allons vite contrôler ce feu. »

Malheureusement, ce n'était pas un pompier. Les services d'incendie de toute l'Angleterre étaient en grève et c'étaient des unités locales de l'Armée qui répondaient à tous les appels. Tout d'un coup, il y eut une implosion. La chaleur s'était accumulée à l'intérieur et jaillit soudain vers le ciel, provoquant l'effondrement du toit. Je vis brûler mon bureau, avec quinze mille disques — une magnifique collection de musique antillaise, surtout jamaïquaine, mais aussi de la musique soul et du jazz, de la musique d'Afrique de l'Ouest et bien d'autres. Ce spectacle me brisait le cœur et les larmes ruisselaient sur mes joues.

Même si le Bamboo Club respectait tous les règlements et toutes les précautions contre l'incendie, ce vieux bâtiment de bois n'était pas muni d'extincteurs automatiques. Dès l'instant où le feu avait pris, on ne pouvait plus grand-chose pour l'établissement. En proie à une tristesse poignante, je restai planté sur le trottoir à regarder l'immeuble brûler et à me demander comment j'allais raconter cela à Lal. Le club était sous-assuré pour diminuer les frais généraux : reconstruire ne serait pas simple.

Lorsque j'arrivai à la maison, Lal avait déjà appris la nouvelle à la radio. Les experts estimaient que le feu avait dû prendre dans le câblage électrique : hypothèse qui n'avait rien de déraisonnable, étant donné le nombre de fils et l'éclairage complexe du club.

SAUVÉ

« Qu'allons-nous faire ? demandai-je à Lal quand elle eut séché ses larmes. Tu veux reconstruire ?

— Non, fit-elle en secouant la tête. C'est trop de travail et ce ne sera jamais pareil.

— Que faire, alors ?

— Et le Bingley Hall ? » suggéra-t-elle.

Quelques mois plus tôt, j'avais organisé un concert au Bingley Hall, un centre d'exposition véritable mais délabré de Birmingham. Depuis lors, j'avais parlé de prendre un bail de longue durée sur l'immeuble et procéder à quelques rénovations. Peut-être pourrais-je lui redonner sa gloire d'antan et l'exploiter comme centre d'exposition ?

Le Bamboo Club a été un des grands moments de ma vie. Bien des gens ont essayé sans réussir d'en recréer la magie, peut-être parce que tout a un temps et un lieu et que nous avions eu la chance d'avoir les deux. De temps en temps, je disais à Lal : « On pourrait peut-être construire une nouvelle boîte », mais elle n'était jamais d'accord. A cette époque, je passais mon temps à courir sur des bateaux et elle savait que mon cœur s'était attaché à une autre maîtresse : la mer.

12

CANBERRA, AUSTRALIE
Lundi 6 janvier, 22 h 50

Au Centre de coordination des sauvetage en mer, Mike Jackson-Calway apprit qu'on avait retrouvé l'*Exide Challenger* au moment où il arrivait pour sa seconde nuit de permanence. Son instinct ne l'avait pas trompé, il avait pris les mesures qu'il fallait, même si tout cela n'était guère réconfortant. La vie d'un navigateur solitaire et peut-être d'un second dépendait maintenant d'un grand nombre de facteurs sur lesquels il n'avait aucun contrôle.

A regarder les bulletins météo qui tombaient toutes les six heures, il était évident pour Jackson-Calway que les conditions météorologiques ne s'étaient améliorées que bien faiblement dans la zone des recherches. Il y avait encore des averses, des vents de surface qui soufflaient du sud-ouest à 45 nœuds et des creux de quatre à cinq mètres. La visibilité pendant les averses était réduite à 4 000 mètres et la température à la surface de la mer était de 4 degrés centigrades.

Ces conditions ne manqueraient pas d'affecter directement la rapidité avec laquelle le *Sanko Phoenix* et le HMAS *Adelaide* pouvaient gagner la zone. Ni l'un ni

SAUVÉ

l'autre ne pouvait foncer par gros temps sans risquer des avaries. Les navires de guerre modernes n'ont pas été conçus avec des coques en acier et des blindages de trente-cinq centimètres comme les cuirassés de la Seconde Guerre mondiale, le *Missouri* par exemple, qui devait affronter les torpilles ennemies et les mines. De nos jours, les bateaux de guerre sont relativement légers et construits pour la vitesse et la manœuvrabilité. Le HMAS *Adelaide* avait une coque dont l'épaisseur ne dépassait pas un centimètre.

Jackson-Calway feuilletait le registre des doubles de messages. Mahesh vint s'asseoir en face de lui.

« Alors, Mike, qu'est-ce que tu en penses ? Tu crois qu'il est vivant là-dedans ? »

Son compagnon ne leva pas les yeux du registre. « C'est possible, je pense. Je ne sais pas quelle quantité d'air il peut avoir. Mais il doit être à l'abri du vent. »

Mahesh frissonna. « Je ne pourrais pas rester là-dedans... pas si j'avais le choix. Je préférerais tenter ma chance sur un radeau de survie. »

Jackson-Calway referma le registre et se mit à penser tout haut. « Oui, mais s'il est à l'intérieur, pourquoi n'a-t-il pas fait fonctionner son EPIRB 406 ? A ce moment-là, on serait fixé.

— Il est peut-être coincé là-dedans, dit Mahesh. Il a peut-être déclenché son autre balise avant que le bateau chavire.

— Ou bien il pourrait être blessé. »

Ils restèrent là à envisager cette possibilité pendant quelques minutes jusqu'au moment où un coup de téléphone vint interrompre leurs réflexions.

« Allô, je suis Wesley Massam, j'appelle de Bristol.

— Oui, fit Jackson-Calway.

— C'est moi qui ai construit l'*Exide Challenger* et je suis un ami de Tony Bullimore. Quelles sont les dernières nouvelles ?

— Le voilier est cul par-dessus tête et a perdu sa quille.
— Seigneur !
— Il semble n'y avoir aucun signe de vie, mais nous allons envoyer un autre appareil survoler la coque aux premières lueurs du jour.
— Est-ce qu'il a l'air de flotter haut sur l'eau ?
— Je ne peux malheureusement pas répondre à cette question. D'après ce que je sais, il est plus bas à l'arrière.
— Oui oui, ça se comprend, dit Wesley. C'est un bateau de près, avec le poids centré vers l'arrière.
— Pouvez-vous estimer combien de temps il va flotter ?
— Indéfiniment. Même chaviré, le bateau reste très stable et un homme pourrait être à l'intérieur, au chaud et au sec.
— Mais comment le saurons-nous ?
— Il pourrait sortir s'il entend un avion ou quand le bateau de sauvetage arrivera sur les lieux.
— Les bateaux de sauvetage sont un navire de guerre et un cargo : ni l'un ni l'autre ne peut trop s'approcher de la coque.
— Croyez-moi, je connais Tony. Je sais comment il est. C'est un survivant. Il doit être à l'intérieur.
— J'aimerais bien avoir votre foi.
— Eh bien, prenez-en un peu. Il est vivant, je vous le promets. »
Des promesses comme ça, Jackson-Calway en avait entendu des dizaines au cours des quinze années précédentes. Éplorés, des pères, des mères, des épouses et des petites amies appelaient en le suppliant de ne pas abandonner les recherches pour retrouver ceux qu'ils aimaient. Il avait même entendu quelqu'un lui dire : « Je sais que Harry est toujours là-bas : il est trop radin pour mourir parce que je lui dois cinq dollars. »
Quelque chose pourtant dans la voix de Wesley Mas-

SAUVÉ

sam le ragaillardit et il se sentit plus sûr qu'il y avait quelqu'un de vivant à bord de l'*Exide Challenger*. Cette opinion positive eut pour effet de le galvaniser : il en avait bien besoin, surtout quand on risquait la vie d'un certain nombre d'hommes pour les faire voler si loin au sud. Si un Orion P-3C avait de sérieux problèmes au-dessus de l'océan Austral, le terrain le plus proche pour un atterrissage d'urgence, c'était dans l'Antarctique. Même s'il réussissait à se poser sur la glace, il ne redécollerait jamais. Et s'il devait se poser sur l'océan, les survivants seraient dans la même triste situation que les hommes qu'ils étaient partis sauver.

Les coups de téléphone continuèrent toute la nuit, surtout venant de journalistes français et anglais qui voulaient avoir les dernières nouvelles, mais aussi du public. Une dame de l'Oxfordshire appela pour dire qu'elle s'était soudain réveillée en sursaut. « Je suis persuadée que le navigateur anglais est vivant, mais il a très froid et il est terrifié. Jamais pareille chose ne m'est arrivée et je me sens tout à fait ridicule. Normalement, je ne crois pas aux prémonitions. »

Les quotidiens du mardi matin roulaient déjà sur les rotatives et partout la une donnait une place prédominante au récit des tentatives de sauvetage. Il y avait des éditoriaux sur le coût des opérations. Le problème avait éclaté une semaine auparavant quand Raphaël Dinelli était arrivé à Hobart après avoir été recueilli par Pete Goss. Un magazine français qui avait acheté le récit du navigateur le kidnappa littéralement et refusa de le laisser donner une conférence de presse devant les médias australiens. Comme il fallait s'y attendre, les journalistes australiens ripostèrent avec vigueur. Ils avancèrent que c'était la RAAF qui avait retrouvé Dinelli et les contribuables australiens qui avaient réglé l'addition : ils méritaient à tout le moins un merci.

Maintenant que deux voiliers du Vendée Globe

SAUVÉ

avaient démâté et chaviré, on demandait de fixer des limites à la route au sud que les concurrents pouvaient emprunter dans les courses autour du monde. Certains experts avancèrent qu'un tel règlement diminuerait l'esprit d'aventure de la compétition. D'autres voulaient empêcher les concurrents de « prendre un raccourci ».

Jackson-Calway avait des sentiments mêlés. Les navigateurs solitaires dans des courses comme le Vendée Globe se donnent énormément de mal pour assurer la sécurité de leurs bateaux et pour emporter à bord tout le matériel de secours nécessaire. Il est rare qu'ils aient des ennuis et en général ils se tirent d'affaire seuls sans envoyer de SOS. Il avait bien moins d'indulgence pour les marins du week-end ou les skippers de vacances qui entassent leur famille sur un bateau sans connaître grand-chose à la navigation, aux procédures de sécurité, aux balises de détresse ni même aux gilets de sauvetage.

Une fois, le MRCC avait dû se porter au secours d'un voilier à trois reprises au large de la côte d'Australie-Occidentale avant qu'il finisse par échouer et se briser. Un type avait acheté le bateau à Carnarvon, avait fait une fois le tour du port avec le précédent propriétaire et déclaré : « Parfait, je pars pour Perth », à 500 milles de là. Il n'avait jamais navigué auparavant.

Peu avant 7 heures, Jackson-Calway envoya un message urgent à la casemate de la 92e escadre aérienne.

VOILIERS EN DÉTRESSE — OCÉAN AUSTRAL
1. LES AUTORITÉS FRANÇAISES NOUS AVISENT POSITION BALISE ARGOS POUR LE 6 JANVIER À 11 H 36 GMT EST DE 52° 10' 02" SUD/101° 14' 03" EST.
2. LE DERNIER REPÉRAGE A ÉTÉ EFFECTUÉ EN MODE « ALARME » (CONTRAIREMENT AU REPÉRAGE PRÉCÉDENT QUI ÉTAIT SUR MODE « NORMAL »). LA SOCIÉTÉ ARGOS CONFIRME

SAUVÉ

QUE LE NAVIGATEUR A DÛ ACTIVER SA BALISE POUR CHANGER LE MODE D'ÉMISSION.

3. CELA SUGGÈRE DE TOUTE ÉVIDENCE QUE LE PASSAGER DE L'*EXIDE CHALLENGER* EST VIVANT ET DANS LES PARAGES DE LA DERNIÈRE POSITION DE LA BALISE, PEUT-ÊTRE À BORD D'UN RADEAU DE SURVIE.

Si cela se révélait exact, alors Tony Bullimore avait survécu au chavirage. Mais où était-il ? Et pourquoi un marin aussi expérimenté avait-il commencé par déclencher la balise en mode « normal » au lieu du mode « détresse » ? Venait-il seulement de s'apercevoir de son erreur ou bien y avait-il eu mauvaise interprétation du premier signal ?

Encouragé par cette nouvelle, Jackson-Calway était mal à l'aise. Il regarda sa montre. Dans trois heures, le prochain Orion survolerait la zone de recherches. Avec un peu de chance, il retrouverait l'*Exide Challenger* puis commencerait à patrouiller pour trouver un éventuel radeau de survie. Peut-être alors en connaîtrait-on la véritable position.

13

BRISTOL, ANGLETERRE
Mardi matin, 7 janvier 1997

Pour la seconde nuit, je n'arrive pas à dormir. Quelqu'un me dit : « Lal, il faut que tu te reposes, tu vas tomber malade. « Mais comment pourrais-je ?

« Veux-tu que j'appelle le docteur ? » demande Jane. Elle pense que je vais avoir une dépression nerveuse.

« Non, non, il me donnera des tranquillisants et ça abrutit. C'est encore pire parce qu'on ne peut plus aligner une pensée derrière l'autre. »

Au lieu de cela, je fais la cuisine. La maison est pleine et il faut bien que quelqu'un nourrisse tout ce monde. Outre Jane, Wesley, Dave et Steve, il y a aussi Yvonne, Lois, Alan, Anthony, Jasmine et Joyce. Je passe mon temps dans la cuisine à évoluer entre le fourneau et la table.

« Voilà, dis-je. Servez-vous. » Je me force à manger un peu et à boire quelques gorgées de vin pendant la soirée. Et puis quelqu'un dit quelque chose : peut-être un mot que Tony utilise, ou bien on mentionne un endroit où nous sommes allés. Il n'en faut pas plus pour que de nouveau j'éclate en sanglots.

Les journalistes continuent à téléphoner. Ils campent

dehors et il a fallu fermer les rideaux des fenêtres de derrière car quelqu'un a repéré un photographe dans un jardin voisin. Steve répond à la plupart des coups de téléphone et a donné quelques interviews. Je ne veux parler à personne : je n'ai rien à dire.

« Quand on l'aura retrouvé, vivant ou mort, alors je leur parlerai », dis-je.

Nous entendons annoncer à la radio le changement de signal de la balise. Je les regarde l'un après l'autre en disant : « Est-ce que ça veut dire qu'il est vivant ?

— Oui, dit Wesley.

— Ne sois pas stupide, lance Dave. C'est de la foutaise. Tu ne fais que nourrir ses espoirs. »

Je l'entends discuter tandis que Wesley téléphone aux organisateurs de la course à Paris. Il leur demande de nous faxer les détails du changement de message de la balise, ce qui nécessite de débrancher le téléphone quelques minutes pour pouvoir mettre en service le fax.

« Tiens, dit Wesley, voici ce qu'ils m'ont envoyé. »

Je lis le texte trois fois. Chaque concurrent a trois balises Argos : l'une d'elle est fixée en permanence à l'extérieur et signale la position du bateau. Les deux autres sont à l'intérieur. C'est l'une de celles-ci qui est passée du mode « normal » au mode « détresse ».

Le dernier paragraphe dit : « La balise numéro un a dû être arrachée par une vague et dérive maintenant à 15 milles du bateau. Tous ces éléments nous permettent de conclure que Tony Bullimore était à bord du bateau quand il a chaviré et après l'accident. Il était parfaitement conscient et a pu déclencher la balise numéro deux. »

Dave n'y croit toujours pas. J'aimerais pourtant qu'il me laisse espérer.

Là-haut, dans ma chambre, je m'allonge sur le lit et je ferme les yeux. Tony est là.

« Oh, Lal, je suis dans un de ces pétrins, dit-il avec une voix de petit garçon.
— Je sais, je sais.
— Oh, Lal, c'est tout mouillé. Le bateau n'arrête pas de rouler.
— Oui, mais bloque-toi dans un coin. Ne va pas te casser quelque chose.
— Et puis, j'ai froid, Lal.
— Oui, mais tu peux tenir le coup. Un navire est en route. Sois courageux. Fais simplement tout ce que tu peux.
— Je ne sais pas si je vais y arriver, Lal. Je ne sais pas si je peux tenir.
— Mais si. Tu es un solide petit gaillard, Tony Bullimore. Tu es le Capitaine Bull-dog. Ne t'avise pas de t'en aller en me laissant derrière. Que je ne t'y prenne pas. »

Je continue à penser au départ de la course. Ce foutu testament ! Quand Tony me l'a remis le matin du départ, j'étais furieuse contre lui. Comment pouvait-il faire ça ? Pourquoi à ce moment-là ?

Je sais qu'à son avis je suis incapable de m'occuper de moi parce que je suis si effacée. C'est pour ça qu'il paye toutes les factures et qu'il organise toutes les corvées de la maison avant de prendre le départ d'une compétition. Il a toujours eu à mon égard une attitude protectrice depuis le jour où nous nous sommes rencontrés et il y a des jours où je lui en veux. Il me prend pour une pauvre idiote incapable de faire les choses seule. Ça me rend folle.

Mais je sais qu'il fait ça par amour et peut-être aussi qu'il se sent coupable de partir si souvent. La vérité, c'est que je n'ai jamais eu peur des préjugés quand Tony est avec moi : il a toujours brandi devant moi un bouclier protecteur.

Lorsqu'il m'a donné le testament, ça m'a affolée. Nous étions dans la chambre, dans les bras l'un de

SAUVÉ

l'autre et j'entendais des voix dehors qui disaient : « Tony, il faut y aller. Les voitures attendent. Il faut partir maintenant. »

Je ne voulais pas le laisser s'en aller. J'avais la certitude qu'il me cachait quelque chose à propos de la course et de ce qui, selon lui, risquait d'arriver. Après son départ, je restai assise là un long moment à attendre que les larmes s'arrêtent. « Ça va aller, murmura Yvonne. Ne te mets pas dans des états pareils. »

Jim Doxey arriva pour nous emmener au port.

« Allons, Tante Lal, il faut y aller, sinon nous allons manquer le départ », dit Yvonne. Quelques minutes avant que l'*Exide Challenger* largue les amarres, je montai à bord pour donner à Tony un baiser d'adieu. « Fais attention, sois prudent, dis-je.

— Ne t'inquiète pas, je reviendrai. Je te téléphonerai plus tard. »

Le bateau qui devait remorquer Tony jusqu'à la ligne de départ ne convenait pas : il était trop petit pour que nous puissions embarquer et assister au départ. Tony déclara tout net aux organisateurs que s'ils ne dégotaient pas un bateau capable d'accueillir sa famille pour voir le départ, il se retirait de la course.

On trouva rapidement un bateau de pêche avec un patron d'assez mauvaise humeur, qui n'était pas content de voir son embarcation réquisitionnée. On regarda la mer maussade quand nous sautâmes à bord, moi, Yvonne, Jim, Dave et Jane.

Je n'oublierai jamais cette descente du canal. Il y avait 300 000 personnes massées sur les berges et ils se mirent à chanter « To-ny ! To-ny ! To-ny ! » en claquant dans leurs mains en mesure. Je n'arrivais pas à y croire. De temps en temps, Tony leur faisait un petit geste et les acclamations redoublaient. « To-ny ! To-ny ! To-ny ! »

Même le pêcheur français était ému : il se mit à arborer un sourire triomphant et à partager nos sandwichs. Naturellement, je n'arrivais pas à arrêter mes larmes, mais ce n'étaient plus les mêmes. Jamais je n'avais éprouvé une telle fierté.

Allongée maintenant dans l'obscurité de ma chambre, je me dis que, si je ne revois jamais Tony, je pourrai du moins garder le souvenir de ce jour-là. Je pense à lui, remorqué dans le canal avec tous ces gens entonnant son nom. Pour eux, il était « le vieux loup de mer ».

Plus que toute autre course, le Vendée Globe m'effrayait. Même si des douzaines de fois auparavant j'avais fait mes adieux à Tony, aucune des épreuves précédentes n'avait été si difficile ni potentiellement si dangereuse. Je me souviens, Tony avait apporté à la maison une vidéo sur la navigation dans l'océan Austral où il était question d'un navigateur qui devenait fou en doublant le cap Horn. Ce petit film m'avait terrifiée et je n'arrêtais pas de me dire que c'était là que Tony risquait d'avoir le plus de problèmes.

Quand il a commencé à naviguer, voilà vingt-cinq ans, la mer ne représentait rien pour moi et j'avais du mal à comprendre sa passion. Je sais aujourd'hui que ce peut être un endroit maléfique, pervers, et j'ai encore plus de mal à comprendre comment Tony peut jouer avec la mer comme un petit garçon avec un jouet. Ce doit être pour lui comme une drogue. Il s'excite rien qu'en parlant du bateau qui fend l'eau.

Je n'ai jamais essayé de l'en empêcher et je ne le ferai jamais parce que ce ne serait pas juste. C'est ce qu'il veut faire. Si je cherchais à l'en empêcher, il ne serait pas heureux et nous sommes à un stade de notre vie où nous avons besoin d'être heureux. Dès l'instant où il a une lubie, Tony s'y lance à corps perdu. Je me souviens de la première fois qu'il est arrivé à la maison en m'annonçant qu'il voulait acheter un bateau. Jusqu'alors, il n'avait pas eu beaucoup de temps pour faire de la voile et il ne sortait que de temps en temps avec son vieil ami, Arthur Ellis, qui était membre du Bamboo Club. Arthur avait un bateau baptisé *Nimble Fortune*, et c'était le premier vrai voilier à bord duquel Tony était jamais monté. Plus tard, Arthur acheta un trimaran de 11 mètres, le *Cornish Clipper*, et Tony l'aida à le conduire de Canvey Island près de Southend-on-Sea jusqu'à Bristol en plein hiver. Le premier week-end, ils allèrent jusqu'à Plymouth, puis ils terminèrent le voyage une semaine plus tard. Tony était accro.

« J'envisage d'acheter un bateau », déclara-t-il un jour. Il y avait quelque chose de menaçant dans cette déclaration. Tony ne fait rien à moitié et je savais qu'il ne se contenterait pas de bricoler sur un petit rafiot de quatre sous. Il voudrait un gros voilier.

On était en 1972 et il avait vu une petite annonce d'un bateau dans un magazine et téléphoné au propriétaire qui habitait à quelques milles de Plymouth. Celui-ci vendait un trimaran de 12 mètres, construit environ six ans plus tôt et qui s'était fort bien classé dans la course autour de la Bretagne et de l'Irlande en 1966, avec Derek Kelsall et Martin Hinter-Kemp à bord. Son propriétaire avait prêté le bateau à l'École de voile des îles Drakes, un centre destiné à donner aux jeunes gens, surtout venant des villes de l'intérieur, l'occasion de vacances aventureuses qui pourraient leur apprendre ce que c'est que de travailler en équipe, de commander et d'accepter des responsabilités. Le voilier était mouillé à Mevagissey, un petit port de pêche de Cornouailles, à une cinquantaine de kilomètres de Plymouth le long de la côte. Le propriétaire avait dit à Tony qu'il pourrait aller jeter un coup d'œil au bateau, si l'école n'y voyait pas d'inconvénient, car ce serait tard le soir.

Sans rien me dire, Tony descendit là-bas avec Arthur. Ils arrivèrent après la tombée de la nuit, quand les jeunes garçons dormaient dans leur sac de couchage.

SAUVÉ

Les organisateurs de l'école dirent à Tony qu'il pouvait ou bien attendre le lendemain matin ou bien visiter en prenant soin de ne pas réveiller les garçons.

Plus tard ce soir-là, il rentra à l'appartement et me dit d'un ton un peu circonspect : « Lal, j'envisage d'acheter un bateau. J'en ai très envie. »

— Ah, oui ? répondis-je.

— J'ai vu un bateau qui me plaît bien. Il est fantastique. Très rapide. Une beauté. Je veux que tu viennes le regarder.

— Quand as-tu vu ce bateau ?

— Ce soir, avec Arthur. J'aurais voulu que tu le voies, Lal, étincelant sous le clair de lune. Superbe.

— Non, lui dis-je, c'est une maison que nous achetons. Nous avons fait des économies pour avoir une vraie maison avec un jardin.

— Viens juste regarder le bateau, Lal.

— Je ne veux pas venir le voir : je veux ma maison. »

Tony commença à bouder un peu, mais là-dessus il repéra un grand bocal plein de pièces de six pence posé sur le buffet. « Écoute, je te propose un marché. Nous allons nous partager les pièces du bocal. Celui qui a la dernière choisit ce qu'on fait de l'argent. »

Je ne sais pas pourquoi j'acceptai. Nous nous assîmes là, il posa le bocal sur la table et se mit à compter tout haut. « Un pour toi... un pour moi... un pour toi... un pour moi... »

J'aurais dû savoir que la dernière pièce serait pour Tony. Il était bien capable de les avoir comptées en secret auparavant, de façon à savoir exactement combien il y en avait à l'intérieur.

« Tu as promis de venir le voir », dit-il en partant pour acheter le voilier.

J'avais bien envie de dire : « Va au diable avec ton fichu bateau », mais j'allai avec lui. La joie qui rayonnait sur son visage quand il me montrait tel ou tel détail ou quand il était planté, les mains sur la barre, me fit comprendre ce que cela représentait pour lui. Je dus attendre encore trois ans pour ma maison avec un jardin.

En ce temps-là, je n'avais aucune idée des dangers de la course au large. Faire de la voile me semblait une distraction presque sédentaire, pour les gens riches et les nantis. Parfois Tony m'emmenait pour le week-end naviguer le long de la côte de Cornouailles et, pour nos vacances, nous fîmes une fois une croisière aux îles Scilly.

Nous travaillions tellement au Bamboo Club que j'aimais assez l'idée de voir Tony avoir une passion. Il lisait tous les magazines et tous les livres qu'il pouvait trouver sur la voile : romans, documents, historiques ou actuels. Le jour où Arthur n'eut plus rien à lui enseigner, Tony prit des leçons particulières avec un vieux capitaine, professeur au collège technique Brunell de Bristol. Il suivit des cours de navigation côtière, de navigation au large et de manœuvres en général. Bien sûr, j'aurais dû comprendre que ça le mènerait quelque part. Tony avait acheté un voilier de course, un pur-sang même s'il était un peu vieillissant, et il voulait faire de la course.

14

OCÉAN AUSTRAL
Mardi 7 janvier 1997

Ma langue est gonflée et j'ai du mal à avaler. Ne t'inquiète pas, Tony, de toute façon il ne te reste rien à manger. Un problème de moins. Bizarrement, c'est réconfortant de ne pas avoir de choix. Je ne peux pas libérer le radeau de survie, je n'ai plus de vivres, le bateau est encore plus bas dans l'eau et les gelures commencent à me noircir les doigts et les orteils... autant de faits inévitables.

Le froid est un ennemi si sournois, si insidieux : il va me prendre morceau par morceau. C'est ce qui arrive avec l'hypothermie. Le corps retire le sang chaud des extrémités et de la peau pour protéger le cœur et le cerveau. Cela maintient ainsi la température au centre de l'organisme, mais on commence à geler par l'extérieur, d'abord les doigts, puis les orteils, puis le nez et les oreilles... par petits bouts.

Ça a déjà commencé. J'ai la sensation que mes mains et mes pieds sont comme des morceaux de bois pétrifiés et à peu près aussi inutiles. Je vois gonfler et se durcir mon index et le médius de la main droite. J'ai beau le remuer, rien ne semble rétablir la circulation,

SAUVÉ

mais il faut que je continue à essayer. Je tape des pieds contre la cloison en comptant jusqu'à cent : « ... soixante-quinze, soixante-seize, soixante-dix-sept... » Puis je tape avec mes doigts, en faisant bien attention de ne pas heurter ma phalange sectionnée.

J'essaie de penser à mon diaphragme. A quel point me suis-je refroidi ? J'ouvre la fermeture à glissière sur le devant de ma combinaison de survie et je glisse ma main à l'intérieur. Quand je la pose sur ma poitrine, elle me paraît glacée, mais je peux quand même me rendre compte que ma température interne descend. J'essaie de claquer des dents. C'est un signe qui ne trompe pas : de froid ou de peur.

Normalement le corps a une température interne d'environ 37 degrés. Si elle tombe à 35, alors c'est un cas marqué d'hypothermie. Si elle descend jusqu'aux environs de 32 degrés, alors je suis fichu. Je ne serai pas capable de me réchauffer sans assistance. Je commencerai à imaginer des choses, à avoir envie de m'allonger et de dormir. A 28 degrés, mon cœur va se mettre à palpiter plutôt qu'à battre. Je me demande si je ferai des rêves avant de mourir.

Combien de temps cela va-t-il prendre ? Douze heures ? Vingt-quatre ? Si le sauvetage n'intervient pas d'ici là, je pourrais aussi bien glisser de mon équipet dans l'eau et laisser le froid s'emparer de moi rapidement. Mais je ne vais pas mourir dans cette prison. Je vais nager à l'extérieur pour voir une dernière fois le ciel et les étoiles. Hé oui : je vais nager jusqu'à ce que je sois épuisé ou terrassé par le froid.

Je ne suis pas particulièrement bon nageur, ce qui n'est pas une mauvaise chose. Je peux faire quelques kilomètres s'il le faut, mais certainement pas vingt ou trente. Je ne peux pas battre l'eau pendant des heures et des heures, même s'il ne faisait pas aussi froid.

J'ai toujours aimé cette histoire que raconte John Mortimer dans son autobiographie, *Cramponné à*

SAUVÉ

l'épave, le jour où il a demandé à un vieux marin grisonnant si la voile était un sport dangereux.

« Ça n'est pas dangereux du tout, à condition de ne jamais apprendre à nager, a répondu le navigateur. Quand on a des ennuis, si on sait nager, on essaie de gagner la côte. Et on se noie toujours. Comme moi, je ne sais pas nager, je me cramponne à l'épave et on envoie un hélicoptère me chercher. Voilà mon conseil si jamais vous faites naufrage : cramponnez-vous à l'épave ! »

Je crois que je souris, mais je ne peux pas l'affirmer tant mon visage est froid. Je me passe le bout du doigt sur mes lèvres, mais je ne sens plus rien.

Tiens-toi chaud, surtout tiens-toi chaud. Je me pelotonne sur mon équipet et je calcule les éléments temps. Si on capte le signal de la balise, combien de jours faudra-t-il à un navire pour venir jusqu'ici ? Trois, peut-être quatre. On va d'abord envoyer un avion : alors pourquoi n'en ai-je pas entendu ? C'est qu'ils ne viennent pas, voilà pourquoi. Ils ont renoncé à me retrouver, ou bien ils ne savent pas que je suis ici, ou alors l'avion a regagné sa base, en se disant que tout est fini pour le British.

Il faut que je me persuade qu'il va venir. Il y a deux ans les Australiens ont sauvé Isabelle Autissier, une jeune navigatrice française et une bonne amie à moi qui avait eu des problèmes lors du précédent Vendée Globe. Heureusement, Isabelle était encore en mesure d'utiliser sa radio : elle a réussi à dire à ses sauveteurs ce qui n'allait pas et à les diriger vers son voilier. Dans mon cas, ils ne savent pas que je suis vivant : tout ce qu'ils entendent, c'est la balise, un appel à l'aide électronique.

Je sommeille dans la cambuse noire comme un four en écoutant l'eau qui roule d'un côté à l'autre et qui vient frapper le dessous de l'équipet. Toutes les vingt secondes à peu près, elle me gifle les yeux ce qui m'empêche de dormir. Je prends une vieille serviette que j'enroule sur mon visage. Je sens l'eau qui frappe la serviette. Mon nez et mon front commencent à geler.

Dieu, que j'ai soif ! J'ai la bouche pleine de sel. J'essaie d'attacher le dessalinateur au filet pour pouvoir pomper d'une main en restant sur mon équipet, mais il me faut une éternité pour obtenir même un filet d'eau dans ma bouche. Il me faut deux mains et plus d'espace : ça veut dire me remettre à l'eau. Agréable choix : mourir de froid ou mourir de soif ?

Je me laisse retomber dans l'eau et je détache la pompe. Prenant appui contre la cloison, je pose un tuyau de plastique dans l'eau à mes pieds, l'autre dans ma bouche et je laisse flotter le troisième. Je coince l'appareil de filtrage contre ma poitrine et je pompe une douzaine de fois avec chaque main, en prenant un temps de repos à chaque changement.

Je donne cinq cents coups de pompe et je bois à peu près une demi-tasse. Ça disparaît en une gorgée, mais c'est épouvantable parce que maintenant l'envie est plus forte. Je me dis : « Tony, tu en as pris assez pour survivre. Tu ne vas pas mourir de soif. Remonte sur ton étagère et réchauffe-toi. »

Quand j'étais enfant, j'avais un ami du nom de Tony James, dont la mère, Lil, tenait une jolie petite boutique de couture à Southend-on-Sea. Son père, Harry, était directeur d'une usine, un homme solide. Tony et moi avions à peu près le même âge, mais il allait dans un collège privé tandis que moi, j'allais à l'école communale de Fairfax. Nous parlions toujours de faire le tour du monde en bateau ensemble, même si les seules embarcations sur lesquelles nous étions jamais montés n'étaient que des bateaux de pêche ou bien des grosses vedettes qui pour deux shillings et six pence emmenaient en excursion les vacanciers pour la journée. La voile était un sport élitiste et nous n'avions jamais eu l'occasion de le pratiquer quand nous étions jeunes.

SAUVÉ

Un autre souvenir, celui de Jimmy O'Connell, un matelot de la marine marchande qui était notre pensionnaire régulier. Jimmy me rappelait Matthew Lawe dans la série de Nicholas Monsarrat *, « Master Mariner », l'histoire d'un homme qu'une malédiction contraint à parcourir les sept mers jusqu'à ce que les océans s'assèchent. Il me racontait des histoires sur les régions exotiques qu'il avait visitées : des îles avec des palmiers, des plages au sable blond. Jimmy restait avec nous quelques semaines et un jour je rentrais de l'école pour constater qu'il était parti. Il avait repris la mer pour se faire un peu d'argent et il revenait tout dépenser au jeu avant de s'embarquer une nouvelle fois.

Un week-end, je devais avoir dans les dix-sept ans, j'allai jusqu'à un chantier naval à Burnham-on-Crouch sur la rivière Blackwater, à une trentaine de kilomètres de Southend. Il y avait dans ce chantier des bateaux de toutes formes, de toutes tailles et de tous modèles, mais l'un en particulier attira mon regard. C'était une vedette de sauvetage en mer construite pour aller pendant la guerre repêcher les pilotes dans le canal de Bristol. Elle faisait sept mètres de long avec un rouf et deux gros moteurs.

« Vous voulez ce bateau pour faire quoi ? demanda le vendeur.

— Je veux faire le tour du monde », dis-je.

Il rit à s'en décrocher la mâchoire. Il me montra alors un vrai voilier. « C'est ça qu'il vous faut. »

Un bateau magnifique : douze mètres de bois poli et vernis avec un équipement étincelant et des mâts droits comme des flèches. Il en voulait 3 750 livres. Bien plus que je ne pouvais me le permettre. « Un jour, me dis-je. Un jour. »

Au long des années, de petites choses arrivaient qui entretenaient la flamme. A bord du *Cap Town Castle*,

---

* Auteur de *La Mer cruelle*, Plon. (NdE.)

SAUVÉ

alors que je me rendais en Afrique du Sud, nous traversâmes le golfe de Gascogne par gros temps et je me souviens être monté sur le pont et avoir vu un minuscule bateau de pêche portugais qui luttait contre les vagues. Il ne cessait de disparaître complètement dans les creux, mais le pêcheur, cramponné au gréement, n'avait l'air ni inquiet ni effrayé. Il maîtrisait la situation. Cela me parut si romantique et si aventureux que je me dis : « Voilà ce que j'ai envie de faire. »

En Afrique du Sud, je fis un peu de voile sur un dinghy et j'aimais bien les bières fraîches et les conversations entre marins après, mais la vraie passion me vint beaucoup plus tard, à Bristol, quand Arthur Ellis m'emmena à bord de son trimaran, *Nimble Fortune*. La première fois que nous perdîmes la terre de vue, je me sentis grisé. Pas de route, pas de sens interdit, pas de feu rouge. Nous avancions sur une immense toile mobile : une merveille naturelle sans laquelle il ne pourrait y avoir de vie sur terre.

Quand j'achetai la *Toria* en 1972, je n'avais pas encore beaucoup navigué. Je négociai avec le propriétaire pour faire baisser le prix à 1 800 livres et Arthur m'aida à ramener le bateau à Bristol. Il y avait deux gros moteurs hors-bord avec des fixations sans utilité : je vendis donc l'équipement et utilisai l'argent pour acheter un moteur plus petit et des cordages neufs.

La *Toria* avait été dessinée par Derek Kelsall : il avait une fille prénommée Victoria et avait donné son nom au trimaran. Le voilier avait remporté la première course autour de l'Angleterre et de l'Irlande et était encore rapide, même si la technique de la voile avait évolué depuis lors.

J'avais toujours l'intention de le faire courir et Arthur accepta d'être mon équipier dans la course autour de l'Angleterre et de l'Irlande en 1974, une épreuve pour deux équipiers qui partait de Plymouth en juillet. Avant la course, nous sortîmes le bateau de l'eau pour sabler la coque et tout préparer. Nous passâmes des heures penchés sur les cartes la nuit à discuter de la route à suivre.

Même si Arthur avait plus d'expérience, il n'avait jamais participé à une course aussi longue. Pour moi, c'était totalement nouveau : j'arrivais à Plymouth ayant tout juste terminé mes cours de navigation en haute mer. Il y avait une activité intense sur les quais et un grand sentiment de camaraderie. Les équipages avaient l'air de rester groupés, ne quittant guère leur bateau, vérifiant l'accastillage et chargeant les provisions à bord. Les contacts sociaux se bornaient à un salut de la tête au bar du Yacht Club quand nous allions chercher une bière et un sandwich pour déjeuner.

« Dis donc, Arthur, fis-je un matin, as-tu remarqué que certains sont équipés par des sociétés ? »

Il leva le nez. « Qu'est-ce que tu veux dire ?

— Des survêtements, des blousons. Nous devrions en avoir aussi.

— Mais nous n'avons pas de sponsor.

— Bah, Arthur, ça n'est qu'un détail technique. »

Je me précipitai au Prisunic voisin pour nous acheter deux maillots à rayures assortis. Nous avions l'air de deux évadés de prison.

Quand on se promenait sur la marina, on comprenait clairement qu'il y avait peut-être une demi-douzaine de voiliers parmi lesquels se trouvait le vainqueur probable. Ils avaient ce qui se faisait de plus moderne en matière de construction et d'équipement ainsi que les équipages les plus expérimentés. La *Toria* avait assez bonne réputation puisqu'elle avait auparavant remporté l'épreuve, mais depuis lors on l'avait abâtardie en ajoutant même une nouvelle cabine. Je savais que nous ne pouvions pas gagner mais notre ambition était seulement de finir à une place convenable.

1. Mon père, "Bert" Bullimore, sur scène, dans les années trente.

2. Moi, à onze ans, avec mon père, à Blackpool, en 1950.

3. Ma mère en 1952.

4. Moi, à vingt-cinq ans, quand tout ce que je voulais, c'était devenir un grand homme d'affaires.

5. Avec Lalel (et quelques trophées) au restaurant de l'Orangeraie, au Bamboo Club, en 1969.

6. À bord de la *Toria*, avant le départ de l'OSTAR de 1976 (la Course transatlantique en solitaire de l'*Observer*).

7. Avec Nigel Irens, dont la conception de l'*IT 82* a marqué le début d'une longue et fructueuse association.

8. Je me la coule douce à la barre du *City of Birmingham*, en 1983.

9. À la barre du *Spirit of Apricot*, lors de la Course de l'Europe de 1985.

10. Le *Spirit of Apricot* toutes voiles dehors, avant la Course transatlantique en solitaire Plymouth-Newport de 1988.

11. Une bonne tasse de thé dans la cuisine du *Spirit of Apricot*.

12. Les hommes qui ont construit l'*Exide Challenger* : photo de l'équipe en 1992.

13. L'*Exide Challenger* lors des essais en mer, 1994.

14. Lalel en équipière sur l'*Exide Challenger* dans le Solent.

15. Moi à la barre de l'*Exide Challenger* dans la Course de l'Europe de 1995.

16. Le Vendée Globe 1996-1997 : à la barre au large des Sables d'Olonne.

17. Aux Sables d'Olonne, juste avant le départ du Vendée Globe.

18. Novembre 1996 : toutes voiles dehors vers l'horizon et l'océan Austral.

19. Les recherches : le PatMar 251 de la RAAF scrute l'océan en quête d'un signe de vie de Thierry Dubois ou de moi. Le lieutenant Ludo Dierickx (à gauche) et l'opérateur acoustique Liam Craig ont l'œil et l'oreille aux aguets.

20. Une des premières vues de l'*Exide Challenger* chaviré, prise d'un des Orions P-3C de la 92ᵉ escadre aérienne de la RAAF, basée à Edinburgh, près d'Adélaïde, en Australie-Méridionale.

21. Une vue plus rapprochée : mardi 7 janvier 1997. On remarquera le reste déchiqueté de la quille.

22. Mercredi 8 janvier : Thierry Dubois fait des signes à un appareil de la RAAF depuis un des radeaux de survie qu'on lui a largués. Il a été sauvé plus tard le même jour.

23, 24, 25. Jeudi 9 janvier : c'est mon tour. Me voilà qui plonge dans l'eau où je vais être recueilli par le Zodiac du HMAS *Adélaide*.

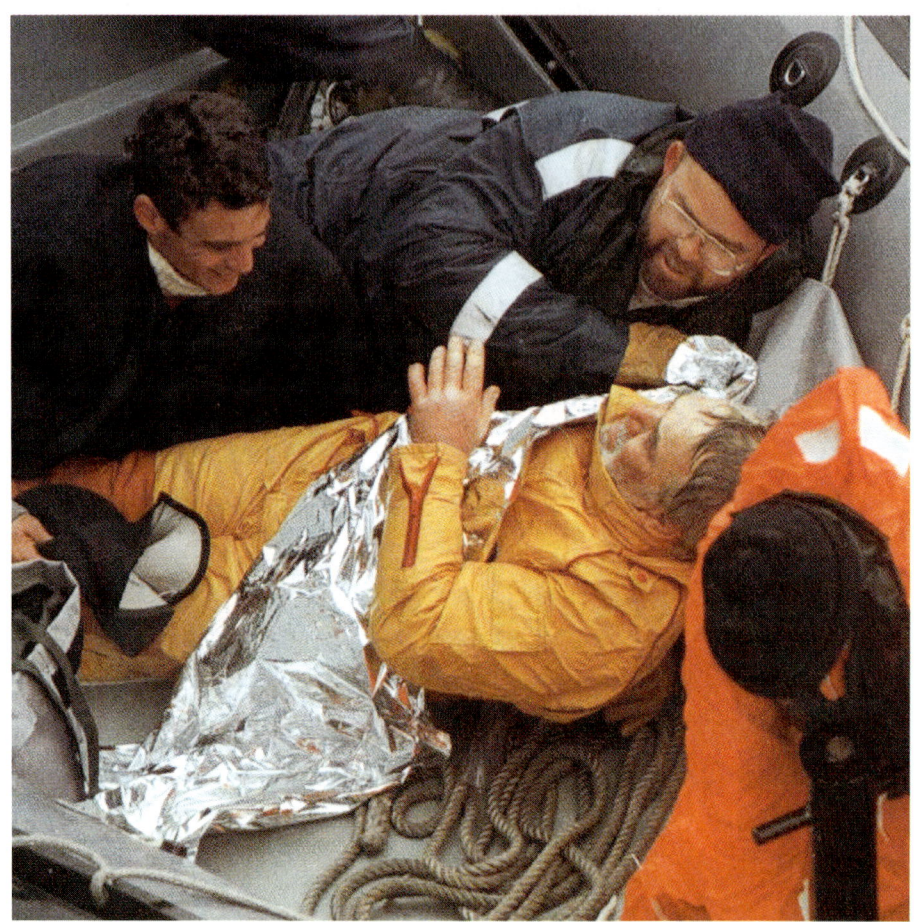

26. Sauvé : l'officier marinier Peter Wicker (en haut) m'aide à me hisser à bord de la frégate *Adelaide* après m'avoir tiré de l'eau.

27. Thierry et moi fêtons l'événement à bord de l'*Adelaide* avec quelques-uns des nombreux responsables de notre sauvetage.

28. Sur la terre ferme : une petite tape amicale sur la tête de Thierry pour le féliciter quand nous arrivons à Fremantle, le 13 janvier.

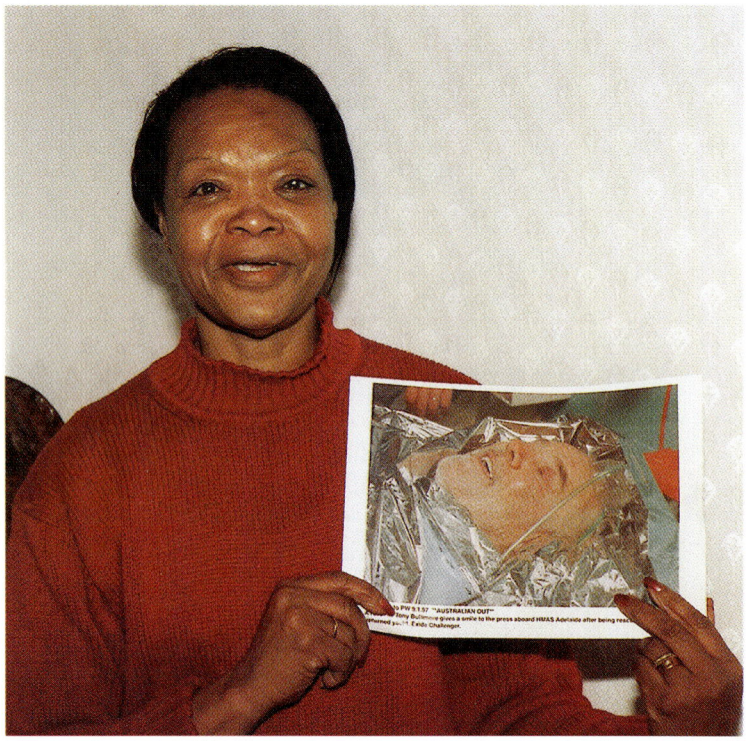

29. Lalel, avec la preuve enfin que je m'en suis tiré.

30. Face aux médias au cours d'une conférence de presse, lors de mon retour en Grande-Bretagne, en février.

31. Lalel, avec sa nièce Yvonne Murray, qui n'a pas cessé de la soutenir dans cette épreuve.

32. De nouveau réunis : un baiser pour Lalel.

SAUVÉ

Le matin, avant le départ, on nous remorqua des quais de Millbay jusque dans le canal de Plymouth. Je me mis à la barre tandis qu'Arthur triait la voilure et actionnait les winches. On tira le coup de canon annonçant que le départ serait donné dans dix minutes et on hissa le pavillon. Je consultai ma montre. Cela ne nous intéressait pas d'être les premiers à franchir la ligne de départ : à moins de calculer parfaitement son coup, on court toujours le risque de franchir la ligne trop tôt et d'avoir à revenir faire le tour de la bouée en perdant ainsi un temps précieux. Je voulais simplement prendre un bon départ, sans histoire.

« Encore cinq minutes, Arthur. Je veux m'approcher davantage de la ligne.

— Attention : deux bateaux à bâbord.

— Je les vois. »

Nous nous approchâmes encore un peu, tirant notre dernière bordée quarante secondes avant le coup de canon lancé depuis un navire de la Royal Navy.

« Bon, Arthur, amène-la au vent. Donnons-lui un petit coup de fouet. »

Nous étions à peu près les vingtièmes à franchir la ligne et j'avais un sourire rayonnant.

Une fois sortis du canal de Plymouth, nous nous trouvâmes en pleine mer. En ce temps-là, on n'avait pas d'équipement de navigation sophistiqué comme le GPS qui peut vous donner immédiatement par satellite votre position exacte. Au lieu de cela, nous devions nous fier à nos cartes, à nos horloges et à notre sextant.

La première étape de la course nous emmenait à Crosshaven dans le sud de l'Irlande. Nous y arrivâmes vers trois heures du matin et Lalel était là à nous attendre sur le quai. Elle avait pris le bac jusqu'à Cork et puis fait le trajet en voiture jusqu'à Crosshaven. Un autre navigateur, Mike McMullen, était assis auprès d'elle sur les marches, lui faisant la sérénade à la guitare en inventant des chansons sur les épouses abandonnées. Charmant militaire à la retraite, Mike figurait parmi les favoris de l'épreuve avec son trimaran, *Three Cheers*, arrivé des heures avant nous. J'avais fait la connaissance de Mike et de son épouse, Liz, sur un chantier naval à Upton, à côté de Bristol, quand nous avions tous deux nos bateaux au radoub et que nous sablions les coques.

A chaque étape, il y avait une halte de quarante-huit heures. Cela nous donnait l'occasion de nous détendre, de procéder aux réparations courantes et aussi d'aller prendre un verre au Royal Cork Yacht Club, le plus vieux du monde. La fraîcheur initiale entre les équipages commençait à se dissiper : nous échangions des anecdotes et nous offrions des tournées. C'était dans l'ensemble une bande plutôt sympa, même s'il y en avait un ou deux un peu poseurs. Ils venaient de tous les milieux mais peu importait si l'on était duc ou éboueur : la mer nous avait tous rapprochés.

Pour beaucoup, c'était la première et peut-être la seule grande course au large à laquelle ils participeraient jamais : ensuite, ils regagneraient leur club de yachting respectif et, accoudés au bar, ils feraient le récit de leur grande aventure.

Après Crosshaven, nous remontâmes le long de la côte ouest de l'Irlande jusqu'à Barra dans les Hébrides. Nous étions à mi-chemin quand le bateau soudain se mit à accélérer et la barre à tourner à tout va. En regardant derrière moi, je constatai qu'il n'y avait plus de gouvernail. L'aiguillot et le fémelot avaient sauté et le safran flottait à environ six mètres de là. Heureusement, avant notre départ de Plymouth, j'avais percé un trou d'un bon centimètre dans le haut du safran fixé à une traverse pour y passer un cordage que j'avais fixé à un piton à œil sur le pont. Je savais que les aiguillots étaient très usés.

Nous passâmes quatre heures à essayer de remettre

le safran en place, puis nous changeâmes de route et mîmes le cap sur Islay, une île à la population clairsemée mais plus proche que Barra et où nous espérions pouvoir remplacer les aiguillots et les fémelots. La principale industrie de l'île et celle qui employait le plus d'ouvriers, c'était la distillerie de whisky de malt.

Je jetai l'ancre dans la baie et l'instituteur vint nous chercher en canot pour nous amener à terre. Je n'avais pas d'argent sur moi, mais le patron du pub local me dit : « Prenez ce que vous voulez, vous me paierez demain. » Puis il se mit à rire. « Parce que sinon vous ne sortirez pas d'ici. »

Après quelques whiskies bien tassés, on m'emmena voir le forgeron du pays, un homme massif aux épaules larges comme un tracteur, avec une barbe noire et broussailleuse. Dans la nuit, il nous fabriqua les pièces et le lendemain nous aida à les monter sur le bateau. Je lui offris alors un whisky et lui demandai combien nous lui devions pour les réparations.

« Quatre shillings, dit-il.

— Allons, ça n'est pas possible. C'est sûrement davantage. »

Il me regarda d'un air mauvais et marmonna : « C'est ce que je veux et c'est ce que vous allez me donner. »

Il nous rendit un immense service car il savait que nous n'avions pas beaucoup d'argent. Deux heures plus tard, nous reprenions la mer.

Les bateaux de tête avaient maintenant des jours d'avance sur nous et nous nous efforcions simplement de garder le contact avec les voiliers de même taille et de même vitesse. Des Hébrides, nous allâmes jusqu'à Saint Kilda sur l'Atlantique puis au nord jusqu'à Lerwick, dans les Shetlands. Nous redescendîmes alors la mer du Nord jusqu'à Lowestock pour revenir à Plymouth franchir la ligne d'arrivée. Cela nous prit environ vingt jours de mer et nous finîmes dix-neuvième sur une soixantaine de voiliers. Nous devions cette place à notre bon bateau plutôt qu'à nos talents de navigateurs.

Je compris tout de suite que je n'étais pas le genre d'homme à trouver son bonheur dans la navigation de plaisance et dans les régates locales : il me fallait le défi et l'aiguillon des grandes courses au large. Rien ne pouvait se comparer avec la sensation de liberté et la pure excitation d'être en mer et de pousser un voilier jusqu'à ses limites.

Steinbeck a écrit un jour que le spectacle d'un bateau qui fend l'eau serre d'émotion la poitrine d'un homme. Un pur-sang ou un beau chien éveille parfois la même émotion, affirmait-il, mais à part un bateau, aucun objet inanimé ne peut me faire le même effet. C'est pourquoi on voit des gens — même s'ils n'ont jamais navigué — passer les doigts sur les surfaces bien lisses d'un voilier et frapper sur la coque pour en entendre le son.

Peu après avoir acheté la *Toria* je devins membre du Royal Western Yacht Club of England (RWYC) de Plymouth. Je n'avais pas grandi dans l'atmosphère des yacht clubs et, pendant des années, je les considérais comme inaccessibles pour moi. Quand j'étais gosse, je regardais par la clôture entourant le Yacht Club de Thorpe Bay, en regrettant de ne pas pouvoir me faire la main sur un de ces voiliers, sachant que c'était impossible. Quand je devins membre du RWYC, je ne me sentis pas à l'aise au club. Il y avait tant de gens gonflés de leurs connaissances, et puis j'avais l'impression que certains des membres me regardaient de haut. Je me sentais un peu perdu là-bas et j'avais du mal à m'intégrer, d'autant plus que j'habitais Bristol et que le club était à Plymouth. Je n'avais pas beaucoup d'occasions de participer aux activités mondaines et de pouvoir ainsi mieux connaître les autres membres.

Toutefois, au club, j'aimais bien des gens comme le capitaine Terrence Shaw, le commandant Lloyd Foster et le cher vieil Alex Blaydon qui dirigeait un chantier naval du port, toujours prêt à m'aider si j'avais un problème avant le départ d'une course. C'étaient des jours difficiles et j'avais du mal à me faire accepter, mais j'ai toujours estimé qu'à moins de faire les choses moi-même, je n'arriverais jamais nulle part.

Quand je m'inscrivis en 1976 à l'Observer Singlehanded Transatlantic Race (OSTAR), la course transatlantique en solitaire de l'*Observer* — une épreuve organisée par le RWYC — j'avais encore relativement peu d'expérience de la course transatlantique. A part le passage qualificatif de 500 milles et quelques encablures dans le canal de Bristol, je n'avais jamais navigué seul : et voilà pourtant que je tentais de faire en solitaire la traversée de Plymouth à Newport. Je crois qu'une partie de moi avait le sentiment d'avoir découvert ma grande passion dix ans trop tard et que je voulais rattraper le temps perdu.

Grâce aux exploits de Sir Francis Chichester, la navigation en solitaire était devenue très à la mode et l'OSTAR, une épreuve extrêmement cotée, attirait des concurrents du monde entier.

Même si j'apprécie la bonne compagnie et les conversations agréables, je me suis toujours considéré un peu comme un solitaire. Peut-être est-ce un état d'esprit plutôt que quelque chose qui saute aux yeux des autres. Je peux m'intégrer avec plaisir à une équipe et courir en équipage, mais j'aime le défi individuel de la course en solitaire où la réussite ou l'échec repose entièrement sur mes épaules.

En même temps, il est impossible de se préparer pour une grande course comme l'OSTAR sans une équipe dévouée de collaborateurs qui peuvent vous aider à trouver des sponsors, à organiser le bateau et à vérifier les centaines de détails de dernière minute. Je n'ai jamais été très fort pour déléguer les responsabilités mais, dans la course au large, il a fallu que j'apprenne, parce qu'il n'est simplement pas possible pour une seule personne de tout faire.

Au cours des mois précédant l'épreuve, je réunis toutes les cartes, je lus tout ce qu'on avait écrit sur la course, étudiant les cartes météo et les itinéraires suivis par les précédents vainqueurs. Il y avait trois options fondamentales. Le trajet le plus court, la « Route du Rhum » n'est pas le plus rapide parce que cela veut dire lutter contre le Gulf Stream, et pousser constamment la vitesse du bateau. Je pouvais aussi faire route au sud, dans des eaux plus chaudes et puis virer au nord, ce qui allongeait le trajet mais éliminait les risques de tempêtes et me donnait des vents moins forts. Jamais aucun vainqueur n'avait emprunté cette route. Enfin, je pouvais aller au nord et parier sur les vents et les courants. Cela voulait dire de longues heures par des températures glaciales, naviguer au milieu des icebergs et dans l'épais brouillard au large des bancs de Terre-Neuve.

Je choisis la route plus directe et je commençai à préparer la *Toria*. Elle avait couru une fois auparavant dans l'OSTAR, en 1968, quand Martin Minter-Kemp l'avait fait arriver septième, parcourant les 2 810 milles en vingt-sept jours. Elle s'était bien comportée par une bonne brise, filant jusqu'à 14 nœuds, même si le skipper avait un problème avec les flotteurs qui s'emplissaient d'eau.

Aujourd'hui qu'elle avait huit ans de plus et commençait à paraître son âge, j'espérais que la *Toria* pourrait au moins égaler le temps de Minter-Kemp. Après avoir passé l'épreuve de qualification, j'arrivai à Plymouth une semaine avant le départ de la course et j'amarrai la *Toria* au quai de Millbay. Quelques jours auparavant, la BBC m'avait contacté avec le projet de faire un documentaire intitulé « Le navigateur solitaire » me demandant si je voudrais bien prendre des caméras à mon bord pour filmer le voyage.

SAUVÉ

On m'en fournit deux : une Super 8 qu'on tenait à la main et un appareil plus important qu'on pouvait accrocher n'importe où au bastingage de la *Toria*. Quelqu'un du service du matériel de la BBC avait fait les attaches et il m'avait dit : « Ces trucs-là ne casseront jamais. » Au cours du voyage, j'étais censé installer la caméra, la braquer dans la bonne direction, appuyer sur le bouton et filmer un journal de la course où je raconterais comment se comportait le bateau et comment je me sentais.

Bien sûr, il était ridicule de s'attaquer aux techniques du cinéma quelques jours seulement avant le départ, avec le bateau en plein chaos et pas mal de choses à faire. Je n'avais même pas encore acheté de provisions pour le voyage. Avec deux jours devant nous, Lal et moi allâmes au supermarché local poussant un chariot le long des rayons pour choisir quelques boîtes de ceci et quelques paquets de cela. Du travail d'amateur comparé aux courses que je fis plus tard où des feuilles de régime m'assuraient de consommer un certain nombre de calories par jour en même temps que la dose nécessaire de vitamines et de minéraux.

Je finis par me retrouver avec des cartons pleins de flocons d'avoine et de bœuf en conserve répartis dans le bateau, sans containers appropriés et ne disposant pas d'assez de temps pour les emmagasiner comme il convenait. Chaque livre supplémentaire est critique pour un multicoque et pourtant, j'avais plus de cent vingt-cinq kilos de vivres et de boisson : beaucoup trop. Arthur m'aida à vérifier les voiles et l'accastillage tandis que Lal triait mes vêtements.

Le matin du départ, le quai de Millbay devint un foisonnement de couleurs avec des ballons, des orchestres, des foules de vacanciers, des éventaires de hot-dogs et des marchands de glaces. Il régnait une atmosphère de carnaval et j'accrochai la caméra pour

SAUVÉ

filmer une partie des célébrations tandis qu'on me remorquait jusqu'à la ligne de départ.

Lal me faisait des gestes d'adieu depuis un bateau de spectateurs tandis que je prenais place parmi les cent vingt-cinq concurrents attendant le coup de canon. Je ne crois pas qu'elle se rendait compte de ce que signifiait vraiment une course transatlantique. Quand je lui avais parlé pour la première fois de m'engager dans l'OSTAR, elle m'avait regardé en disant : « C'est dangereux ? »

— Bien sûr que non. Les gens font ça tout le temps », avais-je répondu.

Je ne parlai pas des tempêtes ni du risque d'être coulé par des cargos dans le brouillard. A dire vrai, je ne considérais pas le voyage comme dangereux. Mon seul souci, c'était la navigation, car je venais juste de terminer mes cours particuliers. D'autres voiliers disposaient du dernier équipement météo et de radios BLU alors que je n'avais que de simples instruments à vent, un sextant en plastique qui m'avait coûté 8 livres 10 shillings et une radio VHF qui ne portait qu'à une quarantaine de kilomètres.

Quand je sortis du canal de Plymouth pour déboucher au large, ce fut vraiment une expérience. Me voilà livré à moi-même, me dis-je.

Au bout de cinq jours, la première tempête survint. Je ne m'étais jamais trouvé dans du si gros temps et bientôt la cabine principale se trouva jonchée de cartons détrempés et de provisions répandues. La *Toria* semblait tenir le coup, mais je n'avançais pas vite avec mes voiles arisées.

Une autre tempête arriva là-dessus, sans me laisser aucun répit. Les vagues étaient énormes et je filais sans un pouce de toile sous un vent de 50 nœuds. A l'intérieur du bateau, l'eau commençait à couler sur la table à cartes et elle s'égouttait encore plus au-dessus

SAUVÉ

de la couchette. Je colmatais les fuites, frissonnant dans mes vêtements mouillés.

Les tempêtes semblaient se succéder. Je me détournai légèrement au nord pour essayer de ne pas affronter de plein fouet le vent et les vagues. La grosse caméra avait disparu au cours de la première tempête : tout ce que je retrouvai, ce fut un fil qui pendait du bastingage. « Merde, murmurai-je, ça va leur faire plaisir. »

M'efforçant de lutter contre le froid, je préparai des curries à vous donner les larmes aux yeux et je les engloutis. J'avais aussi une grosse saucisse allemande accrochée au plafond : j'en découpai des tranches que je dévorai avec du pain, des cornichons et de la moutarde. A aucun moment je n'envisageai d'abandonner la course : cela prendrait simplement plus longtemps que je m'y attendais. Je n'avais pas peur non plus parce que, avant le départ de la course, j'avais pris la décision de me lancer, quelles que fussent les conditions météorologiques.

Le 12 juin, je découvris que le flotteur de tribord avait embarqué pas mal d'eau et, comme c'était celui sous le vent étant donné la route que je suivais, j'avais besoin d'écoper rapidement. Par une ironie du sort, Martin Minter-Kemp avait connu le même problème quand il avait barré la *Toria* dans l'OSTAR.

Le vent avait un peu molli : je décidai donc d'écoper l'eau et de mettre un peu d'ordre. Tout le carré était un véritable fatras, jonché de grands cartons de pellicule fournie par la BBC, de provisions détrempées, d'huile renversée, de voiles et de cordages. Je pris la bouilloire pour me préparer une boisson chaude et j'allumai la lampe à essence dans la cabine principale pour sécher tout ça et donner un peu de chaleur. Je décrochai ensuite le harnais de sécurité de sa place habituelle dans le cockpit et le refixai à un solide anneau boulonné auprès du winch de tribord.

SAUVÉ

M'agenouillant sur le flotteur, j'attachai un seau en toile au filet de sécurité, soulevai le capot et me glissai à l'intérieur du flotteur. Il y avait là près de cinquante centimètres d'eau qui avait dû s'infiltrer par le puits de dérive étant donné le formidable effort imposé aux dérives au cours des jours précédents. J'avais passé environ quatre-vingt-dix pour cent de la course à tribord amure.

Je commençai à écoper l'eau avec le seau et je finis par m'en débarrasser presque complètement. Le reste, me dis-je, je l'épongerai plus tard.

Relevant la tête, je remarquai un tourbillon de fumée noire qui s'échappait de la cabine.

« Bon sang, qu'est-ce que c'est que ça ? »

Je rampai sur les filets et je regardai par l'encadrement de la porte. Des flammes jaillissaient du plancher de la cabine entre les couchettes : la lampe Tilly s'était renversée, mettant le feu à une voile sous le barrotin avant. Les flammes eurent tôt fait de gagner la pellicule et je me précipitai, en utilisant les deux extincteurs et en essayant de tirer dehors la voile qui brûlait. Tout d'un coup, il y eut un éclair et je fermai les yeux. Tournant rapidement les talons, je sortis à toutes jambes, les cheveux roussis et avec une brûlure au bras gauche. La grosse saucisse se balançait au-dessus des flammes et commencait à grésiller.

Le feu avait bien pris et je pensai aux bouteilles de gaz, aux bidons d'essence et autres produits inflammables qui se trouvaient à bord. La *Toria* était condamnée : me tirer de là vivant était tout ce qui comptait maintenant. Je saisis le radeau de survie, le jetait par-dessus bord et tirait le cordon. Plongeant la main dans les flammes, je réussis à attraper sur la table à cartes un bout de fromage, une bouteille d'eau, un couteau, des allumettes, une torche électrique et une vieille balise de détresse qui se trouvait auprès de la porte.

Le bateau commençait à crépiter, à craquer de par-

SAUVÉ

tout. Tony, c'est le moment de s'en aller. J'attachai le radeau à un long cordage et lâchai peu à peu le mince filin en nylon tout en me laissant dériver. Au bout d'une dizaine de mètres, le cordage se tendit. Les flammes jaillissaient du haut et des côtés de la cabine principale : je pris la petite caméra portable et me mis à filmer.

Soudain, une bouteille de gaz explosa et des débris enflammés se mirent à pleuvoir dans l'eau. « C'est un vrai feu d'artifice, me dis-je. Si l'un de ces trucs-là tombe sur le radeau, je suis dans le pétrin. » Couper le filin me donna l'impression de couper un cordon ombilical. Le radeau eut une secousse et partit à la dérive. J'avais envie de pleurer.

Continuant à filmer, je regardai le mât se pencher puis s'affaler. La coque principale s'effondra et les flotteurs se recroquevillèrent si bien que les dérives, qui d'ordinaire plongeaient dans l'eau, flottaient à plat. J'étais seul, à 500 milles dans l'Atlantique, avec des vagues qui recommençaient à grossir à l'approche d'une nouvelle tempête.

Je déclenchai la balise — dont le signal ne pouvait être capté que par un avion passant juste au-dessus ou peut-être un navire faisant route à proximité — j'allumai une cigarette, croquai un bout de fromage et commençai à me demander combien de temps il me faudrait pour être sauvé. Le feu avait pris en milieu de matinée et anéanti la *Toria* en moins d'une demi-heure. C'était stupéfiant de se dire que le bateau pouvait brûler aussi vite.

Je m'allongeai dans le radeau, m'apitoyant sur mon sort et envisageant les jours à venir. Deux ou trois heures plus tard, le coup de sirène d'un bateau faillit me déchirer les tympans. Passant la tête hors du taud, je levai les yeux... je les levai encore... encore. Un gigantesque pétrolier me dominait de toute sa hauteur.

L'*Ocean Chemist* faisait route vers l'Amérique quand

SAUVÉ

un membre de l'équipage avait repéré les restes de la *Toria* brisée par les vagues. Il alerta le commandant allemand et une puissante lunette balaya l'horizon. On aperçut un objet orange à quelques milles de là et on crut tout d'abord que c'était une annexe qui s'était échappée du bateau. Le commandant ne voulait pas se dérouter mais il décida en fin de compte d'aller voir de plus près.

Le pétrolier mit un canot à la mer avec deux hommes qui me hissèrent à bord et remorquèrent mon radeau de survie jusqu'au navire. On hissa l'annexe sur le pont et le commandant regarda par-dessus bord avec un grand sourire.

« Ça va ? demanda-t-il avec un fort accent allemand.

— Oui, merci de m'avoir sauvé.

— Où est le reste de votre équipage ?

— Il n'y a personne d'autre : je suis tout seul.

— Comment ça ? » fit-il avec un froncement de sourcils incrédule. Il devait croire que j'avais été victime d'une mutinerie et que j'avais noyé mon équipage.

« Je navigue seul. J'ai eu un incendie.

— Ah, je vois. Voulez-vous récupérer votre radeau ?

— Oui, je vous remercie. »

On me fit descendre dans la cabine de l'armateur, on nettoya mes brûlures et on me fit des pansements. Le commandant me fit cadeau d'un T-shirt, de sous-vêtements, d'une paire de vieux chaussons et d'un nécessaire à raser. Là-dessus, son épouse apparut avec un grand pot de thé et une assiette de sandwichs.

« La douche est là », aboya-t-elle. On aurait dit un ordre. Je ne discutai pas : elle avait l'air d'une lanceuse de poids est-allemande.

Après cela, on vint me chercher pour m'escorter jusqu'à la cabine du capitaine.

« Y a-t-il quelqu'un que vous vouliez que je contacte ? demanda-t-il.

— Oui, ma femme. »

SAUVÉ

Il m'emmena dans la salle radio où l'officier avait déjà envoyé un message aux gardes-côtes en Angleterre :

TONY BULLIMORE SAIN ET SAUF. A DÛ ABANDONNER VOILIER SUITE À INCENDIE. RECUEILLI CET APRÈS-MIDI PAR PÉTROLIER *OCEAN CHEMIST*. PRIÈRE PRÉVENIR PC COURSE OSTAR, PLYMOUTH.

Je ne pus téléphoner à Lal que le lendemain mais je savais que les organisateurs de la course lui transmettraient la nouvelle. Avec un peu de chance, elle apprendrait que j'étais sain et sauf avant même d'avoir su qu'on n'avait plus de nouvelles de moi.

La *Toria* ne fut pas la seule victime de l'OSTAR la plus dure qu'on ait jamais vue. Environ un tiers de la flotte avait abandonné la course, plusieurs voiliers étaient portés manquants ou avaient des problèmes. Le *Gauloises* et le *Saint Milcent* avaient tous les deux coulé, le second à la suite d'une collision. Le plus triste, c'était que le *Three Cheers*, le bateau de Mike McMullen, avait disparu. Par une tragique coïncidence, Liz, la femme de Mike, était morte trois jours seulement avant le départ de la course. Elle sablait la coque du bateau à un chantier naval près de Plymouth quand elle avait laissé tomber un polisseur électrique dans la vase et s'était électrocutée.

Bien qu'il eût le cœur brisé, Mike avait décidé de prendre le départ de l'OSTAR. Je ne sais pas ce qui était arrivé : peut-être n'avait-il pas lutté aussi dur qu'il aurait pu, ou bien la mer ne l'avait-elle pas fait assez souffrir. Quoi qu'il en soit, on ne retrouva trace du *Three Cheers* que quatre ans plus tard, quand un débris d'épave fut recueilli au large de la côte d'Islande.

Durant les quelques jours suivants, je ne pus que jouir de l'hospitalité du bord et passer mon temps à jouer aux échecs avec la femme du commandant. A un moment, nous nous déroutâmes pour nous porter au secours d'un autre concurrent, le *Kriter III*, et nous trouvâmes le grand catamaran chevauchant des vagues gigantesques. Avais-je vraiment navigué sur une mer pareille ? me demandai-je, en regardant le voilier secoué dans tous les sens comme un jouet d'enfant dans une baignoire. Le skipper, Jean-Yves Terlain, estimait qu'il pouvait s'en tirer seul et déclina notre assistance : un jour plus tard, le bateau se brisa et un autre navire marchand dut aller le secourir.

L'*Ocean Chemist* faisait route vers le golfe du Mexique via New York et la BBC m'attendait lorsque je fis une arrivée peu glorieuse en Amérique. On me filma en train de descendre le radeau de survie par le passavant.

J'avais perdu la grosse caméra, mais le producteur John Humphries était vraiment très excité à l'idée que j'avais filmé la *Toria* en train de couler. Il m'emmena au Ramada Hotel, fit enregistrer à la réception la carte de crédit de la BBC et m'annonça que je pouvais me faire servir tout ce que je voulais. Puis il fourra la main dans sa poche et me donna quarante dollars. « Prenez ça, c'est tout ce que j'ai sur moi, dit-il. Je vous verrai demain. »

J'allai me laver et me raser avant de sortir pour m'acheter une bouteille de bourbon. En regagnant l'hôtel, je réussis à me perdre et je dus demander mon chemin à un monsieur en élégant costume à rayures.

« Je vous demande pardon, quel est le chemin...

— Je n'ai pas de monnaie », marmonna-t-il en passant droit devant moi.

Je devais avoir l'air d'un clochard avec mon pantalon de toile, le T-shirt du commandant et une vieille paire de pantoufles.

De retour dans ma chambre, je bus la moitié du whisky assis au bord du lit. Puis je m'effondrai et je dormis douze heures d'affilée.

Lal prit l'avion pour New York en apportant 500

SAUVÉ

livres pour nos billets de retour. Les organisateurs de la course me demandèrent si nous voulions nous rendre à Newport pour assister à l'arrivée du reste de la flotte, mais nous étions terriblement à court d'argent. Nous ne restâmes donc à New York que deux ou trois jours, aux frais de la BBC, pour voir Times Square et faire quelques autres excursions en ville. En vérité, je n'avais guère envie de faire du tourisme et je passai le plus clair de mon temps assis dans un bistrot de la Huitième Avenue à boire du café en tirant des plans pour ma prochaine campagne. Le naufrage de la *Toria*, cela voulait dire ne plus naviguer pendant quelque temps mais il n'était pas question pour moi de renoncer. Je rêvais de construire mon propre bateau, un multicoque qui pourrait affronter et vaincre les bateaux les plus rapides en haute mer.

15

AÉROPORT DE PERTH
Mardi 7 janvier 1997, 9 h 30

La température sur le tarmac de l'aéroport de Perth atteignait 42 degrés et les équipes d'entretien ne trouvaient d'ombre qu'à l'abri des ailes de quinze mètres d'envergure des Orions. Les hommes travaillaient sans relâche, douze heures d'affilée, réparant parfois un appareil en une heure quarante, sans même couper le contact pendant le ravitaillement en carburant.

Vic Lewkowski émergea de la brume de chaleur qui montait au-dessus de la piste et trouva sous l'aile de l'avion le patron de l'équipe, le sergent « Rocky » Johnstone. Autour de lui, les hommes inspectaient le moteur, le fuselage et l'électronique.

« Comment ça se passe ?
— Des problèmes avec les transmissions.
— Quand sera-t-il prêt ?
— Encore une heure. »

Lewkowski regarda sa montre. Ce qui avait débuté comme une petite opération portant sur deux appareils avec deux mécaniciens de maintenance sur chacun était devenue la plus grande opération de recherches et de sauvetage entreprise par la RAAF en temps de paix. Le mercredi matin, il y avait cinq avions, six équipages (provenant des 10e et 11e escadrilles) dix-sept mécaniciens et un Hercule transportant du personnel entre Adélaïde et Perth.

Avec dix-huit heures de jour dans la zone des recherches, les Orions devaient effectuer jusqu'à six sorties par jour pour couvrir la zone, chaque appareil étant « de service » pendant trois heures sur les lieux. A la fin de chaque mission de onze heures, les équipages avaient besoin d'un minimum de seize heures de repos.

Lewkowski aurait préféré une couverture de vingt-quatre heures, mais l'énorme distance et des problèmes de logistique rendaient la chose très difficile. Du moins les balises Argos continuaient-elles à émettre : la coupure imposée par la nuit ne ferait donc pas perdre le contact aux Orions. Malheureusement, certains des rapports de position avaient sept heures de retard au moment où ils parvenaient aux équipages.

La priorité absolue était devenue de placer quelqu'un en permanence à la verticale de Thierry Dubois. Outre qu'on s'assurait ainsi de sa bonne condition physique et qu'on lui donnait confiance, c'était également une police d'assurances au cas où son radeau de survie serait détruit par une vague ou bien dans l'éventualité où le navigateur serait précipité à l'eau.

« Pour combien de temps croyez-vous que Bullimore en a encore là-dedans ? » demanda Rocky. Le changement de balise en avait convaincu beaucoup qu'il pouvait encore se trouver à l'intérieur de l'*Exide Challenger*.

Lewkowski haussa les épaules. « Les ingénieurs estiment qu'il a pour environ cent quarante-huit heures d'air. Ils ont étudié les photos.

— Ce qui veut dire qu'il pourrait tenir là encore quelques jours.

— Si le froid ne le tue pas d'abord. »

SAUVÉ

Avec le plein de carburant, le PatMar 253 utilisait presque les 3 500 mètres de piste pour décoller dans la chaleur accablante. Installé aux commandes, le lieutenant Larry Smith monta à une altitude de 21 000 pieds, incapable d'aller plus haut dans cet air brûlant. Il monterait encore de 8 000 pieds quand il ferait route vers le sud.

Même si l'Orion avait près d'une tonne de carburant supplémentaire, l'équipage devait partir du principe qu'ils opéraient dans un cas d'urgence et tâcher, si possible, de couper un et parfois deux moteurs pour augmenter leur endurance. Avec l'humidité de l'air et un froid extrême, il y avait un risque de voir de la glace se former sur les lames des turbines, ce qui pourrait provoquer des dégâts quand on remettrait le moteur en marche. De même, si la pressurisation de la cabine tombait en panne, ils devraient descendre à 10 000 pieds, ce qui augmenterait d'autant la consommation de carburant.

Chaque Orion transportait des combinaisons étanches, des balises de repérage et des radeaux de survie au cas où il devrait faire un amerrissage forcé. Théoriquement, l'avion devait flotter assez longtemps pour permettre de lancer à l'eau les radeaux de survie par les sorties de secours et les ailes fourniraient à l'équipage une plate-forme relativement stable pour embarquer à bord des radeaux. La grande inconnue dans ce genre de scénario, c'était de savoir si un appareil pouvait survivre à l'impact. Heurter une vague à grande vitesse, ce serait comme entrer en collision avec un mur de brique.

« Tu es l'hôtesse la plus moche que j'aie jamais vue », lança Smith en plaisantant comme un opérateur radio lui tendait une tasse de café. Le service de restauration de la RAAF avait fourni un assortiment de « congelés » — des plateaux télé qu'on pouvait réchauffer dans la cuisine du bord — ainsi que des rations fraîches pour

SAUVÉ

préparer les sandwichs. Les curries et les plateaux de petit déjeuner semblaient avoir la préférence des passagers.

Le PatMar 253 avait reçu pour mission de retrouver l'*Exide Challenger* et de chercher sous le vent le radeau de survie. Si les délais le permettaient, l'équipage tenterait de larguer une radio à Thierry Dubois. Le MRCC tenait à savoir si le Français avait la moindre idée de ce qui était advenu de Tony Bullimore. Peut-être les deux navigateurs avaient-ils été en contact radio avant le chavirage de leurs bateaux.

L'équipage arriva au-dessus de la zone de recherches peu après le lever du jour et constata que les conditions météorologiques s'étaient légèrement améliorées, avec un vent de 30 nœuds et un plafond de nuages à 300 pieds. Descendant encore, l'Orion semblait presque effleurer la surface de la mer.

« Si on va plus bas, on va surfer, dit Smith en regardant le radio altimètre osciller à chaque vague. Au soulagement général, Dubois était toujours sur son radeau de survie et il parvint à agiter les bras quand ils effectuèrent un passage au-dessus de lui.

Se déroutant vers la dernière position connue de l'*Exide Challenger*, ils repérèrent le voilier à 70 milles nautiques au sud et amorcèrent un quadrillage de recherche sur la base d'un radeau de survie ou d'un homme dérivant à deux ou trois nœuds depuis éventuellement soixante-douze heures.

A huit milles nautiques de la coque chavirée, ils repérèrent ce qui semblait être une bouée rose dans l'eau. C'était sans doute la première balise Argos qui s'était détachée du voilier au moment du chavirage. On calcula par la suite que la position était plus proche de vingt milles nautiques.

Après presque deux heures de recherches, l'équipage revint vers le radeau de Dubois et s'apprêta à larguer une radio en utilisant un « hélibox » : un simple carton dont on a découpé et attaché ensemble les rabats pour créer un effet de rotor au moment où on le lâche de l'avion. Le tournoiement ralentissait la vitesse de descente, protégeant le contenu du choc, mais la précision du largage dépendait entièrement du jugement du pilote. Au cours des exercices, les équipages avaient effectué jusqu'à vingt ou trente passages, mais le largage le plus précis avait été à cinq mètres de la cible. Cela pouvait aller quand on larguait des provisions à des gens isolés par une rivière en crue, mais cette fois il fallait se rapprocher beaucoup plus de la cible. Personne ne voulait voir Dubois quitter son radeau de survie au risque de ne pas pouvoir le rejoindre ensuite.

Après un premier passage pour lâcher une fusée fumigène, Smith prit de la distance puis amorça un virage. Avec seulement trente mètres d'envergure et quatre puissants moteurs, l'Orion n'a pas une réputation de grand confort et l'équipage sentait chaque cahot.

« Paré pour le largage de l'hélibox, ordonna Smith. Ouvrez la porte principale de la cabine. »

Derrière lui, un opérateur radio avait installé l'échelle de l'appareil près de la porte bâbord et était assis sur le plancher, bien ancré à un montant du fuselage avant l'ouverture de la porte. Un observateur sanglé sur son siège était assis auprès de lui. Le vent et les embruns s'engouffrèrent comme une explosion à l'intérieur du fuselage.

« Paré pour largage dans trente secondes », dit Smith.

Le rugissement des moteurs et le vacarme de l'air qui s'engouffrait rendaient pratiquement impossible tout propos intelligible : l'opérateur largage accusa donc réception en tapant une fois sur son micro.

« Parez pour largage dans dix secondes. »

Bien calé pour expédier d'un coup de pied l'hélibox, l'opérateur voyait l'océan filer sous ses pieds. Cepen-

SAUVÉ

dant Larry Smith avait aligné l'Orion droit au vent et volait directement à trente mètres au-dessus du radeau.

« Paré au largage... à mon top... »

Dubois parut se précipiter vers eux puis disparaître sous le nez de l'appareil. « ... Top ! »

Projeté dans le sillage de l'avion, l'hélibox tourbillonna dans l'air.

« Largage effectué. Porte principale fermée.

— Bien reçu. »

Un opérateur suivit la descente en utilisant un SDIR (Système de détection infrarouge) : il repéra l'hélibox en utilisant une caméra fixée sous le fuselage.

« Ça paraît bien... ça paraît bien. Bon sang, tu l'as déposé juste à sa porte !

— Il l'a. Il l'a. »

Applaudissements de l'équipage. « Il ne s'est même pas mouillé !

— On aurait dû mettre un peu de chocolat là-dedans. »

Par miracle, Smith avait réussi à poser l'hélibox à moins d'un mètre de la cible. Dubois n'avait qu'à se pencher pour le hisser dans le radeau. Cette radio très simple n'avait qu'un seul bouton et qu'une seule fréquence avec l'image d'une oreille et d'une bouche en guise de mode d'emploi.

Un membre de l'équipage lança en riant : « Attends un peu, il ne parle pas anglais. »

Smith laissa quelques minutes à Dubois puis tenta d'établir le contact. « Survivant radeau, survivant radeau, ici le P-3C Orion Port de la Royal Australian Air Force au-dessus de vous maintenant sur bâbord. Vous me recevez ? »

Il attendit trente secondes et essaya de nouveau.

« Survivant *Amnesty International*, ici l'Orion de la Royal Australian Air Force, ça va ? »

La voix de Dubois retentit dans le cockpit. « Oui,

SAUVÉ

tout va bien : un peu froid, mais ça va, j'ai des vivres, de l'eau et pas de problème.

— Survivant *Amnesty International*, attendez sauvetage dans quarante-huit heures, je répète quarante-huit heures, un navire va venir vous recueillir.

— Bon, bon.

— Nous maintiendrons le contact aérien avec vous jusqu'à l'arrivée d'un navire et d'un hélicoptère pour hélitreuiller. Il devrait y avoir un autre appareil à la verticale de cette position dans trois heures.

— D'accord : un autre appareil dans trois heures, c'est bien ça ?

— Affirmatif. Survivant *Amnesty International*, il y a un autre bateau dans vos parages, l'*Exide Challenger*, qui est également en détresse. Avez-vous des informations ?

— Je n'ai aucune information.

— Affirmatif. »

Dubois demanda alors quelles étaient les perspectives météorologiques : il paraissait nettement préoccupé. Smith n'avait pas de bulletin, mais voulait qu'il garde le moral.

« Perspectives pour les deux prochains jours : le temps restera beau.

— Le temps restera beau ? C'est ça ?

— Oui, le temps restera beau. »

Soulagé, Dubois dit : « Bon, bon. Merci beaucoup, merci beaucoup, les gars. »

Smith lui donna pour instruction d'éteindre sa radio jusqu'au moment où il verrait un appareil à sa verticale car les piles devaient durer encore deux jours.

« *Amnesty*, ici Orion. Vous demande confirmer que vous avez assez de provisions et d'eau pour durer deux jours, terminé.

— Oui, ça va, ça va. Je crois que j'ai pour deux jours de vivres et d'eau. Pas de problème. »

SAUVÉ

Le PatMar 254, piloté par Ludo Dierickx, arriva dans la zone de recherches peu après midi, au moment où le temps commençait à se gâter. Comme lors du vol précédent, l'équipage parvint à repérer la balise Argos qui dérivait parmi des rouleaux de cordage, mais pas la moindre trace d'un radeau de survie provenant de l'*Exide Challenger*.

Heureusement, la partie immergée de la coque ne semblait pas s'être enfoncée davantage dans l'eau mais on prit d'autres photographies pour confirmer cette analyse. Ces clichés prirent une importance accrue quand le prochain Orion en mission, le PatMar 255, ne parvint à trouver aucune trace du voilier britannique. Maintenant que la nuit était tombée sur l'océan Austral, les responsables des recherches savaient qu'il s'écoulerait encore six heures avant qu'ils puissent tenter de repérer de nouveau la coque en partie submergée.

Au cours du briefing de l'équipage suivant, à Perth, le lieutenant « Ajax » Jackson reçut pour instructions que, si le PatMar 256 réussissait à retrouver le voilier, on tenterait d'obtenir une réponse d'un éventuel survivant en larguant près de la coque une balise électronique MK84 — un SUS, Sound Underwater System, un émetteur de bruits sous-marins — ainsi qu'un marqueur radio capable de capter éventuellement le bruit de quelqu'un à l'intérieur.

Une balise sous-marine émet dans l'eau un « ping » électronique qu'on utilise normalement pour transmettre des messages rudimentaires à un sous-marin en plongée au moyen d'un code de cinq types de signaux. En l'occurrence, la 92e escadre espérait qu'un survivant se trouvant à l'intérieur du voilier entendrait le son et répondrait en faisant un bruit. Ce plan laissa Phil Buckley sceptique. En tant qu'expert en capteurs, il connaissait les possibilités des appareils utilisés et il déclara : « A moins qu'il ne soit en train de se laver les cheveux là-dedans, il n'entendra pas un SUS. Il faudrait pour cela qu'il soit sous l'eau. »

Toutefois l'idée de larguer un marqueur radio n'était pas mauvaise, songea-t-il. Plutôt que de simplement émettre un signal comme une balise SUS, un marqueur radio peut émettre et recevoir de l'énergie qui « rebondit » sur une cible. L'appareil comprend un hydrophone (un micro sous-marin) auquel est fixé un émetteur radio : il peut ainsi capter des sons provenant d'une source située à plusieurs milles, selon son intensité et le niveau du bruit ambiant.

Ajax occupait le siège du copilote, le chef d'escadrille Richard Moth était aux commandes, quand le PatMar 256 émergea des nuages aux premières lueurs de l'aube le mercredi matin. Il leur fallut une heure pour trouver le radeau de survie de Dubois et ils durent lui envoyer un signal à trois reprises pour obtenir une réponse. La nuit avait été mauvaise pour le Français.

« Quand vient l'hélicoptère ? Quand vient l'hélicoptère ? demandait-il désespérément.

— Le HMAS *Adelaide* nous a dit qu'il tente d'arriver jusqu'à vous avant le coucher du soleil mais vous devrez peut-être attendre jusqu'à demain matin, répondit Moth.

— Je ne comprends pas. Je ne comprends pas.

— Peut-être ce soir, peut-être demain matin.

— Bon, dites-leur le plus tôt possible. Très mauvaise nuit. Très froid. »

Alors qu'on lui avait promis une amélioration du temps, le navigateur naufragé avait subi toute la nuit les assauts d'un énorme front qui avait failli faire chavirer le radeau une demi-douzaine de fois. Ajax perçut le désespoir dans la voix de Dubois. « Le pauvre diable, j'espère qu'ils l'atteindront aujourd'hui. »

« Quel est le temps ? » demanda le rescapé.

Moth remonta à 10 000 pieds et consulta le radar.

« Ma foi, ça semble s'être calmé.

SAUVÉ

— Vous êtes sûr ? Plus de mauvais temps ?
— Il ne semble rien arriver de plus mauvais. Je n'ai pas de bulletin. »

Le radar donnait une indication pour le temps dans un rayon de plus de 100 milles nautiques autour de l'avion, mais dans l'océan Austral, les fronts se déplacent très rapidement et traversaient toutes les douze heures la zone de recherches.

Se concentrant sur l'*Exide Challenger*, l'équipage faisait route au sud-est dans des conditions qui s'aggravaient. Tout le monde à bord savait pertinemment que cela faisait plus de dix heures qu'on avait repéré le voilier. Si on ne l'apercevait pas cette fois-ci, cela évoquerait la redoutable possibilité qu'il eût complètement disparu sous les vagues.

Les averses, les vents violents et les bourrasques réduisaient la visibilité à un demi-mille lorsqu'ils commencèrent les recherches en se basant sur les données fournies par la dernière bouée DATUM larguée près du voilier. Utilisant un équipement radio directionnel, ils procédèrent aussi à un balayage systématique pour capter le signal de la balise Argos, mais le message d'alarme était conçu pour être capté par un satellite plutôt que par un avion. Il émettait sous forme de très brèves giclées d'informations chaque minute.

Le TACCO (Tactical coordinator, le coordinateur des recherches), le lieutenant Ian Forsyth, utilisa la dernière position connue du radeau de Dubois en la comparant à celle où l'équipage l'avait retrouvé pour calculer quelle avait pu être la dérive de l'*Exide Challenger* depuis la dernière fois qu'on l'avait repéré. Il programma dans l'équation un « facteur d'incertitude » car un bateau profondément enfoncé dans l'eau ne dérivait pas aussi vite qu'un radeau de survie.

« Verticale ! Verticale ! Verticale ! », entendit-on. L'officier navigateur Sean Corkhill avait repéré la coque juste au moment où elle passait sous la queue de l'Orion à bâbord. L'équipage éprouva un profond sentiment de soulagement. Le voilier avait dérivé plus loin qu'on ne s'y attendait mais, Dieu soit loué, il flottait toujours.

« Ça va, nous sommes à la vue. Faisons un autre passage, dit Moth toujours aux commandes. Combien de temps nous reste-t-il, navigateur ?

— Dix-huit minutes. »

L'Orion survola l'épave à basse altitude, ce qui permit à un photographe et à un opérateur de caméra à infrarouges de prendre des gros plans de la coque qui aideraient dans sa tâche l'équipage de HMAS *Adelaide*. Arrivant de flanc, des vagues s'abattaient sur le voilier, l'ensevelissant sous des tonnes d'eau.

« Ça n'a pas l'air bon, dit Ajax. Il est trop bas dans l'eau.

— Il n'y a pas un pauvre diable de vivant là-dedans », marmonna le cameraman de télé qui avait accompagné le vol.

Même si personne n'acquiesçait, nombre de ceux qui observaient la scène eurent la même réaction. La coque avait un aspect morbide et fantomatique : on aurait dit un jouet d'enfant brisé entraîné dans un caniveau et qui se retrouvait au milieu de l'océan. Sous l'eau, Ajax distinguait les formes sombres et la silhouette des mâts et des gréements tordus. Il s'attendait à moitié à apercevoir un corps.

Un câble émergeait de la brèche dans la coque, là où la quille s'était brisée. Lors d'un passage, un membre de l'équipage crut voir le câble s'agiter. Richard Moth effectua un virage et revint vers l'épave.

« Allons, réveille-toi, bon sang, murmura-t-il.

— S'il est vivant, il doit pouvoir nous entendre, dit Corkhill. Nous frappons quasiment à sa porte. »

On décida de lancer la balise SUS et le marqueur radio. Dans les entrailles de l'Orion, sous la soute à bombes, une série de toboggans fermés par des pan-

SAUVÉ

neaux métalliques permettent à l'opérateur du matériel de larguer l'équipement d'écoute extrêmement sophistiqué. Le TACCO donna l'ordre et on installa sur la glissière le marqueur radio en forme de torpille, d'un mètre de longueur et d'une douzaine de centimètres de diamètre.

Au passage suivant, une petite charge explosive le largua et l'engin atteignit l'eau à quelques mètres seulement de la coque. La base de la bouée s'ouvrit alors pour libérer un micro sous-marin très sensible au bout d'une longueur de câble.

A bord de l'avion, les opérateurs acoustiques avaient des écouteurs collés aux oreilles, les yeux rivés sur les écrans verts qui dessinaient sous une forme linéaire les sons enregistrés. Ils connaissaient la fréquence de tout ce qu'il y avait dans l'eau.

Le PatMar 256 réussit a faire six passages au-dessus de l'*Exide Challenger*, sans capter aucune réaction audible de qui que ce fût à l'intérieur.

16

OCÉAN AUSTRAL
Mardi 7 janvier 1997

Qu'est-ce que c'est que ça ?

Une sorte de bourdonnement sourd comme en émet un enfant quand il fait semblant d'être un avion en train de piquer pour lâcher des bombes imaginaires. C'est peut-être le vent qui souffle à travers des gréements projetés sur la coque.

Je tends l'oreille pour l'entendre encore, mais le bruit semble avoir disparu. Je sais que je devrais descendre de mon perchoir, mais j'ai si froid, je suis si moulu et épuisé que cela me demande un énorme effort de volonté. Je n'ai pas envie de retourner dans l'eau : je veux juste rester pelotonné là-haut en me cramponnant à la vie.

Et si c'était un avion ? Et s'ils voient le bateau et qu'ils repartent en croyant que je suis déjà mort ? Que devrais-je faire ?

Mais non, mais non, ça n'est que le vent dans le gréement. C'est mon esprit qui me joue des tours.

Voilà que ça recommence ! j'en suis sûr. Ce même bourdonnement sourd, de plus en plus fort. C'est peut-être ma seule chance. Je roule à bas de mon équipet, je trébuche quand mes jambes touchent l'eau et je tombe à plat ventre. Le choc du froid me donne un coup de fouet qui dissipe les brumes de mon cerveau.

Il faut que je sorte à la nage : ils ne savent pas que je suis ici. « Tu ne vas avoir qu'une chance, Tony. Ne la loupe pas. »

Le bruit a de nouveau cessé. Et s'il ne revenait pas une troisième fois ? Peut-être que je vais sortir juste au moment où l'avion s'éloigne, ou bien il pourrait être trop haut pour me voir, ou encore caché par un nuage ou par la brume. Ont-ils même vu le voilier ? Comment puis-je en être sûr ?

Je frissonne dans le rouf, en essayant de décider si je dois nager jusqu'à la surface. Et si je n'arrive pas à revenir à l'intérieur et que je sois coincé là, dehors ? Je mourrai, à coup sûr. Il me faut un moyen de leur signaler ma présence... les fusées!

J'ouvre le fourre-tout et j'en tire un lance-fusées. Si je me poste à l'entrée du compartiment moteur, en levant les yeux sous un certain angle, j'aperçois le trou là où la quille a cassé. On dirait presque qu'elle s'est brisée de l'intérieur. L'eau s'engouffre par cette brèche chaque fois qu'une vague passe par-dessus la coque.

Je peux voir les nuages grisâtres, mais l'ouverture n'a qu'une trentaine de centimètres de large. Remplissant le pistolet lance-fusées, je tends le bras dehors et je ferme un œil. Je braque le bout du canon vers le trou mais chaque fois le bateau roule et tangue et je perds ma cible. En mettant les choses au mieux, j'arrive à ne pas bouger la main pendant une fraction de seconde : ça n'est pas assez. Le froid a émoussé mes réflexes et je mets une éternité à réagir. Mon cerveau peut me dire « maintenant ! » mais mon doigt ne pressera la détente que quand ce sera trop tard. Merde! Merde! Merde!

Et ces orifices ronds, larges peut-être de deux à trois centimètres par lesquels le sondeur et la palette du loch passent à travers la coque ? Je pourrais retirer les instruments et dégager les ouvertures. Mais sont-elles assez larges pour qu'on puisse lancer une fusée par là ? Non. Et je n'ai pas les outils pour agrandir le trou.

Oh, mon Dieu, Tony, tu as loupé le coche, n'est-ce pas ? Ils ne vont pas revenir te chercher. Je suis désolé, Lal. Vraiment désolé. Ça fait trop longtemps que je suis là-dedans, mes forces sont usées.

Je tends l'oreille un long moment, mais je n'entends rien que le clapotis des vagues, l'eau qui goutte et le heurt du gréement. Je me demande si je n'ai pas imaginé tout ça. Peut-être que c'était juste le vent. Je me hisse sur mon équipet, je lève les jambes pour que l'eau s'écoule de mes bottes de caoutchouc. Je me mets à taper des pieds contre la cloison.

Désormais, je ne peux me permettre de manquer aucune occasion. Quand je serai sûr de quelque chose, il faudra que j'agisse rapidement : que j'oublie le froid et les courbatures... que j'y aille !

Je m'assoupis un moment et je sens l'eau froide gifler la serviette que j'ai sur le visage. Les mouvements du bateau ont maintenant quelque chose de presque réconfortant. Au bout d'un moment, presque inconsciemment, je me prends à fredonner une chanson qui retentit autour de moi. Le gréement qui heurte la coque bat la mesure. Ça vient d'un endroit lointain qui me fait doucement signe de venir :

> *Dans la belle ville de Dublin*
> *où les filles sont si jolies*
> *c'est là que j'ai rencontré*
> *la douce Molly Malone*
> *quand elle poussait sa brouette*
> *dans les rues larges ou étroites*
> *en criant : « des coques et des moules bien vivantes,*
> *bien vivantes... »*

SAUVÉ

Mon esprit m'entraîne vers les ruelles de ma jeunesse quand, petit garçon, j'allais parfois habiter chez ma tante Gladys à Golders Green. A cause de la guerre, les familles semblaient complètement mélangées et essayaient de trouver une certaine stabilité. Je devais partager un lit avec grand-papa Fred, un vieil ivrogne qui rentrait toujours à la maison avec un coup dans le nez ; il s'affalait sur le lit et me coinçait contre la cloison. Je ne disais rien, j'essayais simplement de dormir.

Tous les vendredis, mon oncle Len rapportait à la maison du poisson frais de Billingsgate où il travaillait et, le dimanche matin, grand-papa Fred attelait un cheval à la charrette et prenait la route avec une petite balance à main, un tas de vieux journaux et un seau plein de coques, de moules et de buccins.

Je l'accompagnais souvent : j'aidais à panser le cheval et à le faire tenir tranquille pendant que Fred lui passait le harnais. Puis il attelait la carriole, faisait claquer sa langue et nous descendions au petit pas une longue pente très abrupte. Pendant tout le trajet, grand-papa lançait une sorte de cri de guerre qui me paraissait du charabia, mais les ménagères du coin savaient ce que ça voulait dire : « Coques fraîches. Achetez vos coques fraîches et vos buccins », ou quelque chose d'approchant. Tout le monde connaissait le vieux Fred et, assis auprès de lui avec ma culotte courte et mes vieilles godasses, je me sentais un personnage.

Au bas de la côte, grand-papa s'arrêtait devant le pub, me disait de surveiller la carriole et s'engouffrait dans l'établissement. Il en émergeait de temps en temps pour me donner une citronnade bien froide et des paquets de chips, puis il disparaissait de nouveau à l'intérieur. A l'heure de la fermeture, il finissait par sortir en titubant.

« Allons, Tone, montre-nous comment tu sais tenir les rênes », disait-il en me tendant les courroies de cuir. Nous remontions la colline mais la pauvre vieille carne était à peine à mi-chemin que ses sabots commençaient à glisser sur les pavés dans des gerbes d'étincelles. Il fallait que je saute aussitôt à terre et que je coince des cales derrière les roues pour que la carriole ne reparte pas en arrière. Les cales étaient fixées à des cordes et chaque fois que l'attelage avançait de quelques pas, je les lançais de nouveau sous les roues.

Une fois parvenus en haut, nous cheminions tant bien que mal jusqu'à l'écurie où le cheval avait droit à une musette d'avoine, à de la paille fraîche et une bonne friction.

Je n'ai pas pensé à ça depuis... depuis... Dieu sait combien de temps.

Que puis-je entendre d'autre ? Je tends l'oreille, en laissant le battement rythmé contre la coque m'emplir la tête d'innombrables airs venus du passé.

For auld lang syne, my dear,
For auld lang syne,
We'll take a cup o'kindness yet,
For auld lang syne.

Le rythme est si lent qu'on dirait presque un chant funèbre. Le mien ?

Je continue à entendre la mélodie dans ma tête, mais je ne chante pas. Je laisse passer le temps et j'écoute un chœur sans fin.

Le froid pénètre plus profondément en moi et je suis absolument fasciné par les sensations que j'éprouve. Je me demande comment il va me prendre. C'est comme s'il y avait quelque chose de vivant en moi, qui me ronge les veines et les artères, qui transforme mes muscles en pierre. Quand j'essaie de prendre le Survivor, il glisse entre mes doigts avant qu'ils n'arrivent à se refermer. Je l'attrape de ma main gauche avant qu'il tombe, puis je secoue la tête pour essayer de dissiper la brume.

SAUVÉ

Je ne pensais pas que l'approche de la mort me laisserait si insensible. Je croyais que j'allais hurler, trembler, pester contre cette injustice. Peut-être que, si elle m'effrayait davantage, je lutterais avec plus d'acharnement. C'est peut-être le froid. Je me glisse dans l'eau grise de la cambuse et je me mets à pomper. Les quelques premières gouttes sont salées mais je n'ai pas l'énergie de les recracher. Je continue à pomper avec des gestes saccadés, en m'efforçant d'étancher ma soif.

De temps en temps, je m'aperçois que j'ai cessé de pomper pour sombrer dans des limbes de pensées confuses. Alors je secoue la tête et je me rends compte que j'ai rêvé quelques minutes.

Je passe en revue tout ce que j'ai fait. Qu'ai-je oublié ? Y a-t-il quelque chose de plus que je puisse faire ? Et les autres balises ? Je les ai gardées pour une bonne raison. Si je parviens à dégager le radeau de survie, il me faudra une balise à emporter avec moi, sinon on ne me retrouvera jamais. Ou bien, si le bateau coule et que je dois partir à la nage, je m'en attacherai une autour de la taille. Qui sait, peut-être qu'on me retrouvera avant que je me noie. Chaque minute où je peux rester en vie leur donne un peu plus de temps pour me joindre.

L'EPIRB 406 va émettre pendant quarante-huit heures environ avant que les batteries commencent à s'épuiser : je réserverai donc ça pour la fin. Je m'arrête de pomper pour me reposer les bras, je patauge dans le rouf et je détache la dernière balise Argos. Comme j'ai peur de la laisser tomber, je la serre contre moi comme un bébé et je laisse mon corps rouler avec le bateau. A deux reprises, je tombe sur le côté, une fois dans l'eau et la seconde fois je me cogne la tête contre ce qui reste de la cuisine. Un bleu de plus à ajouter à ma collection.

Assis sur le seuil du local du moteur, avec l'eau qui me clapote autour de la taille, j'enclenche le commutateur d'essai de la balise. Dans la pénombre, une lumière rouge brille d'un vif éclat. Je doute que ce signal puisse traverser la coque d'un voilier, mais je décide de la déclencher de temps en temps sur le mode de détresse. Peut-être, s'ils arrivent à capter le signal, se rendront-ils compte que je suis en vie.

Au bout d'une demi-heure, la lumière rouge commence à vaciller. La balise ne fonctionne pas bien. Je l'arrête et je la remets en marche. La lumière n'est pas assez forte. Je l'attache à l'équipet avec un cordage de cinq millimètres et je me remets à pomper le Survivor. La plus grande partie de l'eau se déverse dans le trop plein mais il n'y a qu'un filet d'eau claire et de temps en temps je renverse la tête en arrière pour le laisser me ruisseler dans la gorge.

Après l'incendie de la *Toria* durant l'OSTAR, j'ai passé les quelques années suivantes à louer des voiliers et à participer à des courses à travers la Manche. Pendant ce temps, j'économisais sou par sou et je me cramponnais à mon rêve de me construire un bateau de compétition.

En 1981, j'avais rassemblé l'argent et je contactai donc Walter Green, un architecte américain connu pour avoir construit de nombreux multicoques. Walter était pris par un autre projet et me conseilla de m'adresser à Nigel Irens, un architecte de Bristol qui avait de bonnes idées. Je connaissais Nigel et j'allai le trouver dans un café sur les quais. Nous discutâmes de ses conceptions et, bientôt, je fus vraiment excité : j'avais hâte de voir le projet prendre corps.

« Quand pouvez-vous commencer ? demandai-je.

— Dès que j'aurai le premier versement.

— Je veux que le bateau soit prêt pour le prochain tour d'Angleterre ainsi que pour la course Québec-Saint-Malo. »

Nigel griffonna quelques calculs sur une feuille de papier. « Je crois que nous pouvons y arriver. »

SAUVÉ

Sur la foi d'une poignée de main et de quelques arrhes, il se lança dans la construction d'un trimaran de 12 mètres qui devait s'appeler le *IT 82*. Il coûta cinquante mille livres et il fallut neuf mois pour le terminer. Plusieurs fois par semaine, je descendais jusqu'aux quais pour regarder la coque élancée et les flotteurs prendre forme. Il y a certains bateaux dont on sait tout de suite qu'ils vont être rapides et celui là, on avait l'impression que rien ne l'arrêterait.

Même si cette entreprise m'amena au bord de la ruine, cela en valait la peine quand une grue souleva le trimaran rouge vif pour le déposer dans l'eau au printemps de 1982. Nous montâmes le mât et nous brisâmes une bouteille de champagne sur l'étrave, sous les acclamations de la famille et des amis. Pour Nigel, c'était l'aboutissement d'une passion.

Un mardi matin, nous l'emmenâmes dans le canal de Bristol, Nigel et moi et un de ses copains du nom de Mark Priddy, surnommé « Yéti ». Mark était un grand gaillard, fort comme un bœuf et nous le laissâmes essayer toutes les manivelles pour voir si elles résistaient. Il finit par se retourner vers nous en disant : « Bon bateau, un gagnant. »

Procédant avec prudence, je fis effectuer à l'*IT 82* toute une série de manœuvres et je commençai à le pousser un peu. Le trimaran bondit à douze nœuds, puis quatorze, puis seize. « Bonté divine, ce bateau file comme l'éclair, criai-je. Ce formidable bateau de haute mer qui serrait l'eau sans jamais donner une impression d'instabilité. Quand je finis par barrer droit au vent, j'avais un sourire épanoui. Pas moyen de dire de quelle vitesse ce bateau était capable : j'avais enfin le voilier que je cherchais depuis longtemps.

Nigel avait déjà accepté d'être mon équipier dans le tour d'Angleterre à deux. Nous avions trois mois pour nous préparer, en travaillant dur pour éliminer les problèmes et peaufiner le bateau. En arrivant à Plymouth une semaine avant le départ, il était agréable de savoir que cette fois d'autres marins sur le quai de Millbay contemplaient avec envie le *IT 82*, et que nous figurions parmi les favoris dans notre catégorie.

La course elle-même se déroula presque comme une procession. Même si nous ne pouvions pas nous attendre à battre les voiliers de « première classe » sans un peu de chance, nous terminâmes quand même cinquième au classement général, battant pas mal de bateaux plus gros et arrivant vainqueurs dans notre catégorie. La première place revint au *Colt Cars GB* piloté par feu Rob James et sa femme Naomi.

Nigel et moi faisions une bonne équipe, même si nous avions nos petits désaccords, car il estimait parfois que je poussais trop le bateau. Lui, c'est le genre de marin à lever le pied pour ménager le matériel alors que j'ai davantage tendance à y aller à fond car, si on ne le fait pas, on ne gagne jamais.

Quand nous franchîmes la ligne d'arrivée à Plymouth, Nigel et moi étions aux anges et je grimpai quatre à quatre le perron du RWYC pour serrer Lal dans mes bras et l'embrasser. J'avais besoin de me raser et j'étais plutôt hirsute, mais je n'avais jamais été si heureux. Au bar du Royal Western Yacht Club, les gens nous donnaient des grandes claques dans le dos et parlaient de l'*IT 82*. Quelques heures plus tard, tout excité, continuant à boire et à festoyer avec nos compagnons du club, je sentais mon enthousiasme retomber et seule Lal en percevait les symptômes. Elle me connaissait trop bien pour croire que j'allais me contenter d'être vainqueur dans ma catégorie.

« Qu'est-ce qui ne va pas ? demanda-t-elle.
— Rien. Je suis heureux comme un roi.
— Non, il y a quelque chose qui ne va pas. Je sais toujours quand tu rumines quelque chose. A quoi penses-tu, Tony Bullimore ? »

SAUVÉ

Je haussai les épaules en ayant l'air de ne pas comprendre.

« Laisse-moi deviner. Tu veux construire un autre bateau, c'est ça ? Tu veux en construire un capable d'arriver carrément le premier.
— Oui.
— Oh, Tony ! soupira-t-elle.
— Pas maintenant, ma chérie. Mais un jour, je veux un voilier qui puisse laisser sur place le reste de la flotte. »

L'année suivante, le *IT 82* termina superbement premier de sa catégorie au trophée des multicoques de La Trinité-sur-Mer et obtint un résultat analogue dans la course Plymouth-Villamoura-Plymouth. Puis, en 1984, je l'engageai dans l'OSTAR : j'atteignis Newport en moins de vingt jours et je terminai troisième de ma catégorie. Au beau milieu de l'Atlantique, je rencontrai un temps épouvantable et deux jours durant je luttai contre des vents violents et une mer déchaînée. L'*IT 82* supporta sans problème la tempête.

Déjà, dans une grange des environs de Bristol, entre des étables et des poulaillers, commençait à prendre forme un nouveau trimaran de 18 mètres avec un mât-aile révolutionnaire et un budget de deux cent quatre-vingt mille livres. Il fallut ouvrir un trou dans la grange pour loger le bateau et tendre sur toute la longueur de l'atelier une bâche allant du sol au plafond.

Je vendis l'*IT 82* à Richard Tolkien, un de mes bons amis et un grand yachtsman. Les fonds aidèrent à la construction du nouveau bateau mais, une fois de plus, il fallut de terribles efforts financiers pour arriver au bout et des recherches toutes aussi difficiles pour trouver le patronage nécessaire à la mise sur pied d'un programme de course. Je finis par m'assurer l'appui des ordinateurs Apricot et le nouveau multicoque fut lancé sous le nom d'*Apricot*.

SAUVÉ

Je savais que 1985 allait être mon année. *Apricot* remporta la course du Tour de l'Ile (l'île de Wight) en battant le record de l'épreuve. Puis il gagna le Tour d'Angleterre, manquant de quelques heures de battre ce record-là aussi. Dans la course de l'Europe, quelques semaines plus tard, il remporta les huit étapes, franchissant la ligne d'arrivée avec des heures d'avance sur de puissants voiliers d'un tiers plus longs.

Dans l'étape de Toulon, nous doublâmes le cap avec près de huit heures d'avance sur la flotte. Quand nous entrâmes dans la marina, l'eau était jonchée d'œillets, il y avait des caméras de télé sur la rive et un orchestre avec ses musiciens dans ces drôles d'uniformes qui ont toujours l'air de six tailles trop petits. Des milliers de spectateurs français nous regardaient, dans un silence stupéfait. Ils étaient venus acclamer leurs champions et voilà que c'était un bateau anglais qui franchissait la ligne le premier. Puis ils se mirent à applaudir, car en France on apprécie la navigation et ils reconnaissaient que l'*Apricot* avait remporté une étonnante victoire.

Au dîner ce soir-là, j'étais assis auprès d'un amiral français qui se tourna vers moi pour me dire : « Vous savez, Mr Bullimore, les Anglais ont dans le passé remporté plus d'une grande bataille contre les Français et les Français ont vaincu les Anglais en plus d'une occasion. »

Tout le monde se pencha pour mieux entendre.

« Oui, j'ai beaucoup de respect pour les yachtsmen français.

— Oui, reprit-il, mais je n'arrive pas à comprendre comment vous, avec votre petit bateau, vous avez battu les autres. »

J'éclatai de rire en pensant à ce que je pourrais lui dire.

« Je crois, amiral, que nous avons eu de la chance avec le temps. »

D'autres navigateurs et architectes étaient intrigués par le mât-aile de vingt-six mètres en carbone, Kevlar et titane. D'autres avaient bien essayé une conception aussi révolutionnaire, sans vraiment réussir. Barry Noble et Martin Smith, qui avaient dessiné et construit le mât-aile, avaient trouvé le bon angle de cette nouvelle technologie et nous semblions aller dans la bonne direction.

L'*Apricot* domina presque toutes les grandes épreuves de 1985 et, dans le sillage de sa réussite, Nigel Irens et moi fûmes conjointement élus « yachtsmen de l'année » par les journalistes nautiques anglais. A quarante-sept ans, j'étais enfin arrivé au sommet.

C'était formidable de gagner et de récolter tous ces trophées, surtout après tant d'efforts et de dépenses. Même si, dans les milieux nautiques, il y en avait encore quelques-uns à qui cela écorchait la bouche de dire quelque chose d'aimable à mon propos, la plupart nous soutenaient et nous encourageaient.

A la fin de 1986, je partis dans la course en solitaire de la Route du Rhum, de Saint-Malo à la Guadeloupe, à quatre mille milles de là. C'est une des grandes courses en solitaire du monde et certainement une des plus prestigieuses en France. Au bout de dix-huit heures, alors que je doublais l'île d'Ouessant, le vent se mit à souffler et je me retrouvai à condamner les panneaux dans un coup de vent de force 9. Dès le début d'une longue course, je décidai de ralentir l'allure en attendant que le temps se calme plutôt que de risquer de casser du matériel pour gagner deux nœuds de plus.

A sept heures le lendemain matin, je montai sur le pont et m'avançai lentement jusqu'à l'étrave pour inventorier les avaries. Comme j'étais bâbord amure, le flotteur gauche était hors de l'eau, mais l'avarie était bien visible. Le flotteur avait cassé sur le côté bâbord avant du barrotin avant. Cela avait peut-être été causé

SAUVÉ

par une vague anormalement forte, mais je découvris plus tard qu'un navire porte-containers avait perdu dans la tempête un chargement de poteaux télégraphiques en bois et peut-être en avais-je heurté un. En tout cas, la course était finie pour moi.

Regardant les cartes, je me demandai si je pourrais gagner Plymouth, c'était tout bonnement trop loin. Je cherchai donc un port plus proche où le vent dominant m'emmènerait sans que le flotteur bâbord endommagé soit dans l'eau. Brest me parut le choix logique.

« Radio Saint-Lys, radio Saint-Lys, ici l'*Apricot*, le voilier de course *Apricot*.

— Allô, *Apricot*. Qu'est-ce qu'il vous faut ?

— Passez un appel téléphonique à Paris. C'est urgent. »

L'opérateur me mit en contact avec le PC de la course et un membre de l'équipe du matin me répondit. « Allô, Tony, comment ça va ?

— J'ai des problèmes. Il faut que j'arrête la course. Mon flotteur bâbord est brisé à l'avant.

— Vous êtes en difficulté ?

— Non, ça va. Je gagne Brest. Je serai là-bas dans huit heures environ. Pouvez-vous me trouver un remorqueur ? Le flotteur m'inquiète. Je n'arriverai pas à entrer dans la rade avec l'avarie que j'ai. Il me faudra des renforts à bord du remorqueur pour m'aider avec les câbles.

— Bien sûr, bien sûr. Je vais arranger ça tout de suite. Y a-t-il quelqu'un d'autre que vous voulez que je contacte ?

— Non. Assurez-vous seulement que le remorqueur soit paré : le temps a l'air de vouloir se détériorer. »

Je me traînai jusqu'à Brest où j'arrivai en début de soirée, mais j'avais encore quelques milles à parcourir avant d'être en sécurité dans la marina. Je lançai un appel radio pour savoir quand le remorqueur me rejoindrait et je donnai ma position. On me dit d'attendre car il était en route. Pendant ce temps, le service de sauvetage en mer français me contacta : ils avaient entendu mon appel radio, avaient contacté le responsable de la course en demandant si j'avais besoin d'assistance, mais on leur avait répondu : « non, il n'y a pas de problème. »

Cependant, j'attendais, j'attendais. Où était mon remorqueur ? Il ne m'avait quand même pas oublié ! Sur le cap au-dessus de moi, le gardien du phare militaire me surveillait dans ses jumelles, ayant reconnu le célèbre *Apricot*.

Il m'appela sur la VHF : « Ne vous inquiétez pas, restez où vous êtes. Le remorqueur arrive. »

Les vagues maintenant déchaînées déferlaient du sud-ouest, menaçant d'entraîner l'*Apricot* vers les rochers. Je continuais à appeler les autorités du port par radio tous les quarts d'heure, et ma colère augmentait avec mon inquiétude. « Essaie de te calmer », me dis-je en me coupant une grosse tranche de cake et en l'arrosant d'une tasse de thé.

L'*Apricot* se faisait vraiment secouer par le vent et les vagues étaient de plus en plus fortes. Quand les chaînes d'ancre se mirent à chasser, j'appelai la côte par radio pour savoir ce qui était arrivé.

« Le remorqueur n'est pas venu, une heure est passée, je dérive maintenant vers les récifs et je n'ai plus de temps. Il faut que j'envoie un " Mayday ". »

Affolé, j'envoyai un appel de détresse en donnant ma position. « Mayday, Mayday, ici le trimaran *Apricot*, *Apricot*, demande assistance de toute urgence. »

J'essayai de m'éloigner du rivage mais, avec un flotteur cassé et pas le temps de hisser de la toile, l'*Apricot* dérivait, de plus en plus près du désastre. J'entendais déjà les vagues se briser et ruisseler sur les récifs qui émergeaient de l'écume comme des dents pourries.

Soudain, une petite vedette surgit, propulsée par un

moteur hors-bord : elle n'aurait pas pu remorquer une mouche sur un pudding.

Planté à l'étrave, brandissant les bouts de remorque, je hurlai dans le vent : « Remorquez-moi ! remorquez-moi ! »

Le propriétaire du canot jeta un coup d'œil aux récifs et renonça à approcher. Il recula même plutôt. Tout à coup, je sentis un frémissement et j'entendis le crissement tandis que l'*Apricot* roulait sur les rochers. J'ôtai mon ciré, ne gardant que mon caleçon long en Thermolactyl et je descendis en bas. Déjà la cabine principale était à demi pleine d'eau. Désespéré, je regardai autour de moi en me demandant ce que je devais emporter. Mon premier reflexe fut de saisir ma caméra dans son étui, puis je me dis : c'est idiot, c'est trop lourd pour que je nage avec ça.

Une vague déferla sur l'*Apricot*, l'empalant plus profondément sur les rochers qui déchiquetaient le fond. Il était temps de partir : ne nous attardons pas. Debout sur le pont, je scrutai l'obscurité. L'*Apricot* avait été aspiré dans un creux et j'attendis la vague suivante. Quand elle s'abattit sur le bateau, je bondis vers un gros rocher lisse, en laissant l'eau me porter et me projeter en avant. J'ouvris les bras sur la pierre glissante et me cramponnai de toutes mes forces tandis que l'eau se retirait. J'essayai alors de ramper en avant, m'aplatissant et me cramponnant du mieux que je pouvais chaque fois qu'une vague déferlait sur moi.

Je finis par échapper aux remous. A la lueur des étoiles, j'aperçus une falaise d'une vingtaine de mètres au-dessus de moi. J'avais les mains et les pieds en sang, mais pas d'autre solution que de grimper. A tâtons, j'entamai mon ascension, glissant à deux reprises quand les pierres se détachèrent sous mes orteils.

Épuisé, j'arrivai en haut et je m'allongeai sur le dos en m'efforçant d'emplir mes poumons d'oxygène. Un périmètre de grillage bordait la paroi de la falaise, cou-

SAUVÉ

ronné de barbelés au sommet, avec des panneaux qui disaient « Accès interdit ». Comme j'essayais de regarder à travers le grillage, deux énormes bergers allemands surgirent des ténèbres et vinrent se jeter contre la clôture, furieux, les crocs au vent. Je reculai en trébuchant : il me fallut quelques secondes pour comprendre qu'ils étaient à l'intérieur de la clôture, enchaînés à un câble qui courait autour du périmètre.

Suivant le grillage, je m'efforçai de calmer les chiens et, quand j'arrivai à une grille, ils semblaient avoir disparu. Scrutant l'obscurité, j'aperçus plusieurs baraquements comme en utilisent les militaires et je vis une lumière à une fenêtre. J'escaladai les trois mètres de la grille et restai juché là, cherchant les chiens.

Aucune trace. Je sautai à terre et me précipitai en courant. Arrivé au baraquement, je me collai le visage au carreau sale et je vis deux soldats assis devant un poste de télévision, les pieds sur la table et leur chemise déboutonnée.

Quand l'un d'eux vint répondre aux coups que je frappais sur la porte, on aurait dit qu'il avait vu un fantôme. Il est vrai que je n'étais pas beau à voir avec mon caleçon crasseux et détrempé, mes mains et mes pieds en sang.

« Tony Bullimore. Je suis Tony Bullimore. Mon bateau, l'*Apricot*, est sur les récifs...

— Ah, l'*Apricot*, oui, oui », dit-il me poussant à l'intérieur et en me versant un cognac. Après avoir téléphoné à la police locale, il me propose une douche et me donna un uniforme. Au troisième cognac, je commençai à me réchauffer, mais j'étais scandalisé d'avoir perdu mon bateau à cause de l'incompétence d'un autre.

Deux gendarmes arrivèrent, Don Quichotte et Sancho Pança. L'un d'eux était si grand qu'il dut pratiquement se plier en deux pour entrer dans la petite Citroën de la police. L'autre avait besoin d'un coussin pour voir au-dessus du volant. Ce dernier, qui semblait s'imaginer que j'avais commis quelque méfait, jeta un coup d'œil à ma tenue militaire, se tourna vers moi et arracha mes épaulettes comme s'il me dégradait.

J'étais si accablé que ce fut à peine si je m'en aperçus. Au commissariat, je remplis plusieurs formulaires conçus pour des accidents de voiture, pas de bateau : je dus me mordre les lèvres jusqu'au sang pour ne pas exploser. Ils ne comprenaient donc pas ce qui s'était passé ? J'avais failli mourir là-bas.

Le lendemain matin, je revins sur les lieux du naufrage et je faillis éclater en sanglots en regardant les mouettes qui tournoyaient au-dessus de nos têtes, picorant les débris de nourriture qui flottaient. L'*Apricot* n'était plus. Il avait été brisé et coincé sous une plate-forme rocheuse submergée. Le bateau n'était pas assuré parce que ça aurait coûté encore cinquante mille livres en plus des deux cent quatre vingt mille qu'il avait fallu débourser pour sa construction. Je n'en n'avais tout simplement pas les moyens.

« En tout cas, tu es en vie, fit Lal en me serrant dans ses bras. Il serait peut-être temps de raccrocher. »

Je secouai la tête. « Pas encore. Pas encore. »

17

HMAS *ADELAIDE*
Mardi 7 janvier 1997

Profitant d'un courant de nord modéré, le commandant Raydon Gates poussait le HMAS *Adelaide* vers le sud à 24 nœuds, une vitesse critique pour la frégate. Pour aller plus vite, il aurait fallu utiliser la seconde turbine et chaque nœud gagné augmentait de trois pour cent la consommation de carburant.

Le niveau de carburant était devenu un problème crucial : le navire de guerre n'avait pas de quoi s'enfoncer dans l'océan Austral à toute vitesse, effectuer des recherches et regagner l'Australie. D'un autre côté, le commandant savait que chaque heure passée mettait en péril la sécurité des survivants par une température glaciale. Il fallait trouver un équilibre entre la vitesse, la sécurité et les économies de carburant.

Durant toute la journée de mardi, il discuta avec le contre-amiral Chris Oxenbould la possibilité pour le HMAS *Westralia,* la plus grosse unité de la flotte australienne, de fixer un rendez-vous avec la frégate en plein océan afin de la ravitailler en carburant pour le voyage de retour jusqu'à Perth. Cet après-midi-là, on lui donna pleine autorité sur le pétrolier qui appareilla

SAUVÉ

le lendemain de Fremantle. Gates aussitôt mit en marche la seconde turbine et poussa la vitesse de l'*Adelaide* à 27 nœuds. Bien qu'encore à 880 milles nautiques de la zone de recherches, il espérait arriver au lever du jour le jeudi matin.

Les radiateurs à bord fonctionnaient à pleine puissance et une grande partie de l'équipage arborait un assortiment hétéroclite de blousons de ski, de bonnets de laine et de gros cabans pour se tenir chaud quand ils étaient de quart. Il y eut quelques cas de mal de mer, mais rien qui fût susceptible de désorganiser la manœuvre.

L'équipage de la passerelle surveillait les transmissions HF des Orions, donnant les dernières positions des voiliers naufragés. Cela permettait au navigateur d'affiner la route du navire de façon à ne pas gaspiller de carburant.

La première préoccupation du commandant était maintenant d'organiser les sauvetages. Deux fois par jour il tenait des réunions avec ses chefs de départements et le personnel spécialisé comme les officiers mécaniciens et les charpentiers du bord. Les discussions portaient surtout sur la façon dont on pourrait percer la coque de l'*Exide Challenger* si cela s'avérait nécessaire.

« S'il s'abrite à l'intérieur, de quelle quantité d'air dispose-t-il ? demanda le capitaine de frégate Allen Loe, l'officier mécanicien.

— Environ sept ou huit jours, d'après la Flotte, dit Gates. Ce qui m'inquiète le plus, c'est le froid. S'il porte une combinaison isotherme et qu'il peut rester hors de l'eau, il a des chances de survivre.

— Et s'il est immergé ?

— Les experts lui donnent de douze à quarante-huit heures, ce qui veut dire qu'il pourrait être déjà mort. »

Le commandant Gates avait quitté Fremantle avec ce qu'il appelait ses « deux casquettes ». Quand il portait l'une, il était certain que le navigateur disparu était en vie et quand il portait l'autre, il l'espérait. A mesure que le temps passait, sa « casquette » de confiance avait peu à peu cédé la place à la « casquette » d'espoir.

Avec deux turbines qui maintenant fonctionnaient, du moins avait-il l'option supplémentaire de faire décoller le Seahawk avant la tombée de la nuit de mercredi pour recueillir Thierry Dubois grâce à une opération d'hélitreuillage. Pour ce faire, l'*Adelaide* devrait approcher à moins de 180 milles nautiques du radeau de survie en disposant encore d'assez de lumière de jour pour que l'équipage procède au sauvetage. L'opération pourrait s'effectuer dans l'obscurité, mais les risques seraient beaucoup plus grands. Gates considérait que c'était une faible chance et dépendait beaucoup du temps — qu'on s'attendait à voir se détériorer lorsque la frégate approcherait de la zone de recherches. Le dernier Orion à la survoler avait signalé le passage d'un nouveau front avec des vents atteignant 45 nœuds, une mer forte et une grosse houle. La température au niveau de la mer était de 2 degrés centigrades.

Gates avait entendu bien des récits sur l'océan Austral, dont certains frisaient la mythologie. Par une ironie du sort, le nom même de l'océan figure sur peu de cartes. L'océan Indien, l'océan Pacifique et l'océan Atlantique, à en croire les cartes, s'étendent jusqu'à l'Antarctique, mais les marins ont inventé l'océan Austral pour séparer les mers qui se trouvent en bas du globe.

Plus que tout, c'était le froid qui inquiétait Gates. Avec le vent qui faisait descendre les températures au-dessous de zéro, quiconque se trouvait sur le pont risquait des gelures et l'hypothermie. Il faudrait changer plus fréquemment les équipes et signaler toute lésion.

Sa seconde préoccupation, c'étaient les coups de vent qui dans l'océan Austral semblent arriver de nulle part et souffler avec un acharnement qu'on ne rencontre nulle part ailleurs sur la planète. Gates savait par expérience que même un navire de guerre de la taille de l'*Adelaide* pouvait être endommagé par une violente tempête. Au début de sa carrière navale, il s'était trouvé à bord du porte-avions *Melbourne*, à traverser la Grande Baie Australienne, à un moment où la mer était si forte que les vagues déferlaient sur le pont d'envol. A bord d'un autre navire de la Royal Australian Navy, dans la baie d'Hauraki, au large d'Auckland, des vagues, au plus fort d'une tempête, avaient fendu une des cloisons principales au centre du navire.

Les longues houles qui se forment dans l'océan Austral posaient un autre problème. Si l'*Adelaide* se mettait à surfer dans la houle, il serait difficile à barrer et à contrôler. Il fallait ajouter à cela que la Division antarctique australienne avait signalé la présence d'icebergs dans le secteur situé au-dessous du 52e degré Sud. On ne pouvait pas les déceler au radar et ils présentaient un danger pour tout navire naviguant à grande vitesse avec une coque qui n'avait pas dix millimètres d'épaisseur.

« Nous pouvons avoir des vigies dans la journée, mais la nuit nous ne verrons pas les icebergs », dit l'officier des opérations Michael Rothwell.

Ken Burleigh intervint. « Aucun des P-3C n'en a signalé dans la zone de recherches.

— C'est important, dit Gates. Ils ont parcouru pas mal de milles à rechercher les radeaux de survie. Je serais plus inquiet s'ils avaient vu de la glace.

— Comment voulez-vous réagir ? demanda Burleigh.

— Je ne veux pas ralentir. Continuons comme nous allons. Demandez aux P-3C de garder l'œil ouvert et de nous signaler immédiatement le moindre iceberg. »

Comme prévu, le temps commença à se détériorer le mercredi matin et les superstructures encaissaient des chocs sérieux quand le navire fonçait dans les vagues.

SAUVÉ

L'*Adelaide* eut beau réduire sa vitesse pour éviter toute avarie, la navigation devint inconfortable et une grande partie de l'équipage fut atteinte de mal de mer, ainsi que la moitié du contingent des médias.

Au carré des officiers mariniers, Pete Wicker venait de s'asseoir pour prendre une tasse de thé quand il fut rejoint par Jim Manson, commandant en second du navire.

« Comment allons-nous le tirer de là s'il est à l'intérieur ?

— J'y réfléchis », dit Wicker. Dès l'abord, il s'était douté que tout sauvetage en mer ferait appel à son expérience de marinier.

« L'hélico devrait pouvoir recueillir Dubois, dit Manson, mais il va falloir trouver une autre solution pour le voilier britannique. Le plus gros problème, c'est comment approcher suffisamment. Si nous utilisons un Zodiac, il faudra trouver un moyen de le fixer à la coque : une surface lisse sur une mer agitée...

— Est-ce que l'hélico ne pourrait pas larguer quelqu'un dessus ? proposa quelqu'un.

— Comment tiendrait-il ? fit Wicker. Nous ne voulons voir personne dans l'eau... pas avec un température pareille. A moins... » Wicker regarda Manson. « Et si on envoyait un plongeur ? »

Le second secoua la tête. « La Flotte a dit qu'en aucun cas nous ne devons envoyer quelqu'un sous la coque sans la permission expresse de l'amiral. C'est bien trop dangereux avec tous ces gréements brisés.

— Ça exclut donc de le remorquer ou de l'hélitreuiller à bord », dit Wicker.

Manson acquiesça. « Ce qui laisse le Zodiac.

— Peut-être qu'on pourrait enfoncer des pitons dans le flanc du voilier pour nous assurer ? On pourrait alors poser une sorte de caillebotis sur la coque pour avoir une prise », dit le chef charpentier Syd Smith.

SAUVÉ

Wicker : « Alors il faudra quand même découper la coque. Il pourrait être vivant dans une poche d'air et nous ne voulons pas faire couler ce foutu bateau. »

Manson : « La Flotte est en contact avec les architectes et le constructeur du bateau. »

Smith : « Je ne me vois pas transbordant de l'équipement d'oxygène et des tuyaux d'un Zodiac bringuebalant jusqu'à une coque en mouvement.

— C'est ce que je veux que vous décidiez, dit Manson. Trouvez quelques suggestions et nous en discuterons ensuite. »

Wicker et Smith restèrent au carré : ils passèrent plusieurs heures à discuter de la logistique d'un sauvetage par voie de mer et des différents outils disponibles pour découper la coque. Peu après, on envoya au quartier général de la Flotte le message suivant qui fut relayé au MRCC :

OPÉRATION ANTARCTIQUE UN

1. EN PRÉVISION DE L'OBLIGATION DE PÉNÉTRER À L'INTÉRIEUR DE LA COQUE POUR EN SAUVER L'OCCUPANT, LES QUESTIONS SUIVANTES SE POSENT :

   A. EMPLACEMENT DE LA BALISE EPIRB

   B. EMPLACEMENT DE TOUT COMBUSTIBLE, CYLINDRES DE GAZ LPG, FUSÉES, ETC.

   C. EMPLACEMENT DE TOUTE CLOISON ÉTANCHE

   D. POIDS DU BATEAU

   E. MATÉRIAUX DU BATEAU

   F. DIMENSIONS DES RÉSERVOIRS DE BALLAST AVEC OPTION DE LES EMPLIR D'AIR COMPRIMÉ POUR LA FLOTTABILITÉ

   G. DIMENSIONS DU YACHT

2. AI L'INTENTION DEMANDER AU GROUPE P-3C INFORMATIONS SUIVANTES :

   A. SITUATION DU BATEAU SUBMERGÉ, Y COMPRIS GÎTE ET POURCENTAGE IMMERGÉ

SAUVÉ

Cependant, Peter Wicker entreprenait de sélectionner son équipe, en abordant les hommes individuellement. Il en voulait trois pour manœuvrer le Zodiac et il choisit trois matelots de première classe : Paul Ellul comme patron du canot ; Alan Rub, un plongeur de la Marine ; et Chris Smart. Il voulait aussi avoir « Syd » Smith à bord à cause de son expérience de mécanicien. Avec lui et Jim Manson, cela faisait un équipage de six. L'opération se ferait en trois phases et il choisit donc deux autres équipages. Le premier Zodiac attacherait des bouts à la coque et donnerait des coups de marteau sur l'extérieur. S'il n'y avait pas de réponse, on fixerait à la coque une sorte de gabarit pour indiquer le meilleur endroit où découper. L'équipe suivante commencerait le découpage et serait remplacée au bout d'une demi heure en raison du froid intense. Aucune équipe ne travaillerait plus longtemps avant de marquer une pause.

Au quartier général de la Flotte, on recevait les plans détaillés de l'*Exide Challenger* de Wesley Massam et de Jim Doxey, ainsi qu'un inventaire de tout ce qui se trouvait à bord. On faxa tout cela directement au HMAS *Adelaide*. Syd Smith disposait maintenant de croquis précis de l'agencement du voilier et pouvait commencer à préparer un gabarit pour découper la coque. Il devait notamment se montrer prudent en ce qui concernait le combustible. Il y avait six barils en plastique de mazout ainsi que deux cylindres de gaz LP vides et deux pleins qui étaient normalement rangés sous le plancher du cockpit, derrière la cloison d'artimon. Le cylindre de gaz en cours d'utilisation se trouve juste à l'entrée de la descente, côté bâbord. A côté, une boîte en plastique jaune contenant douze fusées Para. Les principaux réservoirs de carburant se situaient sous le plancher du rouf.

La position des diverses balises était aussi vitale

pour déterminer l'endroit où un survivant aurait pu chercher refuge. D'après les plans, l'EPIRB était fixé à une cloison dans la partie inférieure de la cabine. Deux balises Argos étaient entreposées à proximité mais une troisième (balise de position) se trouvait à l'extérieur à l'arrière.

Les croquis faxés montraient clairement qu'entre la partie habitable et les compartiments de rangement arrière du voilier, il n'y avait pas d'accès : on ne pouvait parvenir à ces derniers que par les panneaux du pont. Il en allait de même du coffre à voiles dans la section avant où les cloisons semblaient solides et étanches. Toutefois, de petites ouvertures se trouvaient dans certaines d'entre elles pour le passage des fils électriques.

Dans les principaux compartiments habitables il y avait des cloisons non étanches avec des portes. Cela signifiait qu'un survivant avait la possibilité d'évoluer entre les cabines sans pouvoir aller jusqu'à l'avant dans les coffres à voiles.

L'*Exide Challenger* pesait approximativement huit tonnes sans sa quille, avec des ballasts capables de contenir deux tonnes d'eau de chaque côté. Ils étaient accessibles par des orifices situés sur le pont et pouvaient être vidés en utilisant de l'air comprimé.

Le matériau de la coque comprenait un noyau de mousse d'aertex de quarante millimètres d'épaisseur pour la coque et de trente-cinq millimètres pour le pont. Dans cette mousse, on avait intercalé des couches de deux millimètres d'épaisseur de Kevlar/carbone, à l'intérieur et à l'extérieur, avec des concentrations plus fortes autour du secteur de la quille et en d'autres points de charge.

Le rapport précisait : « L'architecte estime que le Kevlar permettrait très difficilement de percer la coque avec une hache. La mousse a une formidable capacité d'absorber l'énergie et la couche intérieure de Kevlar aura tendance à jouer quand on la frappera. Si une hache est inefficace, les seuls outils capables de couper ce matériau peuvent être une tronçonneuse à disque de diamant ou un fraise Broco (lance thermique).

« Des essais d'utilisation d'une lance thermique sont en cours sur un échantillon de matériau et les résultats en seront communiqués dès qu'ils seront connus. Une fois cette enveloppe percée, il devrait être possible de couper avec des lames de scie à métaux, mais le Kevlar les émoussera rapidement. Les précautions devraient être prises pour éviter toute lacération par les bords tranchants de matériaux composites découpés, notamment les restes de la quille. »

Cet après-midi-là, Wicker rassembla l'équipe de son canot dans le hangar tribord vide et se mit à discuter de la façon dont on pourrait fixer le Zodiac à la coque chavirée. Avec l'aide de Chris Smart, de Paul Ellul et d'Alan Rob, il rassembla les rouleaux de cordage, les manilles et les winches qui pourraient être nécessaires. Ils confectionnèrent une échelle de corde avec deux grappins à une extrémité et un seul à l'autre. L'idée était de lancer l'appareil par-dessus la coque, puis de fixer le grappin unique à un câble réglable qu'on pourrait serrer. Ce qui permettrait à quelqu'un de se cramponner à la coque sans être emporté par la première vague.

Ils préparèrent en outre un harnais de sécurité qu'on pourrait accrocher à « l'échelle ». Si quelqu'un avait un problème, on pourrait le ramener droit dans le Zodiac avant qu'une vague puisse le fracasser contre la coque.

« Et si on utilisait les safrans comme point d'ancrage ? suggéra Smart.

— Je ne sais pas s'ils pourraient supporter la contrainte d'un Zodiac de deux tonnes et demie, dit Wicker. C'est pareil pour la quille cassée : nous ne le saurons que quand nous serons sur place. »

C'est ce qui le préoccupait le plus dans l'opération :

malgré tous les préparatifs, il faudrait prendre quatre-vingt-dix pour cent des décisions sur place.

En bas, Syd Smith avait réuni dans son atelier une autre équipe pour chercher comment on pourrait percer la coque de Kevlar au carbone. En se basant sur les plans du bateau et les recommandations de la Flotte, il dessina une série de fiches montrant le meilleur emplacement pour découper. C'était sur la ligne médiane entre deux et trois mètres du bord d'attaque de la quille, juste sous le compartiment moteur.

Détail important, les photographies les plus récentes montraient que l'*Exide Challenger* plongeait à l'arrière, ce qui signifiait que percer la coque à l'avant à l'emplacement de la quille ne risquait guère de le faire couler.

On affûtait des outils tels que pioches et marteaux, qui pourraient se révéler utiles pour assurer une prise sur la surface lisse. Cependant on n'avait pas encore décidé comment on allait percer la coque.

Au quartier général de la Flotte à Sydney, le commandement des opérations était réuni pour discuter cette question. Parmi les participants se trouvaient le contre-amiral Chris Oxenbould, le commodore Tim Cox, le chef mécanicien commandant Peter Hatcher et deux yachtsmen expérimentés dont on avait demandé le concours.

On chargea un expert en contrôle des avaries, le capitaine de frégate Trevor Jones, de trouver un échantillon de coque en Kevlar GRP afin qu'on puisse procéder à des essais avec toute une gamme d'outils. En feuilletant les pages jaunes de l'annuaire, il appela différents constructeurs de bateaux de la région jusqu'au moment où il tomba sur les Yachts McConachie à Mona Vale, sur la côte au nord de Sydney. Le chantier possédait un matériau très similaire et était disposé à en fournir un échantillon.

Le mercredi après-midi, l'adjudant Lionel Harris se rendit au chantier avec une lance thermique et l'essaya

SAUVÉ

sur une section d'un mètre carré de Kevlar. L'appareil perça sans effort le matériau mais en dégageant une énorme quantité de chaleur et de fumée. Il procéda à d'autres essais à la Flotte en utilisant une perceuse portative, une hache et une scie à main.

Les recommandations adressées au HMAS *Adelaide* suggéraient de ne pas utiliser la lance thermique car une fumée étouffante emplirait en quelques secondes toute poche d'air et risquerait de suffoquer un éventuel survivant. La tronçonneuse portable, malgré son efficacité, fut considérée comme trop dangereuse à utiliser sur une coque ballottée par la mer.

« Cela nous laisse donc la hache et la scie, dit Ricker en jetant un coup d'œil au rapport. Nous perçons la couche extérieure de la coque, nous évacuons la mousse et nous commençons à découper avec la scie. Les fibres de Kevlar vont bloquer les dents, il faudra la nettoyer constamment.

« On pourra utiliser la lance thermique en dernier ressort. S'il est dans une situation difficile, nous pourrons percer un trou pour lui donner de l'air frais, lui dire de retenir son souffle et alors utiliser la lance. Nous n'en aurions pas pour plus d'une minute. »

Syd Smith était d'accord. « On ne sait jamais, on pourrait avoir plus de temps qu'on croit. »

Les deux hommes échangèrent un regard. Ricker comprit ce que le charpentier en chef avait voulu dire : si l'on retrouvait le corps de Tony Bullimore dans la coque, peu importerait le temps qu'on mettrait à le récupérer.

Le changement de signal sur la balise Argos avait éveillé l'espoir que le navigateur pouvait être vivant mais, faute de preuve supplémentaire depuis mardi matin, cet optimisme commençait à décliner. On était de plus en plus d'accord, semblait-il, pour estimer que « ça n'est pas si mal d'en avoir récupéré deux sur trois ». Le sauvetage de Raphaël Dinelli avait été remarquable,

SAUVÉ

Thierry Dubois était presque à portée de la main, mais c'était trop demander à un dieu, à un ange gardien ou au saint patron des marins d'épargner une troisième vie.

Au centre de coordination des secours, Mike Jackson-Calway prit son service de jour à 6 h 50 le mercredi matin. Il lut les doubles des dépêches, puis prépara un rapport de situation pour le quartier général de la Flotte, le MRCC d'Étel en France, le service des opérations de la 92ᵉ escadre aérienne ainsi que pour les ambassades britannique et française.

1. DE NOUVELLES SORTIES EFFECTUÉES PAR LES ORIONS P-3C DE LA RAAF LA NUIT DERNIÈRE ONT CONFIRMÉ QUE M. DUBOIS ÉTAIT SAIN ET SAUF SUR LE RADEAU DE SURVIE DANS DES CONDITIONS MÉTÉOROLOGIQUES PLUS FAVORABLES AVEC DES VENTS D'OUEST DE 20 NŒUDS.
2. L'*EXIDE CHALLENGER* A ÉTÉ POUR LA DERNIÈRE FOIS REPÉRÉ À LA VUE À 11 H 42 PAR 52° 21' SUD ET 101° 59' EST, EST CHAVIRÉ AVEC LA QUILLE MANQUANTE, LE MÂT ET LE GRÉEMENT ENCORE ATTACHÉS. AUCUN SIGNE DE MR BULLIMORE. LES RAPPORTS DE POSITION DE LA BALISE ARGOS EN PROVENANCE DE L'*EXIDE CHALLENGER* CONTINUENT À ÊTRE TENUS À JOUR PAR LE MRCC D'ÉTEL.
3. LE MRCC D'ÉTEL CONFIRME QUE LA BALISE ARGOS EN MODE D'ALERTE CONTINUE À ÉMETTRE DU NAVIRE NAUFRAGÉ, TOUTEFOIS UNE SECONDE BALISE SEMBLE AVOIR DÉRIVÉ DU BATEAU, CELLE-CI ÉTANT LA BALISE « INDICATRICE DE POSITION » GÉNÉRALEMENT SITUÉE À L'ARRIÈRE DE L'EMBARCATION.
4. LES APPAREILS SONARS SONT RESTÉS À L'ÉCOUTE DE TOUT SIGNE DE VIE DE MR BULLIMORE À BORD DE L'*EXIDE CHALLENGER* MAIS LES CONDITIONS N'ONT PERMIS DE CONSTATER AUCUN SIGNE DE VIE.
5. AU COURS DE NOUVELLES SORTIES DES ORIONS P-3C DE LA RAAF, ON TENTERA D'OBTENIR UNE RÉACTION EN PROVE-

SAUVÉ

NANCE DE L'*EXIDE CHALLENGER* POUR SAVOIR SI MR BULLIMORE EST PRISONNIER À L'INTÉRIEUR DE LA COQUE.

Pour chaque nouvelle mission des Orions, les consignes étaient presque identiques. D'abord, l'équipage devait confirmer que Dubois était bien sain et sauf dans son radeau de survie, puis il fallait s'assurer que l'*Exide Challenger* flottait toujours avant d'entamer des recherches en utilisant les coordonnées fournies par le MRCC fondées sur la vitesse de dérive d'un radeau de survie. Après avoir couvert deux secteurs aussi larges que possible, l'équipage devait s'assurer de l'état de Dubois avant de quitter la zone.

Cependant, le *Sanko Phoenix* continuait à faire route au sud à une vitesse de 11 nœuds par une mer à peu près calme. L'*Adelaide* avait réussi à faire un si bon temps que le mercredi matin il était à cinq degrés au sud plus bas et qu'il arriverait dans la zone de recherches trois heures avant le pétrolier. Le MRCC conseillait aux deux navires de prendre contact et de mettre au point un plan de sauvetage commun. Le capitaine de vaisseau Raydon Gates assurerait le commandement des opérations.

A l'heure du déjeuner à Canberra, tandis que Jackson Calway mangeait un sandwich de la cantine, le premier Orion avait atteint la zone des recherches. Comme on le craignait, le temps s'était détérioré et le PatMar 256 signalait des vents de 40 nœuds, une houle de quatre mètres, un plafond de nuages à deux cents pieds et une température de moins deux degrés centigrades à trois cents pieds d'altitude. Avec un crachin régulier, la visibilité allait de zéro à cinq cents mètres. La coque de l'*Exide Challenger* était toujours intacte, mais aucun signe n'indiquait la présence d'un survivant.

En apprenant l'altitude du plafond nuageux et la température extérieure, le commandant Gates élimina toute possibilité de faire décoller le Seahawk le mercredi après midi. L'hélicoptère ne possédait pas de système de dégivrage et il ne pouvait pas risquer de voir les rotors se givrer.

Modifiant l'horaire, il comptait faire décoller l'hélico à 4 h 30 (heure locale) le jeudi matin et il s'arrangea avec la 92ᵉ escadre aérienne pour avoir un Orion dans le secteur dès le lever du jour.

OPÉRATION ANTARCTIQUE UN
380 MILLES NAUTIQUES DU RADEAU DE SURVIE *AMNESTY INTERNATIONAL*
ÉTANT DONNÉ LES CONDITIONS MÉTÉO QUE RENCONTRENT L'*ADELAIDE* ET LA DÉRIVE DU RADEAU DE SURVIE, TENTATIVE DE SAUVETAGE REPROGRAMMÉE POUR LEVER DU JOUR 9 JANVIER (EN FONCTION DU TEMPS)... LE NAVIGATEUR FRANÇAIS DUBOIS REPÉRÉ PAR P-3C DE LA RAAF SIGNALÉ AVEC MAUVAIS MORAL EN RAISON DÉTÉRIORATION DU TEMPS. A ÉTÉ AVISÉ DE L'HEURE DE SAUVETAGE PRÉVUE PAR L'*ADELAIDE*. PAS DE CHANCE AVEC SURVIVANT *EXIDE CHALLENGER*...

Cet après-midi-là, Jackson-Calway s'assit auprès du directeur des opérations du SAR, Rick Burleigh, pour discuter de l'éventuel arrêt des recherches. La décision en dernier ressort dépendrait du ministre fédéral australien des transports, qui devrait sans doute obtenir l'approbation du Cabinet. Normalement, le Cabinet accepterait les recommandations du service des opérations du SAR, mais l'ordre du jour peut être parfois imposé par les médias, surtout dans le cas de recherches aussi médiatisées que celles-ci. Si des parents en larmes supplient que l'on continue « juste quelques jours encore », il devient difficile pour tout homme politique de dire non.

Jackson-Calway et Burleigh connaissaient tout des problèmes de convenance politique et de gestion de l'image. La réalité de leur univers était plus impi-

SAUVÉ

toyable. Ni l'un ni l'autre n'avait envie de perdre quelqu'un dans l'océan Austral, ni Tony Bullimore, ni assurément aucun des hommes qui participaient aux recherches.

« Je vais recommander qu'on arrête les recherches si on ne le trouve pas à bord », dit Burleigh, un vétéran blanchi sous le harnais : vingt et un ans passés avec l'Australian Maritime Safety Authority (AMSA), l'Autorité de sauvetage maritime australienne.

Jackson Calway acquiesça. « Quelles raisons allez-vous invoquer ?

— Si on retrouve son radeau de survie à bord, on saura qu'il est dans l'eau. Personne ne pourrait survivre par une température pareille pendant une durée aussi longue. Il y a le fait aussi qu'il n'a pas déclenché son EPIRB sur 406 MHz. » Burleigh en parlant griffonnait des notes. « Pour finir, je crois pouvoir avancer que les efforts déployés sont déjà énormes et que toute prolongation ne ferait qu'accroître les risques courus par les équipages du SAR. »

18

PERTH, AUSTRALIE
Mercredi 8 janvier 1997

« Je ne crois pas que nous devions tenter de l'inciter à sortir du bateau, dit Phil Buckley, assis dans le restaurant du Regency Motor Lodge à Perth. S'il est là-dedans, c'est le meilleur endroit pour lui. »

Vic Lewkowski secoua la tête. « Mais si nous lui faisons prendre place dans un radeau de survie comme Dubois, alors nous pouvons le surveiller. Il aura des vivres et de l'eau. Nous pourrions même lui larguer une radio. »

Buckley soupira. « Oui, mais réfléchis. Et s'il n'est pas assez costaud pour aller chercher à la nage un ASRK ? Le pauvre diable pourrait se noyer. Et regarde ce qui est arrivé à Dubois : l'un de ses radeaux de survie a été déchiqueté par une vague et il a passé une heure dans l'eau. »

Un des mécaniciens se joignit à la discussion. « En tout cas, on devrait lui faire savoir qu'on le recherche. Ça pourrait lui remonter le moral. »

Buckley : « Et comment fait-on ? Il n'entendra pas la SUS.

— Pourquoi ne pas larguer quelque chose sur le bateau, comme un hélibox ?

— Je vais te dire pourquoi, riposta Buckley. Parce que, quand ça heurtera la coque, il va se dire : bon, ils sont arrivés, il va sortir en nageant et il ne pourra pas revenir.

— Nous n'en sommes pas sûrs, dit Lewkowski.

— Tu as raison : alors pourquoi prendre le risque ? »

Quelqu'un d'autre suggéra de lancer une charge explosive dans l'eau, assez loin de la coque pour que le naufragé entende l'explosion.

« Oh, excellente idée, bombardons le British », dit Mick Whitley, le patron de l'équipe de maintenance de permanence.

Quand les rires se furent calmés, Buckley leva sa tasse et fit signe à la serveuse de leur apporter d'autres cafés. « Je persiste à affirmer : ne faisons rien qui pourrait l'inciter à sortir. Nous voulons tous savoir s'il est là-dedans, mais sans le mettre en danger. Il sait sans doute déjà que nous le recherchons. Il a dû nous entendre et il ne bouge pas.

— Fichtre, il faut vraiment avoir des couilles, pas vrai ? dit Mort, un des opérateurs radio. Si j'entendais un avion, je bondirais dehors. »

Buckley : « Oui, mais ce type est un marin expérimenté. Il sait rester sur le bateau et rester à l'abri du vent. Il attend que quelqu'un vienne frapper sur la coque.

— Alors, tu crois vraiment qu'il est en vie là-dedans ? demanda Mort.

— Je dis que c'est possible. Nous ne savons pas comment c'est à l'intérieur : peut-être qu'il est au chaud et au sec. Si ça n'est pas le cas, il serait peut-être mieux dans un canot. Et puis merde, je n'en sais rien. La seule certitude, c'est que le bateau n'a pas l'air de s'enfoncer davantage. »

Le même débat avait lieu parmi le personnel des

opérations de la 92ᵉ escadre. Don Hickey, un des opérateurs acoustique, avait suggéré aussi l'utilisation d'un explosif, mais on avait écarté cette solution comme trop dangereuse. Le lieutenant-colonel Ian Pearson sentait la frustration des équipages des Orions. Si seulement Tony Bullimore déclenchait une autre balise ou changeait le mode du signal, alors on serait sûr qu'il était en vie et à l'intérieur du bateau. Même s'il tapait régulièrement sur la coque, un marqueur radio capterait le son.

Par un temps qui se dégradait rapidement, le PatMar 257 n'était pas parvenu à repérer l'*Exide Challenger* au milieu de la matinée le mercredi en raison de la visibilité quasi nulle. Cet après-midi là, Larry Smith et son équipage sur le PatMar 258 réussirent à le trouver (à 7 h 33 GMT) : ils déployèrent aussitôt de nouveaux marqueurs radio et une balise SUS.

Soudain, le copilote capta ce qui lui parut être une très faible émission sur 121,5 MHz — la même fréquence qu'une balise de détresse EPIRB. « J'ai capté quelque chose... juste pour quelques secondes, à la verticale, mais très, très faible.

— Bon, dit Smith, je vais amorcer un demi-tour. Je me mettrai au vent et je vais repasser à la verticale. »

Environ un mille après le survol, comme l'Orion commençait à virer, l'équipage capta quelque chose qui ressemblait à des paroles étouffées.

« Qu'est-ce que c'est ?

— Chut, chut, fit Smith. Nous avons peut-être un 121.5. Navigateur, vous émettiez ?

— Oui, mais c'était il y a quelques minutes, dit Roger McCutcheon.

— Quand avez-vous émis ? »

Il regarda son écran et donna l'heure.

« Bon, repassons au-dessus et voyons ce qu'on peut capter. »

SAUVÉ

Ils effectuèrent trois nouveaux passages, sans réussir à retrouver le signal.

« Ç'aurait pu être une interférence de notre radio ou de l'intercom, suggéra McCutcheon. Notre radio HF peut provoquer une diaphonie et c'est à peine si on l'entend. On était à fond sur le 121.5 et pourtant on captait tout juste le signal. »

Smith n'était pas convaincu. La balise SARSAT 406 qu'avait à son bord Tony Bullimore émet normalement un signal sur la fréquence 121.5 pour indiquer sa position. Cela pouvait expliquer ce que l'équipage avait entendu, mais on aurait dû percevoir aussi le principal signal beaucoup plus fort, sur 406.

« Comment va-t-on le contacter ? » demanda McCutcheon.

Smith réfléchit. « Je crois que nous devrions annoncer aux Opérations que nous avons capté peut-être une émission mais que c'est plus probablement une interférence de l'avion. »

L'équipage utilisa le temps qui lui restait à entreprendre sous le vent une recherche à la vue, puis on s'assura de la situation de Thierry Dubois avant de remettre le cap sur Perth. On aurait encore le temps d'effectuer un vol de plus avant le coucher du soleil : ils transmirent les détails de leur mission au PatMar 259 qui les croisa à moins d'une heure de la zone de recherches.

Pendant ce temps, le MRCC de Canberra avait été informé que le HMAS *Adelaide* allait arriver dans la zone de recherches à 23 heures GMT le mercredi 8 janvier (jeudi matin heure locale), trois heures avant le *Sanko Phoenix*. Le commandant Raydon Gates assurerait immédiatement la coordination de la tentative de sauvetage.

Après s'être entretenu brièvement avec Thierry Dubois à la radio, le PatMar 259 effectua un virage sur

SAUVÉ

l'aile et mit le cap au sud pour rechercher l'*Exide Challenger*, se guidant sur le signal d'une bouée DATUM larguée par le vol précédent.

Le pilote Ludo Dierickx maintint les 60 tonnes de l'Orion à une altitude de 300 pieds et depuis le poste de pilotage sept paires d'yeux se mirent à scruter la mer. En dessous, les opérateurs radio s'efforçaient de capter le même signal sur 121.5 qu'avait entendu l'équipage du 258.

« Le voilà ! » cria quelqu'un.

A bâbord, à trois quarts de mille devant, la coque était ballottée par une forte houle. Lors du premier survol, on installa dans les glissières de largage deux marqueurs radio prêts à être lancés.

Louis Gameau, le coordinateur tactique, commandait le largage. « Parez au largage du marqueur.

— Bien reçu. Marqueur branché.

— Paré, trente secondes avant le largage... vingt secondes... dix secondes... »

Il pressa un bouton sur sa console et les marqueurs furent projetés dans l'océan, se posant à quelques mètres du voilier.

« Deux marqueurs largués.

— Bien reçu. »

Deux minutes plus tard, les opérateurs acoustiques purent disposer des premières informations audio et, dans les cinq minutes, les écrans devant eux commencèrent à afficher des renseignements utilisables. Effectuant un nouveau passage quatorze minutes plus tard, à 12 h 42 GMT, le PatMar 259 déploya une balise SUS, dans l'espoir que le puissant « ping » électronique provoquerait une réaction depuis l'intérieur de la coque.

L'équipage ne capta qu'une très faible émission de la balise sur 121.5, et seulement quand l'avion se trouvait à la verticale de l'épave. Avec une vitesse minimale de 300 kilomètres à l'heure, un Orion ne peut pas s'attarder au-dessus d'un point fixe : le signal ne durait donc que quelques secondes. Utilisant une batterie d'équipements radio très sensibles, les techniciens s'efforcèrent d'en préciser la position, mais ils étaient gênés par les très courtes giclées et la durée de transmission limitée.

Cependant, Don Hickey, l'opérateur acoustique, était assis devant ses capteurs à écouter la rumeur presque soporifique de l'océan. Les vagues claquaient contre le flanc de l'*Exide Challenger* et, sous le clapotis, on entendait le bruit du gréement heurtant les mâts brisés et la coque ainsi que les crissements et les gémissements du voilier naufragé. Cela faisait cinquante minutes que les marqueurs étaient déployés : toujours aucun signe de vie.

« Tu entends ça ? fit Hickey en faisant signe à Liam Craig, le SEM.

— Qu'est-ce que tu as ?

— Écoute. Tu n'entends pas ? C'est un choc régulier ou le bruit de quelque chose qui tape.

— Tu l'as toujours ?

— Oui. »

Dierickx bondit de son siège de pilote et fit les quelques pas qui le séparaient du poste acoustique. Il saisit une paire d'écouteurs. « Branche ça sur l'auxiliaire. »

On abaissa une manette et le bruit de l'eau qui giclait contre la coque emplit le cockpit. Dans un silence absolu, l'équipage écoutait, chacun s'efforçant de saisir en fond sonore un bruit différent. Quatre-vingt-dix secondes après avoir commencé, le bruit s'arrêta soudain.

Dierickx avait mis l'appareil en orbite à 1 000 pieds et l'équipage analysait l'enregistrement, le repassant une demi-douzaine de fois.

« Ça ressemble à un bruit de gréement, dit un des membres de l'équipage.

— Je ne suis même pas sûr de ce que je suis censé écouter, dit un autre.

SAUVÉ

— C'est résolument le bruit de quelque chose qui tape, fit Hickey. Je ne crois pas que ce puisse être le gréement. Pourquoi est-ce que tout d'un coup ça commencerait et ça s'arrêterait ?

— Pour un certain nombre de raisons, répondit Dierickx. C'est comme un volet qui bat dans le vent : ça n'a pas un rythme constant.

— Mais ce bruit-là en avait. C'était constant. A mon avis, il est à l'intérieur et il frappe la coque avec quelque chose. »

Près d'une heure plus tard, les opérateurs acoustiques captèrent de nouveau le son, cette fois pendant cinquante secondes. Ce n'était pas encore suffisant pour être convaincant. Comme la lumière commençait à décliner, l'Orion fit demi-tour et effectua un dernier passage au-dessus de Dubois. Impossible de repérer à la vue le radeau, et le signal radio était faible. Ils allumèrent donc leurs feux d'atterrissage et Dubois cria qu'il pouvait les apercevoir. Il leur demanda de virer à gauche et soudain son radeau orange émergea de la pénombre cent mètres plus bas. Une faible lueur illuminait la tente.

« Survivant *Amnesty International*, ici l'Orion de la Royal Australian Air Force, vous me recevez ?

— Oui, oui, je vous reçois, les gars. Où est l'hélicoptère ?

— Le Seahawk ne peut pas décoller avant demain matin. La température de l'air est trop basse et les rotors givreraient. Il ne peut pas vous chercher ce soir.

— Bon. Bon. » Dubois n'arrivait pas à dissimuler sa déception. Il avait devant lui la perspective d'une nouvelle nuit froide et inconfortable.

Dierickx était navré pour lui. « L'*Adelaide* n'est qu'à 200 milles nautiques de vous. L'hélico devrait être ici dans six heures.

— Parfait. Merci, les gars. Ça va. »

Remontant à 28 000 pieds, l'Orion amorça le long

SAUVÉ

trajet de retour jusqu'à Perth. Les membres de l'équipage se relayaient pour grignoter quelque chose dans la cuisine, du poulet rôti décongelé et des légumes.

Dans la casemate de la 92ᵉ escadre aérienne de la RAAF à la base d'Edinburgh, le lieutenant-colonel Ian Pearson venait de recevoir le dernier rapport de situation du PatMar 259 mentionnant le bruit de quelque chose qui tapait. Il devait prendre la décision de l'annoncer publiquement ou de ne pas encore divulguer la nouvelle. Le sort de Tony Bullimore et de Thierry Dubois était devenu une actualité mondiale et l'appétit des médias semblait insatiable. Des appels arrivaient de tous les coins du monde et l'atterrissage à Perth de chaque Orion retour de mission se faisait au milieu de douzaines de journalistes.

Le bruit de quelque chose qu'on frappe venant de l'intérieur de la coque suggérait fortement que Tony Bullimore était vivant : mais s'ils se trompaient ? Et si ce n'était que le gréement battu par les vagues contre la coque ? Non seulement ce serait extrêmement embarrassant pour l'Air Force, mais cela nourrirait injustement les espoirs de la famille du navigateur en Angleterre. Pearson devait être sûr.

On expédia à la base de la RAAF d'Edinburgh une copie de l'enregistrement que l'on remit au lieutenant John Postle, l'officier analyste de la 92ᵉ escadre. Chaque sortie d'un Orion est enregistrée sur une cassette audio, depuis les conversations de l'équipage dans le poste de pilotage jusqu'aux transmissions des marqueurs radio. En écoutant ces différents enregistrements, on peut reconstituer ainsi une mission.

Les opérateurs acoustiques à bord de chaque Orion sont passés maîtres dans l'art d'interpréter les signaux et doivent procéder à une première analyse sur place. Postle, en revanche, peut le faire à loisir dans le calme de son bureau : il enregistre sur un ordinateur la mission et repasse inlassablement les cassettes.

Dans ce cas précis, il n'avait pas le luxe de prendre son temps. Tout en laissant la cassette se dérouler dans son magnétophone Honeywell 96, il savait que la casemate avait besoin d'une réponse immédiate. Calant avec soin la bande, il enclencha le magnétophone.

Le bruit de l'eau et les nombreux mouvements subtils commencèrent à emplir le bureau. Postle se laissa baigner par le son et s'y abandonna, avec l'impression d'être un bébé regagnant le ventre de sa mère. L'eau et les vagues semblaient déferler sur lui, tournoyant dans son esprit et chassant tout autre pensée.

Il avait commencé sa carrière dans la RAAF comme analyste électronicien en vol puis avait changé d'orientation pour devenir navigateur. Depuis lors, son don remarquable pour reconnaître les divers sons de la mer l'avait fait logiquement désigner comme officier d'analyse de la 92e escadre. Il était également responsable de l'entraînement aux techniques de survie de l'escadrille.

Au bout de cinquante minutes, il rembobina la bande et l'écouta de nouveau. Il fallait être prudent car l'esprit peut facilement se laisser bercer par un bruit répétitif et manquer les subtils changements. En outre, le son se déplace plus loin et près de cinq fois plus vite dans l'eau que dans l'air : les hydrophones avaient donc captés d'énormes quantités de bruits de fond, dont certains pouvaient provenir d'une source située à plusieurs milles de là.

Comme l'Orion est un appareil anti-sous-marins, Postle avait l'habitude d'écouter ce qui émettait un bruit métallique, un moteur, par exemple. En mesurant les battements de l'hélice d'un sous-marin en conjonction avec le bruit produit par d'autres parties de la structure, il pouvait en préciser les dimensions, la marque et la vitesse. On peut penser que c'est très facile : on s'imagine que l'océan est une immense étendue de silence. En réalité, c'est le contraire. Les bruits de fond captés par les marqueurs sont très nombreux : une symphonie de sons qui comprend un chœur marin matinal et vespéral, phénomène biologique qui explique pourquoi il vaut souvent mieux pêcher de bonne heure ou tard dans la journée.

En outre, il y a les cris des dauphins, l'accouplement des baleines, l'activité sismique, la navigation en surface, l'érosion sous-marine, le claquement des crevettes et les crabes qui se grattent sur le fond de l'océan. Postle avait l'oreille entraînée à différencier et à reconnaître ces bruits.

Ayant écouté trois fois l'enregistrement, Postle appela Ian Pearson.

« Les hommes ont fait un brillant travail d'enregistrement, dit-il en commençant à faire passer la partie intéressante de la bande.

« Maintenant, écoutez très attentivement. Ce son sur une grande longueur d'onde, c'est le bruit de la houle contre la coque mais, environ toutes les trois secondes vous percevrez un léger changement dans la hauteur du son. C'est provoqué par des vagues secondaires poussées par le vent contre le bateau. La fréquence est légèrement différente. Je veux que vous écoutiez entre ces vagues produites par le vent. »

Pearson se pencha plus près, tendant l'oreille pour distinguer le moindre son se détachant de ce qui avait l'air d'un ruissellement constant d'eau par-dessus un barrage.

« J'entends le bruit de quelque chose qui tape, déclara-t-il. C'est ça ?

— Non. Ce que vous entendez, c'est le gréement poussé par la vague contre la coque. C'est ce que votre oreille percevra naturellement. Je veux que vous écoutiez derrière ce son : oubliez tout le reste. Ce que vous recherchez, c'est un bruit très faible, plus aigu, à peu près de la même fréquence que quelqu'un qui fait claquer ses doigts. »

Pearson essaya de nouveau, le regard fixé sur le magnétophone comme si, à force de le regarder, l'appareil allait lui révéler son secret.

« Je l'entends ! Je l'entends ! Ça n'est pas du tout le bruit de quelque chose qui tape.

— Non. » Postle secoua la tête et arrêta le magnétophone.

« Alors, qu'est-ce que c'est ?

— Vous voulez mon avis ? Je jurerais que c'est quelqu'un qui utilise une pompe à eau à osmose inversée.

— Il est vivant ! »

19

OCÉAN AUSTRAL
Mercredi 8 janvier 1997

Bon sang que j'ai froid. Mon torse est si meurtri à force de m'être glissé sur l'équipet que ça me fait mal quand je respire. J'ai la mâchoire endolorie et les épaules engourdies, car je n'arrive pas à me retourner pour changer de position. J'ai un bras au-dessus de la tête et l'autre coincé contre mon flanc. Je peux du moins sentir encore une douleur sourde dans mes mains. Quand je serre les doigts pour crisper mon poing, la douleur me remonte dans le bras, c'est bon signe.

L'eau glacée m'éclabousse le front et me couvre le nez. C'est comme une forme de supplice chinois, mais au lieu de gouttes qui tombent l'une après l'autre, c'est comme si on me jetait à la tête dans le noir un demi seau d'eau.

C'est de nouveau la nuit. Je m'en rends compte en poussant la tête en avant et en regardant par le panneau de la cambuse dans le compartiment moteur. La lumière verdâtre a disparu comme si quelqu'un avait tiré les rideaux.

Depuis combien de temps suis-je ici ? Trois, quatre

nuits, je n'arrive plus à me rappeler. J'ai l'estomac vide et le froid a trouvé le moyen de s'insinuer en moi, pour venir emplir le moindre creux, la moindre fissure. Je n'ai plus de calories pour alimenter la chaudière. Allons, Tony, ça ne va plus être long maintenant.

En regardant fixement l'intérieur en carbone noir, j'arrive presque à imaginer que je vois des étoiles. C'est une des choses que j'aime dans la navigation solitaire : être à des milles de la terre et lever les yeux vers cette énorme toile noire constellée de joyaux. Voilà des années, quand je vivais en Afrique du Sud, je suis allé rendre visite à un gros négociant en diamants. Il a étalé sur la table une pièce de drap noir puis a pris une petite bourse en cuir. Quand il en a vidé le contenu, les diamants se sont répandus sur le tissu, captant et fragmentant chaque rayon de lumière. Le ciel nocturne est mille fois plus beau.

L'*Exide Challenger* roule plus violemment, je suis précipité contre les filets. Pendant une fraction de seconde, je crois qu'il va se redresser et je tombe à moitié de mon équipet, en essayant d'en descendre. Mes jambes se dérobent sous moi et je me retrouve le nez dans l'eau grise et polluée. Le choc du froid me fait inhaler : l'eau me remonte dans le nez et les poumons. Je me redresse en toussant et en crachant. J'ai l'impression d'avoir avalé un bidon de mazout et ça me brûle le fond de la gorge. Une vague de nausée et de douleur s'abat sur moi. J'entends ma toux qui résonne contre les cloisons de la cambuse, mais c'est un bruit que je ne reconnais pas : on dirait plutôt un rire démoniaque.

Remontant sur mon équipet, je me pelotonne en une boule de souffrance et je sombre dans la confusion. Mon esprit refuse de s'endormir et des souvenirs jaillissent comme des séquences d'un vieux film muet. Je vois ma mère dans la cuisine qui me dit de me dépêcher, sinon je vais être en retard à l'école. Une grande tasse de thé, un bout de pain grillé et de la confiture,

SAUVÉ

des saucisses qui grésillent dans la poêle : je voudrais me retrouver là-bas pour la revoir. Elle a eu une vie rude, ma mère, et elle m'a inculqué beaucoup de force. Elle a toujours dit que j'arriverais à quelque chose. J'espère qu'elle n'est pas déçue.

Maintenant, c'est mon père qui me parle. « Tone, nous avons peut-être tous envie d'être de grands poètes ou de grands écrivains mais, avec du bon comique, on fait rire, on fait pleurer. Rien d'autre ne compte. Ne l'oublie jamais. »

Je n'étais qu'un gosse et c'est ainsi qu'il voyait la vie. Quand il entrait en scène avec sa canne et son chapeau, il pouvait faire rire les spectateurs et pleurer l'instant d'après. Il disait : « Soyons tous heureux, chantons une chanson », et il esquissait un petit pas de danse.

L'image change encore et je vois ma Lal chérie, à la maison, la tête entre ses mains, incapable de s'empêcher de pleurer. Est-ce qu'elle me pardonnera jamais ?

Elle ne voulait pas que je fasse le Vendée Globe. Elle trouvait que j'étais trop vieux. A vrai dire, je crois qu'elle avait espéré me voir prendre ma retraite voilà onze ans, quand on m'avait élu Yachtsman de l'Année. Même après avoir perdu l'*Apricot*, pas une fois elle ne m'a dit : « Tony, si jamais tu construis un autre bateau, je te quitte. » Peut-être que, si elle l'avait fait, j'y aurais regardé à deux fois, mais j'en doute.

Le *Spirit of Apricot* était sur la planche à dessin et j'avais hâte de voir les choses avancer. On peut vraiment dire que je cherche les ennuis. Lal avait l'air un peu triste, mais elle m'a beaucoup soutenu une fois que le projet a commencé à prendre corps. Nous sommes mariés à la mode apache — une fois unis, jamais séparés — et une des forces de notre union est que jamais nous n'avons essayé de nous changer l'un l'autre.

Plus high tech que l'*Apricot* et faisant appel aux

matériaux les plus récents, le nouveau 18 mètres avait été dessiné par Barry Noble, un véritable expert en navigation et par Martyn Smith, un ancien ingénieur de l'Aérospatiale britannique qui avait travaillé sur le Concorde. La vraie révolution, c'était un énorme mât-aile de trente mètres, large d'environ un mètre cinquante à mi-hauteur, avec un bord d'attaque droit et un bord de fuite concave.

Dans la course contre la montre pour que le bateau soit terminé en mai 1988, j'arrivai en retard pour la semaine du départ de l'OSTAR et les organisateurs infligèrent une pénalité de dix pour cent au *Spirit of Apricot*. Nombre des autres concurrents signèrent une pétition pour demander qu'on annule cette pénalité, mais le comité s'en tint au règlement, ce qui voulait dire que je n'avais aucune chance de remporter l'épreuve.

Je l'acceptai, avec le sentiment que c'était un peu injuste. Au bout du compte, je terminai sixième réel et neuvième sur le papier à cause de la pénalité. Ça n'était pas un mauvais résultat, étant donné que j'avais eu si peu de temps pour me préparer et m'habituer aux idiosyncrasies d'un nouveau bateau.

Dès qu'il commença à remporter des courses, le *Spirit of Apricot* ne tarda pas à se tailler la réputation d'être sans doute le plus extraordinaire voilier léger du monde. Je fus même contacté par une équipe américaine qui voulait les plans du mât-aile : ils étaient en train de construire un multicoque pour défendre l'America's Cup en face d'un énorme monocoque mis en chantier par la Nouvelle-Zélande. Je demandai 250 000 dollars car j'avais besoin d'argent, mais les Américains se contentèrent d'étudier des photographies et d'essayer des mâts de leur conception.

Le *Spirit of Apricot* se révéla être un bateau vraiment superbe. Il pouvait atteindre des vitesses stupéfiantes pour un voilier de sa taille, filant 32 nœuds soutenus

SAUVÉ

avec les flotteurs à plat sur l'eau. Pour la dernière étape de 800 milles de la Course de l'Europe en 1989, nous filâmes comme un express à travers la Méditerranée jusqu'à la Sardaigne pour terminer avec dix-huit heures d'avance sur le gros de la flotte. Il n'y avait pratiquement personne là-bas pour nous accueillir : on ne s'attendait pas à voir un concurrent arriver si tôt.

Parmi les concurrents que nous battîmes, se trouvait le *Jet Service* qui détenait alors le record de vitesse pour la traversée de l'Atlantique.

Aussitôt reconnaissable, le *Spirit of Apricot* attirait les foules partout où il allait. Des dames pâmées venaient me trouver en m'apportant des paniers d'abricots cueillis dans leur jardin, ou bien elles voulaient attacher à l'étrave des rubans couleur abricot. C'étaient des jours glorieux, même Lal devait en convenir. Elle avait beau être fière quand je gagnais des courses et être là pour m'accueillir à l'arrivée, elle ne comprit jamais mon désir de participer à des compétitions et de les gagner.

Lorsque le *Spirit of Apricot* chavira au large de la côte du Devon en 1989, je crois que Lal aurait été contente que je prenne ma retraite, mais, comme toujours, elle resta à mes côtés.

Quand je repris connaissance après cet accident, je la vis assise auprès du lit et, presque délirant, je répétais sans cesse : « Qu'est-ce qui est arrivé au mât-aile ? Il est endommagé ? »

Lal resta bien cinq minutes à ignorer mes questions, puis elle explosa.

« Tony Bullimore, tu te soucies plus de ce foutu bateau que de ta propre vie.

— Qu'est-ce qui est arrivé au mât-aile ? balbutiai-je.

— Il est parti, bon. Cassé, brisé, kaput ! Si tu m'interroges encore là-dessus, je vais... je vais... »

Dieu soit loué, elle était à bout d'arguments.

Lorsque je me décidai à participer au Vendée Globe,

je ne dis pas à Lal que je m'attendais que ce fût ma dernière grande course. Ce n'est pas mon genre : j'ai trop de bons amis qui sont morts en mer au cours de ce qu'ils avaient dit être leur « dernier voyage ».

Le plan à l'origine était que l'*Exide Challenger* fût prêt pour la course de 1992, mais il ne fut pas terminé à temps pour les qualifications : j'étais à court d'argent et je n'arrivais pas à trouver de sponsor. Frustrant : quatre ans s'écoulèrent avant la course suivante. En attendant, je fis le Tour d'Angleterre, la Course d'Europe à bord de l'*Exide Challenger*, et je découvris qu'il manquait de vitesse par vent faible. Cela m'ennuyait, mais pas exagérément. Dans une course autour du monde, on pouvait compter sur des vents beaucoup plus forts.

La récession frappa durement au début des années quatre-vingt-dix. Le chômage et le licenciement amenèrent les sociétés à craindre tout engagement : les entreprises serraient leur budget de mécénat et de marketing. J'essayai tout pour obtenir un soutien financier, depuis l'impression de luxueuses brochures jusqu'à me vendre moi-même en porte à porte, en vain.

En 1994 vint le moment du BOC Challenge, puis il passa. Ma dernière véritable chance, c'était le prochain Vendée Globe, deux ans plus tard. Quatre semaines avant la course, j'essayais encore de trouver les derniers sponsors et je ne réussis à me présenter sur la ligne de départ que grâce à l'appui financier des Batteries Exide, ainsi qu'avec des fonds fournis par la division des ordinateurs Mitsubishi et le United Overseas Group.

Cette lutte acharnée m'avait épuisé pendant près de six ans. Au cours de ces dernières semaines frénétiques aux Sables-d'Olonne, je m'appuyai surtout sur mon équipage à terre composé d'amis comme Wesley Massam, Jim Doxey, mon neveu Steve Mulvanney et Kevin

SAUVÉ

Pahl, mon vieil acolyte qui court avec moi depuis douze ans : un type formidable.

L'*Exide Challenger* malheureusement ne serait jamais un grand bateau — il l'avait déjà prouvé — mais, dans de bonnes conditions, il pouvait filer le feu de Dieu.

J'adore les préparatifs qui précèdent une longue course. Mettre le bateau au point, étudier les cartes, tracer la route en fonction de la météo, apprendre à utiliser un équipement nouveau et inciter d'autres gens à jouer leur rôle. Ces quelques derniers jours sont chargés d'émotion et on vit sur des décharges d'adrénaline. Je ne cherche pas à être le premier à franchir la ligne : je veux simplement une bonne position et que le bateau prenne un bon départ.

Ce que je préfère, c'est quand je suis à mille milles au large et que le bateau fend les vagues en murmurant, exhibant ses voiles comme le plumage d'un magnifique oiseau. J'imagine que c'est le même sentiment qu'éprouve un chef quand il se dresse devant un orchestre, sachant qu'en agitant simplement les mains, il peut modifier le volume, la cadence et le rythme.

C'est à ce moment-là que je me mets à aimer le bateau et la mer. Lentement, j'oublie la terre et le voilier devient mon univers. Un matin, je m'éveille et je me surprends à passer les mains sur la barre et à sentir presque les palpitations de la coque sous mes pieds. Une formidable impression de bien-être m'envahit, je commence à pomponner mon bateau, à prendre un rythme pour vérifier des détails, m'acquitter de certaines tâches, m'assurer que tout est rangé exactement là où il devrait l'être. Cette affinité est si totale que c'est tout juste si je n'accueille pas mal les intrusions du monde extérieur.

Dans le Vendée Globe, cela m'était arrivé tandis que je languissais trois jours durant, encalminé sur l'Équateur, à attendre qu'un souffle de brise me fasse avancer. J'avais perdu cinq jours et laissé des concurrents moitié plus jeunes que moi naviguant sur des bateaux plus rapides prendre mille milles d'avance sur moi.

Le reste de la flotte semblait filer à travers les calmes, alors que je n'avais qu'un infime souffle de brise. C'est comme ça avec le vent. A des centaines de milles de la terre la plus proche, j'étais nu comme un ver sous le soleil flamboyant et de temps en temps je passais un seau par-dessus bord et je m'aspergeais pour me rafraîchir. La nuit, je m'allongeais dans mon fauteuil, tirais un drap jusque sous mon menton et j'écoutais les mille petits grincements et gémissements du bateau : il me parlait.

C'est pour ça que la perte de la quille m'est si pénible. Ça n'est pas seulement une histoire de carbone brisé et de mousse broyée. L'*Exide Challenger* était devenu comme une entité vivante, respirante, et je l'avais senti souffrir quand il bataillait contre la tempête. Ce n'était peut-être pas un pur-sang comme d'autres bateaux que j'ai eus, mais il méritait mieux que d'être cul par-dessus tête au milieu de nulle part.

Il y a certaines choses sur un bateau qui ne devraient pas casser et la quille vient absolument en tête de liste. Si les voiles sont les poumons de tout voilier, alors la quille en est le cœur palpitant. On avait arraché son cœur à l'*Exide Challenger* et il était mort en quelques secondes. Maintenant ce n'est plus qu'une carcasse flottante que viennent picorer les vagues charognardes.

Jamais je ne me suis senti aussi misérablement seul. A quoi diable est-ce que je pensais quand j'ai relevé ce défi ? Ça me semble aujourd'hui de la quasi-stupidité de m'attaquer à quelque chose d'aussi éternel et d'impitoyable que les grands océans du monde. Ce n'est pas comme si je pouvais laisser la trace de mes pas dans le sable. Si profond ou si vite que je creuse un sillage dans l'eau, les eaux se referment sur mon passage sans que le bateau laisse la moindre trace.

C'est le problème chaque fois qu'on commence à

SAUVÉ

penser à soi-même comme quelque chose de plus sublime ou comme l'égal de Mère Nature : elle nous rappelle qu'elle peut user des continents et déclencher des tempêtes qui rasent des cités entières. Des navigateurs plus expérimentés et plus braves que moi sont aujourd'hui morts et font partie de la chaîne alimentaire sous-marine.

Devrais-je faire un dernier plongeon pour saisir le radeau de survie ? Non. Devrais-je ouvrir les trappes sous le plancher du cockpit pour trouver un peu de nourriture ? Non. Devrais-je activer la dernière balise et lancer un nouvel appel à l'aide ? Non, pas encore. Devrais-je sortir à la nage avec mes fusées, les lancer en l'air dans un geste ultime, comme la dernière fusée de la conspiration des poudres ? Non, je n'en ai pas la force et la seule façon de vivre quelques heures de plus, c'est de rester sur cet équipet.

La vérité, c'est que je suis à court d'idées. Dans l'obscurité absolue, blotti dans un coin plein de vapeurs de mazout et d'eau grise, il n'y a pas d'espoir. La seule chaleur que je puisse sentir dans mon corps, c'est au fond de ma poitrine, mais je continue à taper des pieds et à claquer des doigts.

Jamais je n'ai eu peur de mourir. J'ai entendu des gens dire que ceux que la mort n'effraie pas sont des idiots, mais je ne suis pas d'accord. Je ne peux pas me permettre d'avoir peur : il faut que j'envisage la situation et que j'en étudie la logistique. C'est la seule façon de rester en vie encore un petit peu — rien qu'au cas où ils viendraient.

Je n'ai eu vraiment peur qu'une fois dans ma vie, et c'est quand Lal a failli mourir d'une rupture d'anévrisme en décembre 1995. Je me souviens, elle avait des migraines depuis longtemps, une douleur terrible derrière les yeux. Elle est allée voir le docteur un mardi et il lui a dit qu'elle avait une infection.

Le jeudi, je devais faire partie du jury d'un concours

de dessins de voiliers à Londres et je suis parti de très bon matin sans réveiller Lal. Elle n'avait cessé de s'agiter et de se retourner toute la nuit et elle avait besoin de sommeil. En fait, elle n'avait pas arrêté de perdre et de reprendre connaissance. Ce matin-là, elle devait faire des courses de Noël avec une amie qui arriva pour la chercher. Comme Lal ne répondait pas à ses coups de sonnette, Novel entra avec une clé et monta au premier.

« Qu'est-ce que tu fais encore au lit, ma petite ? Tu avais promis de venir faire des courses avec moi aujourd'hui, dit-elle.

— Je ne me sens pas trop bien.

— Fais-moi voir. »

Novel tira les couvertures, regarda le visage de Lal et s'écria : « Oh, mon Dieu. » Elle sortit de la chambre en courant et appela le docteur. Il arriva aussitôt et comprit immédiatement que Lal était en train de mourir.

Quand j'arrivai à la maison cet après-midi-là, il y avait un mot sur la table de la cuisine disant : « Ai emmené Lal à l'hôpital. »

Je fonçai comme un fou jusqu'au service de neurologie. Les médecins m'expliquèrent qu'on avait identifié au scanner deux anévrismes. Le chirurgien ne voulait pas opérer tout de suite : il ne pensait pas que Lal passerait la nuit. Le lendemain matin, je les suppliai de tout tenter pour la sauver.

On l'emmena en salle d'opération, mais elle fut prise d'hémorragie, les médecins annulèrent donc l'intervention, convaincus qu'elle ne la supporterait pas. Ce fut alors que j'appris à prier à ma façon. Toute la journée et toute la nuit, je restai au chevet de Lal à lui dire de tenir bon. A un moment, j'appelai sa sœur, Doreen, qui avait du mal à comprendre ce que je disais tant j'étais bouleversé. Ç'avait été la plus belle année de ma vie avec *Apricot*, mais j'aurais volontiers échangé toutes

SAUVÉ

mes victoires et tous mes moments de joie rien que pour retrouver Lal sur pied et en bonne santé.

Le lendemain matin, on fit un autre scanner au cerveau pour découvrir qu'inexplicablement les vaisseaux sanguins rompus s'étaient ressoudés et avaient cessé de saigner. Le chirurgien opéra pour s'en assurer, pinçant un vaisseau sanguin et cimentant l'autre.

« Est-ce qu'elle va se rétablir ? demandai-je.

— Ma foi, Mr Bullimore, je ne vais pas vous mentir, répondit le médecin. Les cinq jours suivants vont nous dire si elle a une lésion cérébrale irréversible. Même si elle survit, il y a un risque qu'elle souffre d'une forme de paralysie des muscles ou des membres. »

Deux jours durant, je restai au chevet de Lal. Quand elle se réveilla, elle vit mon visage ; quand elle serra une main, c'était la mienne ; et quand pour la première fois elle sourit, ce fut pour moi.

Jamais je n'ai oublié combien j'ai eu peur de la perdre. C'est peut-être de l'égoïsme, mais je ne pensais pas que je pourrais continuer sans elle. Maintenant, c'est moi qui suis en train de mourir et je suis terrifié à l'idée de la laisser seule.

Tu t'es totalement rétablie, n'est-ce pas, Lal, et les médecins ont dit que c'était un miracle. Ça t'a bien plu. « Capitaine Bull-dog », c'est comme ça que tu aimes m'appeler, mais je crois bien que tu dois avoir un côté un peu bull-dog toi aussi : qu'est-ce que tu en penses ?

Mon Dieu, comme j'aimerais pouvoir t'écrire une lettre. Il y a tant de choses que j'ai laissées sans les dire et ce ne devrait pas être. Alors par où commencer ?

Très chère Lal (l'endroit est aussi bien choisi qu'un autre),
Nous commettons tous des erreurs dans la vie et j'en ai quelques classiques à mon actif mais tu es de très très loin ce qui m'est jamais arrivé de mieux.

SAUVÉ

Sais-tu ce que j'aime le plus chez toi ? J'aime la façon dont tu évolues dans une pièce en essayant d'être presque invisible et en attirant pourtant tous les regards parce que tu es toujours si belle. J'aime la douceur de ta voix et comme elle devient de plus en plus forte quand tu ris avec des amis. J'aime la façon dont tu pleures en voyant un mélo au cinéma et comme tes yeux pétillent quand tu es heureuse.

Il y a tant d'autres choses... J'aime la façon dont tu me regardes lorsque je t'achète un cadeau quand ce n'est pas ton anniversaire, ni Noël, ni une fête. Tu sais tout de suite que j'ai envie de faire une nouvelle course ou de construire un autre bateau. Mais tu ne me fais jamais me sentir coupable, Lal. Ça, j'aime, parce que je n'ai besoin de personne pour m'aider à me sentir coupable de m'en aller, vraiment pas.

Nous avons fait le plus grand saut de nos existences en nous mariant. J'espère que ça ne t'a pas fait trop de peine de ne pas avoir un vrai mariage avec des tas d'amis. J'aimerais que nous puissions recommencer. Cette fois-ci, le monde entier serait au courant.

J'ai eu beaucoup de temps pour réfléchir, là-haut sur mon équipet, et j'ai eu une rudement bonne vie. J'ai fait presque tout ce dont j'avais envie, j'ai rencontré des gens remarquables, j'ai gagné et perdu deux ou trois fortunes. Je n'ai aucun regret, sauf de ne pas avoir d'enfants. Je sais que ça va te surprendre après toutes ces années, mais ce n'est pas simplement parce que je suis en train de mourir que je voudrais laisser une partie de moi en m'en allant. Si nous avions adopté les jumeaux qu'on nous proposait quand les médecins nous ont dit que nous ne pourrions pas avoir d'enfants, ils seraient grands aujourd'hui et tu aurais quelqu'un d'autre dans ta vie.

Je regrette maintenant de ne pas avoir dit oui. A cette époque-là, nous travaillions si tard au club et ça ne semblait pas juste de prendre une aussi grande responsabi-

lité. Je m'inquiétais à l'idée que nous ne les aimerions pas autant que si c'étaient les nôtres, mais je sais maintenant que ce n'est pas vrai. Un instant magique serait survenu où tout d'un coup nous les aurions aimés autant que n'importe quel parent peut aimer un enfant. Tu aurais été une mère merveilleuse et j'aurais peut-être été à la maison plus souvent, surtout les premières années.

Je sais que tu voulais que je sois davantage à la maison, Lal. Tu ne pouvais pas comprendre ce que je cherchais, mais comment dit-on à un homme de regarder ce qu'il y a au coin de la rue quand il n'y est pas encore allé. Je crois qu'aujourd'hui j'ai vu ce qu'il y avait au coin de la rue, mais c'est trop tard. Si je pouvais, je donnerais des coups de marteau sur cette coque en criant : « Ça y est ! C'est fini ! Laissez-moi sortir ! »

Si je pouvais recommencer, Lal, je serais beaucoup plus gentil et plus aimable avec les gens. Tu sais que j'ai mauvais caractère et la dent dure, mais j'essaierais de changer. Quand les choses n'allaient pas comme je voulais, parfois c'est sur toi que je passais ma déception. J'en suis navré. La prochaine fois — s'il y a une autre vie — je serai plus indulgent, j'aurai plus de considération.

Sais-tu comment j'ai imaginé que serait notre avenir ? Ça fait des années que je l'imagine. Je nous voyais dans une petite maison à la Jamaïque, pas un palais, rien qu'une simple construction en bois, pas loin de l'endroit où Noël Coward avait sa villa. Il y aurait une pièce climatisée pour mon ordinateur et je passerais mes journées à écrire. L'après-midi, je descendrais le chemin de terre jusqu'au bistrot du coin pour boire quelques verres avec les habitués et leur casser les pieds avec mes récits de mer. Et puis je rentrerais lentement à la maison, et je m'assiérais dans un fauteuil d'osier dans le jardin à regarder le soleil se coucher et les ombres s'allonger. Je t'imagine dans le jardin, Lal, avec une robe de cotonnade et un chapeau de paille à large bord, au milieu des lis, des bougainvillées, des manguiers et des hibiscus. Il y aurait même un petit carré de potager. Chaque soir nous dînerions sous la véranda : nous n'aurions pas besoin de parler parce que chacun peut lire les pensées de l'autre. Nous préférerions écouter les insectes et regarder les lucioles.

Nous avons bien failli le faire, Lal, n'est-ce pas ? En 1985, quand la municipalité de Birmingham a repris les halls d'exposition, nous devions nous installer à la Jamaïque et acheter une propriété pas loin de ta famille. J'avais quelques idées pour m'occuper et certaines d'entre elles auraient profité à la Jamaïque. Je considère comme une de mes erreurs « classiques » de ne pas être parti à ce moment-là. Si je cherche les tournants dans mon existence, alors celui-là aurait pu changer mon destin. Hélas, on ne peut remplacer l'expérience.

Promets-moi une chose, Lal. Une fois dite la messe à ma mémoire et quand tu auras touché l'argent de l'assurance, je veux que tu vendes la maison de Bristol. Je veux que tu retournes à la Jamaïque pour acheter cette petite maison et planter ce jardin. Assure-toi qu'il y a une vue sur la mer, qu'il y a un bar au bout de la route et un peu de brise qui entre par la porte de devant et ressort par-derrière. C'est le genre d'endroit que j'aimerais hanter.

Nous avons été longtemps ensemble, Lal, et je sais que tu continueras à vivre avec dignité. Tu pleureras, mais ne pleure pas trop longtemps ni trop souvent. Pense à tous les bons moments et souviens-toi qu'à jamais je serai avec toi.

Je t'aimerai toujours.
Ton vieux

Tony.

20

CANBERRA, AUSTRALIE
Jeudi 9 janvier 1997, 6 heures

Conditionné par des années passées en mer, Mike Jackson-Calway était devenu un homme d'habitudes : il commençait chaque journée avec un bol de muesli, un toast et une orange. Ce matin-là, au petit déjeuner, il était anormalement silencieux et sa femme Judith sentit que quelque chose n'allait pas. Elle essaya de lui faire la conversation, en lui parlant d'un coup de fil de Susan, leur fille qui habitait Sydney, mais elle voyait bien qu'il avait l'esprit ailleurs.

« Crois-tu qu'il soit toujours vivant là-dedans ? » finit-elle par demander.

Sans même lever les yeux, son mari répondit : « Je vis dans l'espoir. »

Jackson-Calway avait toujours réussi à dresser une barrière entre lui et l'incertitude dans laquelle vivaient les familles des disparus, mais cette fois c'était différent, et il ne savait pas pourquoi : il avait fini par se convaincre que Tony Bullimore était vivant.

Il avait entendu les propos des prophètes de mauvais augure à la cantine et dans les couloirs. « Perte de temps, perte d'argent », marmonnaient-ils. De même, les débats à la radio étaient dominés depuis des jours par des discussions sur ce que les recherches coûtaient aux contribuables australiens. Assurément, les organisateurs de la course devraient payer la facture, affirmaient de nombreux auditeurs. D'autres estimaient qu'on devrait fixer aux concurrents une limite au sud à ne pas dépasser : une latitude de 40 degrés Sud, par exemple.

« Tu sais ce qui me préoccupe le plus ? fit Judith.
— Quoi donc ?
— Qu'après tous ces efforts, tous ces frais, vous allez finir par en retrouver deux sur trois. Vous avez sauvé Dinelli et vous allez sauver Dubois, mais pas Tony Bullimore. Et le plus triste, c'est que c'est un exploit incroyable que d'avoir déjà sauvé ces deux-là mais que les gens vont l'oublier. Ils ne se souviendront que du navigateur qui est mort avant que vous ayez pu le retrouver.
— C'est la nature humaine.
— Oui, mais ça n'est pas juste. »
Jackson-Calway sourit pour la première fois ce matin-là et posa un baiser sur la joue de Judith. « Bah, on sera fixé dans quelques heures, dit-il en prenant ses clés de voiture.
— A quelle heure ?
— L'*Adelaide* devrait l'atteindre à la mi-journée.
— Tu me téléphoneras quand tu sauras ?
— Bien sûr. »

Allumant la radio de sa voiture et passant d'une station à l'autre, il tomba sur les dernières informations :
De bonne heure ce matin, l'espoir que le navigateur britannique Tony Bullimore soit vivant s'est ranimé quand un Orion de l'Air Force a capté un bruit de coups frappés contre l'intérieur de la coque de son voilier chaviré. La RAAF a confirmé qu'un microphone sous-marin a enregistré ce bruit pendant 90 secondes. Une heure

SAUVÉ

plus tard, l'équipage a entendu une nouvelle série de coups qui a duré 50 secondes. Selon les experts, ce bruit est d'origine humaine, ce qui donnerait à penser que Bullimore est encore en vie après trois jours et quatre nuits passés dans son voilier chaviré l'*Exide Challenger*. On connaîtra son sort dans cinq heures, quand le navire de guerre HMAS *Adelaide arrivera dans la zone des recherches.*

Jackson-Calway sentit son moral remonter. Peut-être Tony Bullimore avait-il entendu l'Orion survoler l'épave et s'était-il mis à frapper la coque. Dans le dossier des doubles au MRCC, il lut le dernier rapport de situation de la 92e escadre aérienne et observa que le PatMar 258 et le PatMar 259 avaient tous les deux capté un signal sur 121.5. Cela permettait de penser que Bullimore avait pu brièvement allumer sa balise EPIRB 406 pour leur faire savoir qu'il était en vie. Quant au bruit de « voix étouffées entendu par un membre de l'équipage, il était probable qu'il s'agissait de lignes qui se croisaient ou d'une interférence radio. Une balise sur 406 MHz n'a pas d'installation qui permette à quelqu'un de parler.

En feuilletant le dossier, Jackson-Calway chercha le dernier rapport de situation en provenance du HMAS *Adelaide* :

COMPTONS CONTINUER SUR UNE SEULE TURBINE. DÉCOLLAGE S70B (SEAHAWK) À 21 H GMT AVEC TRAJET ESTIMÉ 50 MILLES NAUTIQUES JUSQU'AU RADEAU SURVIE DE DUBOIS. UNE FOIS DUBOIS HISSÉ DANS L'APPAREIL, FERONS ROUTE VERS POSITION DE L'*EXIDE CHALLENGER*.

Un autre message INMARSAT-C signalait que le *Sanko Phoenix* était à 170 milles nautiques du radeau et qu'il estimait pouvoir arriver sur les lieux à 2 heures GMT, deux heures et demie après le navire de guerre.

SAUVÉ

Jackson-Calway jeta un coup d'œil au dernier bulletin météo et sentit son estomac se serrer. Une large zone de basses pressions était centrée au sud-ouest, se déplaçant vers l'est à 40 nœuds : « Avis de grand frais à coup de vent de secteur nord-ouest se déplaçant à l'avant du front suivant avec plafond de plus en plus bas et averses. Rafales jusqu'à 55 nœuds avec plafond ne dépassant parfois pas 100 à 300 pieds. Avis de vent fort ouest sud-ouest dans le sillage du front après 03 heures le 9 janvier. »

Le même type de temps qui avait fait chavirer les deux voiliers semblait avoir vraisemblablement son mot à dire dans les opérations de sauvetage. Après un voyage marathon de 2 600 kilomètres, il fallait maintenant un sprint : l'*Adelaide* livrait une course contre la montre à un front dépressionnaire. Après un tel effort, la frégate avait des réserves de carburant limitées et ne pouvait se permettre de passer que quelques heures dans la zone de recherches avant de faire demi-tour pour son rendez-vous avec le *Westralia*. Elle n'avait pas assez de mazout pour attendre la fin d'une tempête avant de commencer ses recherches.

Jackson-Calway se fit une tasse de thé. Les cinq heures suivantes allaient être parmi les plus éprouvantes nerveusement de sa carrière.

A 7 h 22, il reçut un appel de Wesley Massam à Bristol. « Je suis actuellement avec l'épouse de Tony Bullimore, dit Wesley. Dès que vous saurez si Tony est vivant, mort ou disparu, j'aimerais le savoir pour pouvoir informer sa famille.

— Bien entendu », dit Jackson-Calway. Il avait toujours su que c'était à lui qu'incomberait cette tâche. C'était la partie de son travail qu'il détestait le plus. Dans quelques heures, il allait devoir décrocher le téléphone pour annoncer à une femme que son mari était vivant, mort ou disparu et considéré comme mort.

SAUVÉ

Cependant, à plus de 6 000 kilomètres de là, le capitaine de frégate Raydon Gates, depuis la passerelle du HMAS *Adelaide* regardait le ciel qui commençait à s'éclaircir. Après une averse matinale, la mer émergeait d'un gris métallisé et le vent soufflait sur la houle des voiles de brume.

Le navire de guerre s'était rapproché à moins de 50 milles nautiques du radeau de survie de Thierry Dubois et sur le pont d'envol on préparait le décollage de l'hélicoptère Seahawk. Déjà les pales du rotor fendaient l'air, fracassant le calme du matin. Le lieutenant pilote John May ajusta ses écouteurs, leva le pouce et l'hélico décolla en se balançant au ras des vagues.

Sur la frégate, le médecin du bord, le capitaine de corvette David Wright, avait tout préparé pour le pire scénario d'un survivant souffrant de sévère hypothermie. Avant d'appareiller, l'*Adelaide* avait embarqué un équipement conçu pour réchauffer lentement un patient dont la température interne était tombée dangereusement bas. Wright avait également donné pour instruction à l'équipe d'hélitreuillage de maintenir Dubois dans une position aussi horizontale que possible. Si on le redressait trop rapidement, sa tension artérielle risquait de chuter brutalement.

Guidé par le PatMar 260, le Seahawk découvrit Dubois agitant frénétiquement les bras depuis un des deux radeaux orange de survie qu'il avait attachés ensemble.

« Je crois qu'il nous attendait », fit John May.

Dubois avait passé les trois jours précédents à essayer de se tenir chaud sans jamais détacher les balises d'autour de sa poitrine, car il craignait d'être précipité hors du radeau. Il s'était souvenu de récits de montagnards et savait qu'il ne devrait pas dormir trop longtemps car il risquait de ne jamais se réveiller. Entre deux brefs sommes, il s'occupait en écopant et en regonflant le radeau.

SAUVÉ

Le capitaine de corvette Arthur Heather ouvrit la porte latérale coulissante de l'hélicoptère au moment où l'appareil arrivait droit au-dessus du radeau de survie. On descendit lentement vers les mains tendues de Dubois un long filin lesté à son extrémité. S'attachant au filin, le lieutenant Hank Scott franchit la porte et Arthur Heather le descendit par le treuil jusqu'au radeau.

« Ça va ? demanda-t-il à Dubois, en hurlant pour se faire entendre au-dessus du fracas des rotors.
— Oui, oui, merci.
— Bon. Je vais vous remonter. Je veux que vous vous détendiez et que vous restiez calme. »

Dubois eut un large sourire derrière sa barbe noire en broussaille. « Je suis sauvé, hein ?
— Vous êtes sauvé. »

Tournoyant légèrement dans le tourbillon des pales, les deux hommes furent remontés par le treuil, Dubois allongé à l'horizontale en travers de la poitrine de Scott. A peine furent-ils à l'intérieur que la porte se referma : le navigateur solitaire s'assit sur le plancher, l'air remarquablement en forme pour quelqu'un qui en avait tant vu.

David Wright restait abasourdi par son calme et son sang-froid. Le Français ôta soigneusement ses gants et les plaça dans la poche de sa combinaison de survie réservée à cet effet. Puis il rabattit son capuchon, dégrafa les balises de sa ceinture et s'installa confortablement.

« Demande pigeons pour retrouver mère », dit John May. On donna au Seahawk un cap pour regagner le **HMAS** *Adelaide*.

Au même moment, un message satellite parvenait au quartier général de la Flotte et au MRCC :

CONFIDENTIEL
CONCERNE : OPÉRATION ANTARCTIQUE UN — SAUVETAGE
1. SAUVETAGE DE T. DUBOIS EFFECTUÉ PAR *ADELAIDE* À

SAUVÉ

21 h 17 GMT (8 JANVIER). HEURE D'ARRIVÉE ESTIMÉE À BORD 21 H 40 GMT.
2. ÉTAT GÉNÉRAL BON. MORAL EXCELLENT.
3. CONTINUONS ROUTE AU SUD À MEILLEURE VITESSE POSSIBLE VERS VOILIER *EXIDE CHALLENGER*.

A peine l'hélicoptère avait-il décollé que la frégate avait immédiatement changé de route pour mettre le cap directement vers la dernière position connue du voilier britannique. La visibilité était tombée à un mille nautique.

Ayant déposé Dubois à bord du navire, le Seahawk décolla presque immédiatement à destination de l'*Exide Challenger*, avec l'espoir de faire du sur place au-dessus de la coque et de prendre des photographies qui aideraient les équipages du Zodiac. L'hélicoptère arriva à la verticale de la coque à 22 h 45 GMT et, quarante-cinq minutes plus tard, regagna l'*Adelaide*.

Le commandant Raydon Gates adressa à la Flotte le message suivant :

> RAPPORTS INDIQUENT COQUE EN BON ÉTAT, NÉGATIF POUR QUILLE, MÂT ET GRÉEMENT TOUJOURS ATTACHÉS. AUCUN SIGNE DE VIE NI RÉPONSE À PRÉSENCE HÉLICOPTÈRE...
> SUITE : MÉTÉO SE DÉGRADE RAPIDEMENT. SI MER DEMEURE AGITÉE, ATTENDONS TEMPÊTE ET COUPS DE VENT AVEC PLUIE ET VISIBILITÉ RÉDUITE ; VENTS ACTUELLEMENT 30 NŒUDS ET FRAÎCHISSANT. TEMPÉRATURE MER 2,5 DEGRÉS.

Le commandant Gates était maintenant seul responsable de l'opération de sauvetage. A lui de décider si la mer était trop forte pour mettre le Zodiac à l'eau. Tandis que l'*Adelaide* faisait route au sud, la mer grossissait mais il ne voulait pas prendre de décision avant d'avoir vu le voilier naufragé.

Le soir précédent, il avait pris contact avec le capi-

SAUVÉ

taine du *Sanko Phoenix* pour envisager la façon dont le navire pourrait prêter assistance au sauvetage. Le pétrolier n'avait pas de canot de sauvetage mais il avait une grue avec une capacité de quinze tonnes. Envisageant toutes les possibilités, si tirées par les cheveux qu'elles fussent, Gates discuta la question de savoir si le voilier pourrait être amarré ou hissé par la grue pour s'assurer qu'il restait à flot pendant qu'on découpait la coque.

C'était bien joli en théorie mais, dans la pratique, il est tout bonnement impossible dans l'océan Austral d'amener un pétrolier de 90 000 tonnes à aborder un voilier qui tangue. Malgré les nombreux problèmes qui se posaient, le Zodiac demeurait la meilleure solution. Un membre de l'équipage avait comparé l'opération au fait de déposer des hommes équipés de marteaux-piqueurs sur le sommet d'un bloc de glace dans une mer démontée en leur demandant d'y découper un trou bien net.

Le PatMar 261 avait suivi sur sa radio HF le sauvetage de Thierry Dubois. Dès que l'équipage sut qu'il était en sûreté, l'appareil vola droit vers l'*Exide Challenger* et, malgré le plafond nuageux à 300 pieds et de violentes averses, il eut tôt fait de repérer le voilier.

En regardant la coque, « Ajax » Jackson trouva qu'elle semblait plus haute sur l'eau que la veille où les vagues avaient tendance à l'enfoncer. Il estimait maintenant possible de l'accoster avec un Zodiac.

Gardant un canal radio ouvert pour les communications avec la passerelle, Ajax vit le navire de guerre émerger des ténèbres et s'approcher à moins d'un demi-mille nautique.

« Bon, dit Richard Moth, montrons-leur où il est. Parez pour envoyer une fumigène.

— Fumigène prêt.

— Parez pour marquer à la verticale de la coque. Larguez à mon top. Larguez maintenant ! »

21

OCÉAN AUSTRAL
Mercredi 8 janvier 1997

Je tombe de nouveau. Le contact brutal de l'eau froide semble me faire exploser le cerveau, et mes entrailles se crispent. Je me redresse péniblement, je pousse des cris de déception, je donne des coups de pied dans la mare grise qu'est devenue la cambuse. Résultat, je bascule en arrière et je me retrouve à patauger dedans.

Dehors, les vagues commencent à grossir. Une nouvelle tempête s'annonce.

La brise me cingle le visage. Je lève les yeux vers la brèche dans la coque et je vois le ciel nocturne. La situation empire, elle ne s'améliore pas. De tous les différents plans que j'ai tenté d'élaborer, aucun n'a marché. Je suis à court d'idées. J'ai lutté et lutté encore, mais on dirait que depuis le début j'ai poursuivi une course inévitable vers cet instant. Comme si tout était prédéterminé, une vengeance délibérée. Malgré tous mes efforts pour me sauver, mon ennemi m'en a empêché. Il fait danser l'espoir devant un mourant et puis le fait disparaître. Je suis stupide d'avoir cru que je pour-

SAUVÉ

rais sortir vainqueur de cet affrontement. Je suis stupide de penser que quelqu'un va venir me secourir.

Je regrette de ne pas trouver un moyen de riposter. Peu m'importe que cette lutte soit vaine et sans espoir, je veux mourir en faisant autre chose que rester allongé sur un équipet. Que je puisse lutter avec la barre, écoper l'eau d'un radeau ou traverser l'Antarctique à pied, mais que je ne meure pas comme ça.

C'est exaspérant. Mon pire ennemi, c'est l'impuissance : il me faut un plan.

Je patauge jusque dans le local du moteur et je vérifie le niveau de l'eau. Pendant dix minutes, j'observe les vaguelettes qui vont et viennent dans l'obscurité et je décide que la coque s'est enfoncée de cinq ou six centimètres. Les compartiments étanches ont des fuites. L'eau vraisemblablement s'engouffre par les orifices où l'on a fait passer les fils électriques et par la fermeture des panneaux. On teste les compartiments pour qu'ils supportent des jets d'eau à haute pression, mais on ne peut le faire pour la masse d'eau de ces vagues ni le fait d'être chaviré pour de longues périodes.

Dans le rouf, l'effet d'aspiration a repris. Je le sens qui me tire les jambes tandis que je patauge jusqu'au capot. Un moment, j'ai de l'eau jusqu'au menton, puis elle est de nouveau aspirée et baisse jusqu'à ma taille. C'est comme l'évent d'un cétacé. Je détache la dernière EPIRB, mes doigts engourdis tripotent la manette que j'actionne à plusieurs reprises pour m'assurer qu'elle fonctionne. Un instant j'envisage de la laisser branchée, mais une petite voix dans ma tête dit : « Non, Tony, tu pourrais en avoir besoin. Et si tu arrives à dégager le radeau de survie ? Il te faudra une balise. »

Je me surprends à discuter avec cette voix intérieure.

« Mais je n'arrive pas à dégager le radeau. Il est coincé contre le plancher du cockpit.

— Oui, mais le bateau pourrait se redresser. Tu

SAUVÉ

pourrais disposer de quelques secondes pour te glisser dehors.
— Ça fait quatre jours.
— Oui, mais une autre tempête arrive. Peut-être qu'une vague va te retourner.
— Ou faire couler complètement le bateau. »
Et si la balise de détresse Argos a cessé d'émettre ? Combien de temps durent les batteries ? Une balise 406 peut fonctionner environ quarante-huit heures, mais je crois que l'Argos dure plus longtemps. Je l'espère. Je dérive sans doute à une vitesse d'un demi-mille. Si le signal s'arrête pour une certaine durée, j'aurai dérivé à des milles de là. Par gros temps et avec la brume, on pourrait ne pas me trouver.
Me trouver ! Qu'est-ce que je raconte ? On ne me cherche même pas ! On ne va pas faire tout ce chemin jusqu'ici pour moi. Même si c'était bien un avion que j'ai entendu il n'est pas revenu. Cette fois, ton compte est bon, Tony. Combien de temps vas-tu attendre encore avant de sortir à la nage ? Il faut plus de courage pour se suicider que pour rester en vie.
Mon esprit s'égare. Depuis combien de temps suis-je planté ici ? Je sens le froid qui s'insinue jusqu'à mon diaphragme et qui me serre le cœur. Le bateau est violemment ébranlé : on dirait que deux vagues venant chacune d'un côté sont entrées en collision. Le choc me projette dans l'eau au-dessus de la bulle cassée. La succion me tire vers le bas. Je tends les bras et je les agite à l'aveuglette pour trouver quelque chose à quoi m'accrocher. Mes mains rencontrent les deux bords du châssis et le bout de mon doigt blessé heurte un angle vif. La douleur m'envahit, mais la chaleur qu'elle provoque est presque un soulagement. J'attends que la succion s'arrête, je retiens mon souffle et puis l'eau de mer revient par la bulle et me repousse vers le haut.
Épuisé, je trébuche jusqu'à la cambuse, je me traîne jusqu'à mon équipet en essayant de protéger ma main

gauche. Je m'allonge frissonnant et je regarde des points blancs danser devant mes paupières fermées. Une voix dans ma tête continue à répéter : « Tu vas mourir. Tu vas mourir. »

Je n'ai jamais prié qu'une ou deux fois dans ma vie — la première fois, quand Lal a failli mourir. Ça n'est pas comme une prière normale quand on demande d'être pardonné et qu'on promet d'être bon. Cette fois, c'est un vrai voyage que je fais dans mon esprit : je concentre mes pensées et j'essaie de m'enfoncer profondément en moi.

« Allons, Tony, c'est l'heure de prier, dit la voix.
— Je ne peux pas, j'ai trop froid.
— Mais si, tu peux. Concentre-toi maintenant, ne pense qu'au voyage.
— Je ne me rappelle plus comment on prie.
— Mais si. Chasse tout le reste de ton esprit. Concentre-toi sur l'endroit où tu veux te rendre. Est-ce que tu vois l'allée ?
— Je ne peux pas. Je suis trop fatigué. Je n'ai plus la force de faire ça.
— Allons, pitoyable loque ! Tu ne vas pas la laisser seule. Cherche l'allée.
— Je la vois ! Je la vois tout juste, mais pas très distinctement.
— Qu'est-ce que tu vois ?
— Des petits passages. Des maisons avec des balcons.
— Concentre-toi sur le voyage, Tony. Où es-tu maintenant ?
— Je tourne à gauche, puis à droite, je passe à l'ombre, puis à la lumière. Quelque chose essaie de me tirer en arrière, je n'arrive pas à voir ce que c'est. Ça ne veut pas me lâcher.
— Alors, tu te bats. Tu peux y arriver.
— Je… ne peux pas… continuer.

SAUVÉ

— Mais tu y es presque. Encore un petit effort. Qu'est-ce que tu vois ?
— Une porte. Elle est grande et lourde, faite de planches et de gros clous.
— Avance toujours.
— Elle est entrouverte et de la lumière filtre par l'entrebâillement. J'entends des voix étouffées qui viennent de l'intérieur.
— Pousse-la.
— Elle est trop lourde.
— POUSSE-LA ! »
De toutes mes forces, je m'appuie contre la porte et lentement elle s'ouvre. A l'intérieur, il y a des gens assis autour d'une grande table en bois : ils bavardent et mangent calmement, d'autres forment de petits groupes, plongés dans des discussions ; Mon regard finit par se fixer sur celui que je suis venu voir et j'avance à pas lents dans sa direction. Sa main se lève, vient se poser sur mon épaule et je me sens en paix. Nous n'échangeons pas un mot, mais tout a été dit. Pendant quelques instants, nous sourions doucement puis, très lentement, je tourne les talons et je me dirige vers la porte.

Exténué, je sens qu'alternativement je perds et que je reprends connaissance. Je me répète sans cesse que, si je m'endors, je ne me réveillerai peut-être pas. Il va me falloir maintenant une force très particulière pour rester en vie. Il ne faut pas que je renonce. Il faut que je continue à me battre. Je ne dois pas abandonner.

Mes yeux sont ouverts, ils fixent les ténèbres. Je fais un rêve : impossible de dire si je suis conscient ou non. Un navire de guerre australien vient me sauver. Je le vois qui peine à travers les vagues, je vois sa silhouette sombre qui se découpe sur le ciel. Il va faire passer par-dessus bord un petit canot et ils vont cogner sur la

SAUVÉ

coque pour voir si je suis là. Ensuite, je vais sortir en nageant et je serai sauvé.

Une chance, Tony, tu n'auras qu'une seule autre chance. Ne la gâche pas.

22

BRISTOL, ANGLETERRE
Mercredi 8 janvier 1997, 22 heures

Wesley dit que dans quatre heures nous serons fixés. En tout cas, je ne passerai plus une autre nuit à regarder le plafond ni à contempler le jardin en me demandant si Tony est vivant ou mort. Je me dis parfois que tout serait mieux que cette incertitude, mais ce n'est pas vrai : je préfère espérer quelques heures, quelques jours ou quelques semaines encore plutôt que de découvrir que je l'ai perdu.

J'essaie de me représenter ce que cela doit être que de se retrouver seul dans ce bateau chaviré. Je m'imagine enfermée dans un placard, sans lumière, sans arrivée d'air. Le réduit est à demi plein d'une eau glaciale qui tourne comme une machine à laver, me trimbalant sans cesse. Je renonce : jamais je ne pourrai connaître cette véritable horreur.

Ce soir, je n'ai rien préparé. Je suis trop nerveuse. Nous avons commandé un repas chez un traiteur. La cuisine est pleine de gens — des amis, des neveux et des nièces — il doit bien y avoir une quinzaine de personnes. Certains des plus jeunes dorment dans les

SAUVÉ

chambres d'amis au premier, tandis que les autres errent entre la cuisine et le salon.

Yvonne m'apporte une tasse de thé. Elle sait que je ne dors pas.

« Il n'y a plus longtemps à attendre maintenant, Tante Lal, dit-elle en s'asseyant au bord du lit. Est-ce que je peux t'apporter quelque chose ?

— Non, merci.

— Il va s'en tirer », déclare-t-elle. Je ne saurais dire si c'est une question ou une affirmation.

« Je l'espère. Je continue à croire qu'il est vivant mais je me demande à quel point il est blessé. Les dommages physiques dont il a pu souffrir, je peux m'en accommoder, mais pas que son esprit soit atteint, il a toujours eu le cerveau si actif. Je ne crois pas que je pourrai supporter de le voir avec des lésions cérébrales, incapable de bavarder, de sourire ni de comprendre ce qui se passe autour de lui. Je peux soigner un corps abîmé, mais pas un esprit atteint. »

Nous restons assises sans rien dire.

« Je vais descendre dans un petit moment », dis-je. Yvonne sait qu'il est temps de partir.

Après son départ, je me demande combien d'autres sont assis à attendre en se demandant si Tony est toujours à l'intérieur de l'*Exide Challenger*. Ils doivent en discuter dans les bars des Yacht clubs, me dis-je. Je me demande ce qu'ils peuvent bien dire de lui ? Des choses aimables, j'espère.

Tony n'avait pas eu le temps de faire partie des milieux mondains du yachting. La course était devenue pour lui ce qui comptait avant tout : être second ne lui suffisait pas. C'est bien ce que tu voulais prouver, n'est-ce pas, Tony ? Tu voulais montrer qu'un garçon qui a grandi dans le café de Bill et de Kitty à Southend-on-Sea pouvait rivaliser avec n'importe qui au monde. Eh bien, tu leur as montré, n'est-ce pas ? Il a fallu que tu

SAUVÉ

grimpes beaucoup plus haut pour arriver au sommet, mais ça a donné à la victoire un goût encore plus doux.

Regarde les vitrines où sont rangés les trophées, dans la pièce de devant. Elles débordent de plaques, de coupes, de trophées, de plateaux, de statuettes et de médailles. Je pensais que tu allais t'arrêter en 1985, mais tu as continué. C'était toujours un bateau plus rapide, une course plus dure qui captivaient ton imagination. Regarde où tu en es maintenant. Tu n'en as pas encore assez ?

A minuit et quart, nous nous asseyons autour de la table de la cuisine — Joyce, Yvonne, Alan, Anthony, moi, Lois et Jane — tous les sept à nous tenir les mains. Steve et Wesley ne se joignent pas à nous : ils restent dans le salon à bavarder en regardant la télévision.

Nous prions tout haut, chacun à son tour disant quelques mots pour Tony.

« Je vous en prie, mon Dieu, aidez-le, dis-je en refoulant mes larmes. Faites qu'il tienne encore quelques heures. C'est un brave homme, et je ne veux pas le perdre. »

23

OCÉAN AUSTRAL
Jeudi 9 janvier 1997, 7 heures

Pete Wicker et les équipages des canots se rassemblèrent pour un dernier briefing dans la salle de réunion du HMAS *Adelaide* Une nouvelle fois, Jim Manson expliqua le plan.

« Si le survivant s'est enfermé dans la cabine, il peut très bien être coincé là. Étant donné la pression de l'eau sur les cloisons juste derrière lui, il n'est peut-être pas capable de sortir. Ce qui veut dire que, s'il est là-dedans, il va falloir percer la coque.

« Nous avons reçu quelques renseignements du QG maritime concernant la construction du bateau. La Flotte a expérimenté différentes méthodes de découpage et on nous signale que la lance thermique est efficace mais qu'elle présente aussi des dangers compte tenu de la chaleur qu'elle dégage et des gaz toxiques qui seront sans doute émis. On nous dit en outre que, si nous parvenons à percer la couche intérieure de Kevlar et à pratiquer une ouverture, alors une scie à métaux est relativement efficace, même si elle est un peu plus lente. Ce sera une méthode pénible parce que les fibres se prendront sans cesse dans les dents de la scie et qu'il faudra continuellement la dégager.

« Ce que nous allons tenter de faire dans le premier canot, c'est de mettre au point la méthode de découpage la plus efficace et la plus sûre. Nous devrons surveiller aussi les mouvements du bateau et les conditions météo car il faudra prendre une décision : en fait, ou bien nous adoptons le procédé le plus rapide, la lance thermique et nous en acceptons les risques ; ou bien nous avons assez de temps pour utiliser une scie.

« On a dessiné des plans pour indiquer là où il faudra découper et pour montrer l'aménagement du bord. Chaque équipage disposera d'un jeu de ces plans. »

Le capitaine de corvette Arthur Heather, planté auprès de Manson, venait de revenir à bord de l'*Adelaide* après avoir pris des photos de l'*Exide Challenger* depuis le Seahawk.

« Il n'y a pas grand-chose à quoi s'accrocher, expliqua-t-il. Il y a un morceau qui dépasse d'environ un pied, là où la quille a cassé. Le reste de la coque ne présente pas d'avaries. Le fond est très plat et presque toute la coque est hors de l'eau. Il n'y a peut-être qu'une quinzaine de centimètres au fond sous le pont qui sont sous l'eau. »

Wicker l'interrogea sur le gréement cassé et sur le meilleur côté pour aborder la coque.

« Les cordages du gréement sont au vent, y compris ce qui reste du mât, répondit Heather. Quelques lambeaux de voile semblent faire office d'ancres flottantes.

— Le côté sous le vent est donc complètement dégagé ?

— Oui, et si vous voulez envisager d'attacher des bouts aux gréements, les filins fixés à la partie inférieure des mâts sont encore en place sur le côté au vent. »

Syd Smith avait une question : « Est-ce que ce sera dur de rester sur la coque ?

— Les flancs du voilier sont assez verticaux sur une soixantaine de centimètres, mais le fond de la coque est tout à fait plat. »

Le briefing terminé, Wicker rassembla l'équipage du Zodiac et passa de nouveau en revue plusieurs manœuvres particulières. Paul Ellul et Christ Smart devaient amener le canot le long de la coque et le maintenir là. Ils devaient aussi surveiller tous les bouts accrochés au bateau et récupérer les membres de l'équipage qui seraient tombés à l'eau.

Même si la Flotte avait insisté pour qu'aucun plongeur ne fût envoyé sous la coque, Alan Rub savait qu'il devrait peut-être se mettre à l'eau pour vérifier si le radeau de survie de Tony Bullimore avait été détaché du plancher du cockpit. Bien qu'il eût une combinaison étanche, la moindre déchirure ferait tourbillonner autour de son corps une eau glacée. Pour se protéger, il porterait une culotte de plongée sous un tricot de sous-marinier puis une combinaison complète par-dessus le tout avec bottes, capuchon et gants. Au mieux, cela lui permettrait de tenir trente minutes dans l'eau.

Si Bullimore n'était pas à l'intérieur de la coque et si son radeau de survie avait été dégagé, les recherches prendraient un tout autre tour. On supposerait qu'il serait avec son radeau, dérivant au vent, sans balise pour signaler sa position. Comme les Orions avaient déjà procédé à des recherches intensives sous le vent sans trouver la moindre trace d'un radeau, la conclusion la plus probable serait que le radeau de survie avait coulé et que le navigateur avait péri.

Là-haut, sur le pont numéro deux, le vent avait fait tomber la température en dessous de zéro. Les membres de l'équipage qui n'étaient pas de quart commencèrent à prendre position, scrutant les vagues crêtées d'écume et les profondeurs des creux gris. Après avoir fait toute cette route, la plupart voulaient être bien placés pour assister au spectacle qui allait se dérouler. Le plafond de nuages était tombé à 500 pieds et le vent soufflait à 35-40 nœuds.

Sur la passerelle, Raydon Gates se renversa en arrière dans son grand fauteuil bleu, laissant Ken Burleigh conduire le navire jusqu'à leur rendez-vous avec l'*Exide Challenger*. Le fauteuil du capitaine avait jadis eu sa place dans la cabine de première classe d'un 747 de la Quantas, mais la compagnie aérienne en avait fait cadeau à Gates, qui, durant le trajet, passait jusqu'à vingt heures sur la passerelle.

Le trafic radio semblait incessant.

« Opérations à la passerelle. Pouvez-vous demander à P-3C de nous donner un cap ?

— Bien reçu, à vous.

PatMar 261 : « Pour votre information, la visibilité là-haut est d'environ un mille et demi.

— Bien reçu.

— Bulletin météo du P-3C : vers le sud ils ont repéré au radar un front à environ 10 milles et il y en a un autre plus bas au sud-est...

— En avant 12 nœuds.

— Bien reçu. »

La brume semblait s'épaissir, mais ce qui préoccupait vraiment Gates, c'était la dépression qui approchait. D'ici deux heures, ils allaient prendre de plein fouet une violente tempête. Parviendraient-ils à mettre un Zodiac à la mer et à découper la coque du voilier avant son arrivée ?

Thierry Dubois apparut sur la passerelle, venant de l'infirmerie du bord, son visage brûlé par le sel portant les traces de son exposition au froid. Le navigateur de vingt-neuf ans était dans une forme remarquable, étant donné les épreuves qu'il avait connues. Il avait de petites gelures aux extrémités, une lacération à l'index de la main gauche, une écorchure au front et il souffrait d'une légère hypothermie. Même si sa combinaison isotherme lui recouvrait les pieds, l'eau avait réussi

SAUVÉ

à s'infiltrer à l'intérieur jusqu'à mi-mollet en causant quelques dommages à ses pieds.

Dubois emprunta une paire de jumelles et scruta l'océan devant, cherchant la coque chavirée. Mieux que quiconque, il savait quelle énergie il fallait pour survivre et il était plein de confiance. « Tony a conçu et construit le voilier lui-même en 1992. C'est un bon marin. Il peut assurer l'étanchéité de la cabine. »

Un message radio l'interrompit. « Ici PatMar 261. Nous avons largué une fusée à fumée blanche.

— En avant 18 nœuds.

— Bien reçu : en avant, 18 nœuds. »

PatMar 261 : « Fumée à environ 150 mètres.

— Bien reçu. Nous avons le voilier et la fumée à la vue.

— Bien reçu.

— CCS Navigateur, pour votre information nous avons le voilier naufragé droit devant à la vue. Il est actuellement un demi-mille au sud. Il est impératif que j'aie contrôle SEC. Je vais demander la manœuvrabilité dans les cinq minutes à venir.

— Bien reçu. »

Pete Wicker fit pivoter les jumelles vers le panache de fumée blanche. A travers la brume, il aperçut la forme esseulée de l'*Exide Challenger*, tantôt sur la crête d'une vague, un instant plus tard recouvert par les remous. Le voilier dépassait l'eau d'environ trois mètres, selon la position qu'il avait sur la houle.

Sur la passerelle et sur les ponts, chacun retint son souffle. Après avoir voyagé pleins d'espoir, il leur avait suffi d'apercevoir l'*Exide Challenger* pour convaincre la plupart des observateurs qu'ils avaient devant eux un cercueil flottant plutôt qu'un havre sûr.

« On a fait un foutu long chemin pour tirer un corps de là », marmonna Wicker. Jusqu'à cet instant, il avait réservé son opinion mais il était persuadé maintenant que Tony Bullimore était mort. On pouvait lire les

SAUVÉ

mêmes sentiments sur les visages de l'équipage du Zodiac tandis que les hommes se préparaient à mettre à la mer le canot pneumatique.

Jim Manson transmit les dernières instructions du commandant : « La sécurité passe avant tout. Nous sommes venus ici pour sauver des vies, pas pour en perdre. Aucun de vous ne doit se mettre personnellement en danger pour effectuer ce sauvetage. J'espère que je me suis bien fait comprendre. »

Facile à dire. Ceux qui participaient à l'opération savaient que, dès l'instant où quelqu'un grimpait sur la coque agitée par le roulis et commençait à la découper, il risquait sa vie.

A 1 heure GMT, le HMAS *Adelaide* arriva à deux cents mètres de la coque chavirée et se mit à décrire lentement des cercles en actionnant la sirène du navire. Gates et l'équipage de la passerelle sortirent, emmitouflés dans des chandails et d'épais blousons. Regardant autour de lui, le commandant constata que presque tous les membres de l'équipage s'étaient rassemblés sur le pont supérieur, bravant le froid pour apercevoir le voilier.

« Je vais me retrouver avec quelques douzaines de cas d'hypothermie », marmonna-t-il.

Huit minutes plus tard, Paul Ellul et Chris Smart mirent à l'eau le Zodiac, tous deux portant des combinaisons isothermes : ils seraient le plus longtemps exposés aux intempéries. Pete Wicker essayait de lutter contre le froid avec un chandail de sous-marinier, des caleçons longs, un bonnet de laine et de gros gants de cuir, mais il frissonnait quand même lorsqu'il embarqua sur le canot pneumatique.

Thierry Dubois se pencha pour lui crier un conseil. « Il est peut-être vivant. Il y a de l'air. Peut-être que vous pouvez approcher et frapper sur la coque, d'accord ? Frappez simplement. »

Empoignant les cordages sur les côtés du Zodiac,

SAUVÉ

Wicker entendit le moteur s'emballer et il sentit la brutale accélération tandis que le canot pneumatique s'éloignait de la frégate et fonçait dans le vent. Le Zodiac arriva en rugissant en haut de la première crête et, plongea dans un creux. Tout se mit à frémir et, comme des aiguilles, des embruns glacés vinrent cingler les visages.

Le Zodiac bondissait sur la houle, avalant rapidement la distance tandis que la coque disparaissait et réapparaissait toutes les dix secondes. A l'envers, le chiffre « 33 » ressortait de façon spectaculaire sur la coque blanche et Wicker fut très surpris de voir à quelle hauteur l'étrave du voilier émergeait de l'eau. Ellul, le barreur, calcula son approche pour surfer le long d'un creux ce qui les amena bord à bord.

« Bien joué, cria Wicker. On peut reculer un peu ?

— Derrière toi », cria une voix.

La houle suivante projeta le Zodiac contre la coque puis l'aspira dans un creux et une brèche s'ouvrit entre les deux embarcations. « Il faut que tu nous rapproches », hurla Wicker.

Le Zodiac vira tandis qu'ils recherchaient le meilleur côté pour approcher. Ils avancèrent une nouvelle fois et Wicker lança le premier grappin sur la coque, s'efforçant de l'accrocher de l'autre côté. Il échoua dans sa première tentative et, comme il tirait sur le bout, le crochet revint de plein fouet sur lui. Il essaya une nouvelle fois : il devait balancer le crochet et le lancer sans dégringoler par-dessus bord. Jim Manson réussit à accrocher un bout de gréement sur l'autre flanc et l'attacha à l'arrière. Smart alors réussit le « coup du siècle », comme le dit Wicker, et attrapa avec un grappin des fragments de la quille. Il s'enroula autour puis s'y accrocha : un lancer comme on n'en voit que dans les manuels.

Avec des amarres fixées maintenant à l'arrière et à l'avant du Zodiac, le canot était collé contre l'*Exide*

SAUVÉ

Challenger. Wicker jeta un coup d'œil à Syd Smith. « Passe-nous un marteau, veux-tu ? Je vais voir s'il est là-dedans », dit-il.

Cramponné au bord du Zodiac, il se pencha, leva le bras et donna trois violents coups de marteau. La tête du marteau semblait chaque fois rebondir sur la coque et il sentait les ondes de choc vibrer dans son bras.

S'arrêtant, le marteau en l'air, il attendit, l'oreille aux aguets.

24

OCÉAN AUSTRAL
Jeudi 9 janvier 1997, 8 heures

« BANG !... BANG !... BANG !... »
On dirait que le bruit explose dans la cambuse. Bon sang, qu'est-ce que c'est que ça ? Ça ne peut pas être le gréement, ça fait trop de bruit. J'ai la gorge serrée. Je roule sur le côté, je fais basculer mes jambes sous moi en heurtant l'eau.
J'entends un moteur. C'est peut-être un hélicoptère ou un bateau. Ça vient de bâbord. Seigneur, ils sont ici : ils sont venus me chercher. Je n'arrive pas à y croire. Il faut que je leur fasse un signal. Il faut que je frappe pour répondre. Qu'est-ce que je peux utiliser ? Je regarde comme un fou autour de moi en essayant de trouver quelque chose. La balise de secours ! Je l'arrache de l'équipet d'en face et je commence à marteler le toit. Il y a une doublure de caoutchouc sur laquelle la balise rebondit sans faire un bruit.
Je me mets à taper sur le toit avec mes poings engourdis par le froid.
Je crie : « Je suis là ! Je suis là ! » Les parois absorbent le son comme l'eau disparaît dans le sable. Je me

demande s'ils arrivent à m'entendre. « Je suis là ! Je suis là «

Ils tapent de nouveau sur la coque « Da, da da-ta dah, Da ! Da ! » Ça fait un drôle de bruit : sûrement, c'est quelqu'un qui tape. Je m'approche du côté de la coque d'où proviennent les coups et j'entends des voix étouffées.

Je continue à crier : « Je suis là ! Je sors ! » Je ne sais pas si on peut m'entendre. Je suis terrifié à l'idée qu'ils puissent repartir.

Criant toujours, je patauge dans le compartiment moteur, le cœur battant. Pas d'erreur, Tony. Tu as une chance : ça y est. Les voix étouffées sont juste au-dessus de moi. Je me prends la cheville dans un cordage et je tombe en avant. Je me relève, j'arrive jusqu'au rouf mais l'eau, comme des sables mouvants, me retient par les pieds. Je passe devant la bulle cassée et la cuisine submergée.

Devant le capot d'entrée, je prends une profonde inspiration et je plonge. Le froid me pique les yeux, mais il faut que je les garde ouverts. D'un coup d'épaule, je pousse la porte, je me glisse par l'entrebâillement et dans la pénombre verdâtre, je donne un coup de pied sur la cloison. Les bulles montent derrière moi, flottant vers le haut dans un miroitement qui ondule dans mes yeux. Je donne un coup de pied, deux, trois, je me sers de mes bras pour lutter contre la flottabilité naturelle de la combinaison étanche. J'écarte les capots et les garde-fous autour du poste de pilotage. Des gréements m'effleurent les jambes. Plus bas, Tony, plus bas, il ne s'agit pas de t'empêtrer : tu en as trop vu pour périr comme un poisson pris au filet.

Jusqu'où encore ? Qu'est-ce qui m'attend là-haut ? Le reste de ma vie. Une femme superbe. Une villa à la Jamaïque.

La pression m'écrase les tympans. Encore un coup de pied, deux, trois. Le froid m'éclaircit les idées :

maintenant, mes pensées sont plus précises. Remonte, Tony.

Je gicle hors de l'eau, clignant des yeux à cause du sel et de l'éclat de la lumière du jour que je vois pour la première fois depuis quatre jours. Juste devant moi, occupant mon champ de vision, un navire de guerre. On dirait une de ces images comme on en trouvait dans les paquets de cigarettes Woodbine. Je n'ai jamais connu moment plus merveilleux. Une joie totale et sans pareille m'envahit, si pure que ça m'en fait mal. Les larmes se mêlent à l'eau de mer et ruissellent sur mes joues hérissées de barbe. On m'a donné une seconde chance de vie. Je me suis arraché à un trou noir, humide, où j'étais dans une solitude désespérée, pour renaître.

Où est le canot de sauvetage ? Je ne sais pas combien de temps je suis capable de nager. Je suis épuisé.

J'entends des voix : je me retourne.

« Le voilà ! Le voilà !

— Il est dans l'eau ! »

Un visage barbu me contemple par-dessus la coque chavirée : il a l'air surpris de me voir.

« Est-ce que je peux aller par là ? » crie quelqu'un.

Un moteur rugit et j'aperçois un homme en noir qui nage vers moi en contournant l'arrière du voilier. Trois... quatre... cinq brasses et il est là. Il a des bras d'une force surprenante. Il les enroule autour de ma poitrine et me soulève hors de l'eau comme un enfant.

Je dis : « Merci », les mots s'étranglent dans ma gorge. Je me renverse en arrière et je me laisse aller. C'est bon d'être sous la responsabilité de quelqu'un.

Le canot pneumatique contourne l'étrave de l'*Exide Challenger*, virant brusquement dans un grand remous et se dirige vers nous. Le plongeur parle, sa bouche collée contre mon oreille. « Restez calme. On va vous tirer de là. »

SAUVÉ

Le canot arrive auprès de nous et je vois des bras se tendre vers moi.

« J'ai ses épaules, crie quelqu'un.
— Prends-lui l'autre bras...
— Attention, il est peut-être blessé. »
Le barbu dit : « A trois. Un... deux... trois... »
Tout d'un coup, je sors de l'eau et je m'affale à plat ventre par-dessus lui. Il me retourne et m'enveloppe autour de la poitrine une couverture en feuille d'argent. J'ai la tête blottie contre lui. Je lève la main. « Mon doigt, mon doigt », dis-je, inquiet à l'idée que quelqu'un pourrait m'empoigner la main.

La houle frappe le Zodiac de côté, le faisant rouler, je sens le vent tirer sur la couverture, mais après quatre jours dans un trou noir, le monde me semble si beau. Le moteur rugit, chaque battement de l'hélice se répercute dans le bois du pont. Surfant sur la première vague, le canot s'envole et s'aplatit dans un creux. Tout tremble. Le barreur ralentit et zigzague entre les vagues.

« J'ai pensé qu'il était temps de faire une apparition », dis-je en essayant de sourire. Ils ont tous l'air si inquiets. Qu'est-ce qui ne va pas ?

« Ne bougez pas. Restez tranquille. On va vous hisser à bord dans un instant.

— Oh, mon Dieu, c'est merveilleux, dis-je. Si vous n'aviez pas une barbe, je vous embrasserais. »

Un grand sourire. « Que ça ne vous empêche pas. »

Je lève les bras, empoigne son visage avec mes mains engourdies et je lui plante un gros baiser sur la joue. Puis j'attrape le plongeur et je le serre dans mes bras. J'ai envie de les embrasser tous.

« Ne bougez pas. Vous pourriez être blessé. Restez tranquille. »

En arrière fond, la radio crépite et bourdonne. Des gens parlent d'équipes médicales et de tension artérielle. Le navire de guerre se dresse au-dessus de moi,

ses flancs abrupts montant vers le ciel, comme des falaises qui grimpent à l'assaut des nuages bas. Criant pour dominer le bruit du moteur, je demande : « Quel est le nom du navire ? D'où venez-vous ? »
C'est le barbu qui répond : « Je suis Pete Wicker et c'est l'*Adelaide*, une frégate de la Marine royale australienne.
— Australienne ?
— Eh oui.
— Je le savais. J'ai fait un rêve...
— Qu'est-il arrivé à votre doigt ? demande le plongeur.
— Je l'ai perdu quand le panneau s'est refermé brusquement.
— Ça doit faire mal.
— Pour être franc, je ne sens absolument rien. »
J'entends de nouveau la radio et un homme de l'équipage me dit : « On ne va pas vous treuiller, on va soulever le canot tout entier et on vous sortira de là sur le pont, c'est le plus sûr. »
Je reste donc allongé aussi immobile que possible, tandis que les câbles se tendent et qu'un treuil commence à soulever le canot. Au deux tiers du trajet, je remarque les visages : des douzaines et des douzaines, qui me scrutent par-dessus le bastingage et qui occupent tous les endroits d'où l'on peut voir quelque chose. Il y a des regards curieux, fascinés, anxieux ou incrédules. Ces gens-là ne me connaissent pas : je ne suis jamais allé dans leur pays et pourtant j'ai l'écrasante impression que nous ne faisons qu'un, qu'à cet instant précis nous voyons la vie du même regard.
Le Zodiac se pose sur un support du pont et je dis à quelqu'un : « Nous sommes à bord ? Vous avez pris une photo de mon bateau ? »
Un gros avion nous survole dans un hurlement. D'où venait-il, celui-là ?
On crie des ordres, des gens se pressent autour de

SAUVÉ

moi, on me soulève pour me déposer sur un brancard. Au milieu de l'enchevêtrement des bras, une main étreint les miennes. C'est Thierry Dubois.
« Bonjour, Thierry, qu'est-ce que tu fiches ici ?
— C'est une longue histoire. » Il sourit. « On aura largement le temps de bavarder plus tard. »
Quatre hommes me font traverser le pont pour pénétrer à l'intérieur du navire, des portes métalliques se referment derrière nous. Les coursives sont étroites et il n'est pas facile d'y circuler avec un brancard. Des flashes jaillissent autour de moi.
« Des renforts par ici », crie le médecin. Il me regarde. « Maintenant détendez-vous et laissez-nous vous prendre. Allons, à trois : un... deux... trois... »
On me dépose sur une table d'examen.
« Je vais découper cette combinaison pour vous l'enlever, d'accord ?
— Faites ce que vous avez à faire. »
Je regarde de gros ciseaux se mettre à l'ouvrage, on m'introduit un goutte à goutte dans le bras. On m'enroule dans un drap, puis dans la feuille d'argent. Des canalisations soufflent sur mon corps de l'air chaud et une douce chaleur s'infiltre en moi. Les parties de mon corps qui n'ont pas souffert se réchauffent superbement mais je continue à ne sentir ni mes mains ni mes pieds.
Le médecin me pose sur la bouche et sur le nez un masque à oxygène.
« Pouvez-vous remuer pour moi vos doigts de pied ?... Maintenant vos jambes... Essayons vos doigts. Pouvez-vous sentir ceci ?... Et ça ?... Comment vous sentez-vous ?
— Pas mal, me semble-t-il.
— Nous allons mesurer votre température interne. »
Il faut que je lui demande quelque chose. Il me retire le masque en plastique. « Est-ce que je vais perdre des

doigts aux mains ou aux pieds ? Je veux dire : à part ça. » Je brandis mon bout de doigt sectionné.
« C'est trop tôt pour le dire. »
Il ne veut pas en ajouter davantage, mais j'insiste.
« En fait, vous êtes en meilleure condition que je ne m'y attendais. Vous avez quelques gelures mineures, mais la plupart des blessures que vous avez aux pieds ne sont pas des gelures : c'est ce qu'on appelait les " engelures des tranchées " pendant la Première Guerre mondiale. Ça devrait aller. »
Un homme arrive à mon chevet. Les autres ont l'air de s'écarter sur son passage : ce doit être quelqu'un d'important.
« Bonjour, Tony, je suis content que vous soyez sain et sauf. Je suis le commandant Raydon Gates et j'aimerais vous souhaiter la bienvenue à bord du HMAS *Adelaide*.
— Merci, commandant. » Je lui serre la main.
« Nous sommes enchantés que vous soyez en vie.
— Moi aussi. Moi aussi.
— Nous avons aussi Thierry à bord.
— Je sais. Qu'est-ce qui lui est arrivé ?
— Il a chaviré dans la même tempête. »
Raydon Gates a un regard très intense et il me dévisage comme s'il voulait être bien sûr que je ne suis pas une illusion. Il me racontera plus tard que chaque fois qu'il nous voyait, Thierry ou moi arpenter le navire, il se disait : « Ils ne devraient pas être ici. Ils ne devraient pas être en vie. »
Allongé sur la table d'examen, en sentant les jets minuscules d'air tiède qui me massent la peau, je m'interroge sur Lal. Je sais que quelqu'un a dû lui téléphoner pour lui annoncer la nouvelle, mais j'ai envie de lui parler pour lui dire que je vais bien. Le docteur me répond qu'il faut que j'attende d'avoir les pieds bandés et qu'il ait procédé à d'autres examens.

SAUVÉ

« Il y a des journalistes dehors qui menacent d'enfoncer la porte.
— Qu'est-ce qu'ils veulent ?
— Vous. »

Il m'explique quel beau sujet d'article je suis devenu, mais ça n'entre pas dans ma tête. Pourquoi s'intéresserait-on à moi ?

Les gens des médias entrent dans la salle et commencent à me bombarder de questions. Dès l'instant où je commence à parler, je ne peux plus m'arrêter. Je piaille comme un écureuil fou.

« … C'était fabuleux, absolument fabuleux. Quand j'ai entendu taper sur le flanc de la coque, il a fallu que j'y réfléchisse quelques secondes parce que les coups incessants du gréement et les autres bruits étaient absolument exaspérants… quand j'ai entendu ces coups incompréhensibles, c'était comme le paradis : puis j'ai entendu une voix dehors et je me suis mis à crier : " J'arrive, j'arrive. "

« Et, mon vieux, quand j'ai vu ce navire planté là et l'avion qui le survolait et deux types qui regardaient par-dessus la coque chavirée, c'était vraiment le paradis. Absolument le paradis. Je n'aurais jamais, jamais cru que je tiendrais jusque-là. Je commençais à revoir mon existence et à penser : " Ma foi, j'ai eu une bonne vie. J'ai fait presque tout ce dont j'avais envie. J'ai eu une bonne épouse. " Ça ne me gêne pas de me raconter au monde entier : je suis devenu plus humain. Au cours de ces six derniers jours, je suis devenu quelqu'un de différent. Je ne serai plus si désagréable avec les gens. Non pas que je l'étais vraiment, mais je serai davantage un gentleman et j'écouterai davantage les gens. »

25

OCÉAN AUSTRAL
Jeudi 9 janvier 1997

Pete Wicker accepta les félicitations de ses coéquipiers, les mains jointes autour d'une tasse de thé fumante. Les embruns ruisselaient encore sur sa barbe et séchaient sur ses joues. Les gens l'entouraient, le pressaient de questions. Tout le monde souriait, plaisantait.

« Alors, Pete, tu as frappé sur la coque en criant : " On vous appelle d'Australie ! " »

— Oui, sinon il aurait pu croire que tu venais quêter.

— Tu as donné le mot de passe ? »

Wicker arborait un large sourire. Il était si excité qu'il se sentait rajeuni de vingt ans. Toutes les inquiétudes des jours précédents s'étaient envolées quand il avait entendu la voix d'un homme et aperçu sa tête grisonnante qui dansait sur l'eau auprès de la coque chavirée.

Après avoir frappé la coque à trois reprises, il s'était arrêté, le marteau en l'air, attendant une réponse. L'équipage du Zodiac entendit comme lui : des coups frappés, puis un cri étouffé. Ils se regardèrent.

« Bon sang, il est vivant !

SAUVÉ

— Chut ! »

Puis le cri leur parvint plus distinctement. « Je suis là ! Je suis là ! »

Wicker frappa en réponse en changeant le rythme. « Da, da da-da dah, da da ! »

Jim Manson prit la radio et hurla dans l'appareil : « Il est vivant ! Il est vivant ! » Le message fut aussitôt transmis à la passerelle.

« Ça va ? Vous pouvez sortir ? » hurla Wicker aussi fort qu'il en était capable.

La réponse étouffée était incompréhensible.

« Qu'est-ce qu'il a dit ? demanda Manson.

— On aurait dit " Non ! " », fit Wicker. Il empoigna une hache et se hissa plus haut sur la coque. La balançant à toute volée, il l'enfonça sans mal dans la mousse.

Tripotant le combiné de la radio, Manson annonça à la passerelle : « Nous avons pris contact avec le survivant qui nous a indiqué qu'il était coincé à l'intérieur. L'équipage du Zodiac procède au sauvetage. A vous. »

Comme Wicker brandissait de nouveau la hache, il entendit la voix étouffée qui s'éloignait vers l'arrière du bateau.

« Où diable est-ce qu'il va ? marmonna-t-il. Il doit être juste là-dessous à nous appeler à travers ce qui reste de la quille. » La voix continuait à se déplacer, puis s'arrêta. Wicker enfonça la hache dans la coque, ouvrant une brèche large comme le poing dans la couche extérieure.

Pure comme le cristal, une voix lança : « Ohé ! Je suis là ! Je suis là ! »

Wicker regarda autour de lui. Il était incapable de repérer la direction, mais il savait que c'était très proche. La radio lança un message de la passerelle. « Le voilà ! Le voilà ! Il est dans l'eau ! »

Tony Bullimore avait fait surface de l'autre côté de la coque, près de l'arrière. Wicker regarda par-dessus et

SAUVÉ

vit une tête qui dansait sur l'eau. Le visage se tourna en lui lançant un regard implorant. Il trancha aussitôt les amarres avant d'un coup de hache et Maxwell largua tout à l'arrière.

« Est-ce que je peux aller de ce côté-là ? » cria Rub à Manson qui ne prit même pas le temps de répondre. Le plongeur avait déjà réagi : il était dans l'eau et contournait l'étrave en quelques brasses puissantes. Le Zodiac passa de l'autre côté, le nez du canot se dressant vers le ciel sous la poussée du moteur.

Bullimore pouvait être épuisé ou grièvement blessé ; il pouvait se noyer avant qu'ils arrivent jusqu'à lui, se dit Wicker. Comme le canot contournait la coque, il aperçut le visage du navigateur. Il avait les yeux creux, l'expression presque hantée de quelqu'un vraiment au bout du rouleau. Son visage exprimait à la fois l'épuisement et un immense soulagement.

Le plongeur rejoignit Bullimore quelques secondes avant le Zodiac. Wicker prit le survivant par les épaules, Manson par un bras et Rub poussa pardessous. Deux efforts encore et il glissa à l'intérieur du canot par-dessus Wicker qui le remit sur le dos.

« J'ai pensé qu'il était temps que je fasse une apparition », fit Bullimore.

Le médecin du bord avait recommandé à Wicker de maintenir le rescapé dans une position aussi horizontale que possible. A des stades avancés d'hypothermie, un mouvement brusque, par exemple pour s'asseoir, peut être fatal.

Il appuya sur ses genoux la tête du navigateur.

« Si vous n'aviez pas cette barbe, je vous embrasserais.

— Que ça ne vous empêche pas... »

L'équipage riait en entendant Wicker raconter l'histoire. « C'est à ce moment-là qu'il m'a roulé un patin.

— Eh oui, il faut les avoir à l'œil, ces British, lança Syd Smith.

SAUVÉ

— Il fallait vraiment qu'il soit désespéré pour embrasser un type aussi moche que toi », répliqua quelqu'un.

Wicker n'avait jamais été aussi excité. Ç'avait été le plus beau moment de sa carrière navale. Jamais auparavant il n'avait eu l'occasion de rendre quelqu'un à la vie. Un sentiment que partageait tout l'équipage du navire. Aucun de ceux qui se trouvait là n'oublierait cet instant.

A 30 000 pieds au-dessus d'eux, l'équipage du PatMar 261 célébra l'événement en trinquant à la réussite de l'opération avec un jus de fruits.

« Participer à un sauvetage, c'est quelque chose, mais deux le même jour, ça vous coupe le souffle, dit le chef d'escadrille Richard Moth.

— Et quand on pense qu'on a failli le manquer, dit Ajax. Il n'a pas perdu de temps à sortir de là. »

Après avoir donné un cap à l'*Adelaide* jusqu'au voilier chaviré, l'Orion avait jailli au-dessus des nuages, en coupant un moteur pour économiser le carburant. De là-haut, en utilisant le radar, il pouvait repérer la dépression qui approchait et qui n'était plus maintenant qu'à cinq milles. L'équipage supposait que le HMAS *Adelaide* allait tourner autour de l'épave pour estimer la situation avant d'amorcer toute tentative de sauvetage.

Dans le siège du copilote, Ajax avait envoyé à la passerelle un message radio : « PatMar 261 à *Adelaide*. Dans combien de temps comptez-vous mettre le canot à la mer ?

— Le Zodiac est à l'eau », répondit-on.

Moth et Ajax regardèrent. « Redescendons. »

Amorçant un piqué, l'Orion descendit à 300 pieds et survola l'*Exide Challenger* tandis que le Zodiac l'accostait. Ajax regarda lancer les grappins par-dessus la coque tandis que l'équipage s'efforçait de trouver un point d'attache. En quelques secondes, l'Orion était passé dans un rugissement de moteurs et Moth fit demi-tour. Il effectuait son virage quand ils reçurent un message de la passerelle.

« PatMar 261, ici l'*Adelaide*.

— Je vous écoute, *Adelaide*.

— Pour votre information, le contact a été établi avec Mr Bullimore. Il est en vie à l'intérieur du bateau. Nous entreprenons une opération de sauvetage. »

Des hourras et des acclamations retentirent dans l'appareil.

« Ça, alors... Il est fort, le vieux, cria Sean Corkhill.

— Ce vieux renard nous doit une bière, dit Ajax. Air Force Sydney, ici PatMar 261. Veuillez annoncer aux Opérations de la 92e escadre que Mr Bullimore est vivant à l'intérieur du voilier. »

L'Orion fit un nouveau passage et Ajax aperçut la coque blanche et la silhouette sombre du Zodiac le long du bord. « Comment diable est-ce qu'ils vont le tirer de là ? » se demanda-t-il tout haut.

Comme ils passaient à la verticale, en regardant tout en bas, il aperçut une tête grise qui flottait sur l'eau près de l'arrière.

« Il est dans l'eau ! Il est dans l'eau ! »

Au même instant, la radio de l'*Adelaide* reprenait les mots en écho. Un plongeur était dans l'eau et nageait vers le rescapé. Il le ceintura et le maintint jusqu'à l'arrivée du canot.

Quand l'Orion effectua un nouveau passage, le canot pneumatique filait sur les vagues en direction de l'*Adelaide*. Allongé à l'intérieur, Tony Bullimore était enveloppé dans une couverture en feuille argentée d'où n'émergeait que son visage barbu et grisonnant.

« Ce que nous voyons là, c'est le plus sacré veinard au monde, dit Moth.

— Je crois qu'il le sait », acquiesça Ajax.

SAUVÉ

A l'Aéroport International de Perth, Vic Lewkowski ne disposait pas de bureau : il avait contrôlé les opérations au sol de recherches et de sauvetage en utilisant des téléphones mobiles. A 9 h 30, heure locale, un appel arriva du centre de communication des opérations aériennes à Sydney : Tony Bullimore avait été sauvé.

Lewkowski traversa en courant la piste jusqu'aux Orions où les mécaniciens continuaient à travailler dans la chaleur accablante. Hurlant pour se faire entendre par-dessus le générateur, il cria : « Il est vivant ! Il est vivant ! »

Des acclamations éclatèrent, les hommes s'aspergèrent à coups de bouteilles d'eau minérale. Cela avait valu la peine de travailler par roulement de douze heures dans une chaleur épouvantable : on avait sauvé un homme. Peu importait d'avoir travaillé en coulisses, ou que les équipages des P-3C recueillent toujours l'attention des médias : chacun d'eux avait joué un rôle dans un sauvetage stupéfiant.

Larry Smith et son équipage avaient effectué la dernière mission mercredi soir pour regagner Perth aux premières heures de jeudi matin. L'équipage alla se coucher au motel du Grand Eastern et dans d'autres établissements voisins en convenant de se retrouver plus tard dans la matinée pour avoir des nouvelles de l'opération de sauvetage.

Quand Smith s'éveilla et alluma la télévision, Dubois avait été recueilli sain et sauf par le Seahawk. Il courut d'une chambre à l'autre en disant : « Il va bien. Il va bien. »

Le HMAS *Adelaide* était encore à une heure de l'*Exide Challenger* : ils convinrent donc de se retrouver pour le petit déjeuner dans un café voisin, à quelques minutes à pied de là. Quelqu'un resta à la base pour attendre l'appel. L'équipage venait de commander une

seconde tournée de toasts et de café quand un messager arriva, hors d'haleine.
« Il est vivant ! Il va bien. »
Ils regagnèrent l'hôtel en courant et s'entassèrent tous dans la même chambre pour regarder les premiers reportages en provenance de l'*Adelaide*.
Comme Phil Buckley, Smith avait toujours paru certain de la réussite, mais le sentiment de soulagement et de joie qu'il éprouva en apprenant le sauvetage de Tony Bullimore lui fit comprendre qu'il avait « espéré » bien plus que « cru » que le navigateur pourrait survivre.
« J'ai lu des livres sur les naufrages et des histoires de rescapés, c'est ça qui m'a fait garder l'espoir, avouat-il par la suite. On cherche le pire et on espère pour le meilleur en regardant aussi fort qu'on peut. On regardait jusqu'à en avoir mal aux yeux. On scrutait la mer jusqu'au moment où on est arrivés à la PLE (Prudente limite d'endurance). Ça n'est pas un moment agréable quand il faut remettre les gaz, reprendre de l'altitude et rentrer.
« Mais ça, c'est formidable. Ça vaut tout le mal qu'on s'est donné. Vers la fin, on n'en pouvait plus. On se sent responsables des gens qui sont en bas et personne n'avait envie de les perdre. »

Au quartier général du MRCC à Canberra, on prenait des paris sur l'heure où on apprendrait quelque chose. Mike Jackson-Calway avait choisi 1 h 45 GMT : 12 h 45 heure locale. Il avait l'impression que le bureau était bourré de spectateurs, ce qui n'était rien auprès du chemin dehors envahi par les caméras de télévision, les reporters, les photographes et les journalistes.
Jackson-Calway était assis à son bureau, Rick Burleigh auprès de lui. David Greigh, le chargé de presse, rôdait à l'arrière-plan, composant dans sa tête divers communiqués, un pour chaque cas.
Le téléphone sonna et tout parut s'immobiliser dans

SAUVÉ

la pièce, comme si quelqu'un avait fait un arrêt sur image. Seul Jackson-Calway fit un geste pour décrocher le combiné.

« Ici le HMAS *Adelaide*. Nous vous informons qu'à 1 h 43 GMT Tony Bullimore a été recueilli sain et sauf. L'*Adelaide* a contourné le bateau en donnant des coups de sirène, sans obtenir de réponse. On a mis un canot à la mer, les hommes ont frappé sur la coque chavirée et Tony est sorti à la nage. »

Très calmement, Jackson-Calway nota tout cela et remercia. Puis il se tourna vers Rick Burleigh. « Ils l'ont retrouvé. Il est vivant ! »

Des acclamations jaillirent de toutes parts et David Gray faillit attaquer un petit pas de danse près du télex.

« Comment ? Comment ? » Les questions commençaient.

« Ils ont frappé sur la coque et il est sorti à la nage. Tout simplement ! »

Les rires retentirent dans la petite pièce. Ils avaient réussi ! Trois sur trois ! La plus vaste opération de recherches et de sauvetage entreprise par les Forces australiennes en temps de paix avait connu une réussite spectaculaire.

Au milieu de l'euphorie et des félicitations, Jackson-Calway décrocha le téléphone.

26

BRISTOL, ANGLETERRE
Jeudi 9 janvier 1997, 2 heures du matin

A la seconde sonnerie, Wesley décroche mais je suis incapable de lever les yeux de la table de la cuisine. Lois et Anthony me pressent les mains.

Tournant le dos à la table, Wesley regarde par la fenêtre le jardin plongé dans la nuit. Pendant un long moment, il se contente d'écouter. Puis il dit : « Pourriez-vous confirmer ce que vous venez de dire. »

Après un silence qui dure une éternité, il répète : « Désolé, mais voudriez-vous confirmer ce que vous venez de m'annoncer ? »

Dans le silence total, une grosse larme roule le long de ma joue. Oh, mon Dieu, Tony où es-tu ? Faites que tout aille bien. Faites qu'il ne soit pas mort.

« Vous êtes certain ? » dit Wesley.

Il brandit le poing et alors je sais. Je pousse un hurlement et tout à coup des gens m'étreignent en sanglotant. On dirait qu'une partie de moi a quitté mon corps et que je flotte dans l'air. Mon fardeau s'en est allé et c'est merveilleux. Nous nous étreignons, nous nous embrassons, nous sautons, nous dansons, nous

SAUVÉ

ouvrons une bouteille de champagne et nous crions : « Il est vivant ! Il est vivant ! »

Une heure plus tard, une jeune photographe frappe à la porte. Elle apporte une bouteille de champagne. Il est 2 heures du matin, mais son rédacteur en chef l'a envoyée prendre une photo de moi. Comme je la plains, je l'invite à entrer et elle prend les premières photos de la fête qui bat son plein. Plus tard, elle apporte des photos de Tony après le sauvetage. Il est enveloppé dans une couverture argentée, le regard hanté. Je vois sa bouche ouverte et ses mains levées à quelques centimètres au-dessus de sa poitrine.

Je dis à Wesley : « Il va bien. Il parle. »

Je réussis à dormir quelques heures puis je me réveille pour regarder le journal télévisé du matin. Tony a les yeux creux, enfoncés dans les orbites, le visage meurtri et ensanglanté, mais il parle, il parle à toute allure ; Il ne sait par où commencer ni finir. Il veut simplement remercier tout le monde.

On évoque « l'héroïque navigateur Tony Bullimore », en employant des mots comme courageux, remarquable, extraordinaire... et c'est de mon Tony qu'il s'agit.

« Il va essayer de t'appeler, dit Jane tandis que nous buvons un thé sur le canapé.

— Sûrement. »

Steve passe sa tête par l'entrebâillement de la porte. « Quand veux-tu faire ces interviews pour la télé ? Ils attendent dehors.

— Laisse-moi d'abord prendre une douche et me changer. »

Là-haut, sous le jet d'eau, je pense au nombre de larmes que j'ai versées ces derniers jours.

« Tu ne sais pas ce que tu m'en as fait voir, Tony Bullimore, dis-je tout haut.

— Je suis désolé, Lal. » Il a l'air contrit, mais je sais qu'il sourit.

SAUVÉ

« Je t'avais dit qu'un navire venait te chercher.
— C'est vrai.
— Ils croyaient que tu étais mort, mais moi, je savais que non.
— C'est vrai. »
Sur le seuil, un journaliste me demande si je laisserai jamais Tony repartir dans une course.
« Je n'aimerais pas qu'il recommence, dis-je, parce que c'est trop pour moi de devoir rester assise là à me demander ce qui se passe. Mais ce n'est pas moi qui prendrai la décision pour lui. C'est à lui de le faire. Il sait ce qu'il veut. Il est entêté, Tony. S'il s'est mis dans la tête de faire quelque chose, il le fera. Il est courageux, il est honnête, il est sincère. C'est un type si gentil. Il est comme un bull-dog, un grand beau bull-dog. »

A 7 h 50, Tony m'appelle du navire et je me précipite au téléphone. Ses premiers mots sont : « Je t'aime. » Puis il me demande si je vais bien.
« Évidemment que je vais bien. Et toi ?
— Mais oui, tu me connais. Rien ne m'abat.
— Tu es un très très vilain garçon. Tu as failli nous faire tous mourir ici, dis-je d'un ton de reproche.
— Et moi, alors ? » proteste-t-il. C'est toujours le même vieux Tony, mais je sens un frémissement dans sa voix.
« Alors, dis-moi, tu es en un seul morceau ?
— J'ai perdu un petit bout d'un doigt et j'ai les pieds en assez triste état mais le docteur dit que ça va aller. J'ai pris une bonne douche et on s'occupe de moi. »
Il est désolé de m'avoir fait vivre ces quatre derniers jours et il promet de ne plus faire de courses au large sans ma permission. Je me dis : « Oh, tu parles ! Je voudrais bien avoir un enregistrement de cette conversation, Tony. »
Nous n'avons même pas parlé de la possibilité que je

SAUVÉ

prenne un avion pour Perth afin de venir à sa rencontre. Il sait que je serai là, même si je dois faire le trajet à la nage.

27

OCÉAN AUSTRAL
Jeudi 9 janvier 1997

Quelle joie ! Une couchette avec un matelas, des draps d'une merveilleuse douceur et une couverture en coton. Allongé dans l'obscurité, je ferme les yeux en me disant : « Je suis sauvé, je suis sur un navire de guerre australien. »

Je n'arrive pas tout à fait à y croire. Une partie de mon esprit roule encore dans ce tombeau flottant. C'est comme si j'avais laissé un peu de moi-même là-bas, dans la cambuse, ballotté sans but et vivant dans l'espoir. Que va-t-il advenir de l'*Exide Challenger*, je me le demande. Le bateau va peu à peu s'imprégner d'eau et sans doute finir par sombrer. Jusque-là, il continuera à dériver vers l'est, passant devant l'île de Macquarie et la Géorgie du Sud, en faisant lentement le tour de l'Antarctique. Sans causer de danger à la navigation, car il y a bien peu de navires par là-bas.

Heureusement, le sommeil vient vite et, pour la première fois depuis des mois, j'ai une nuit complète de repos. Pas de voile à appareiller, de cartes à lire. Je peux tout simplement m'enfoncer dans ce doux matelas et la bonne odeur de blanchisserie de la taie

d'oreiller, et penser au reste de ma vie un jour après l'autre.
Le sentiment d'incrédulité demeure en moi, tout me paraît encore un rêve incroyablement vivace. A telle enseigne que le lendemain matin, debout sur le pont d'envol à fumer une cigarette — le seul endroit à bord de l'*Adelaide* où on peut fumer —, je me tourne vers un jeune quartier-maître et je le contemple longuement.
« Tout va bien ? me demande-t-il, peu à peu mal à l'aise.
— Vous êtes dans la Marine australienne, n'est-ce pas ? C'est un navire de guerre australien ? »
Il éclate de rire et, avec un merveilleux accent de là-bas répond : « Oui, bien sûr, mon vieux. Ne vous en faites pas. »
Le rapport du médecin de bord déclare que j'en étais au premier stade d'hypothermie. Ma température interne était tombée à 36°1. J'ai les deux pieds gravement endommagés par une immersion constante dans l'eau. J'ai une engelure au bout de l'index gauche et au front, une dent cassée, je souffre d'une légère déshydratation et de multiples écorchures aux deux mains. Il faudra « arranger » ma phalange sectionnée en procédant à une intervention chirurgicale quand je rentrerai.
Le docteur ne veut pas que je reste sur mes pieds : il veut que je les garde posés en l'air sur une chaise, mais je suis comme un gosse le premier jour de l'été. La vie a trop à m'offrir. Chaque tasse de thé, chaque conversation, chaque pause de dix minutes pour aller griller une sèche sur le pont d'envol est un cadeau. Je me souviens quand Dave Mathieson a eu un pontage cardiaque : il me disait après que les couleurs étaient plus riches et les odeurs plus intenses. Je sais maintenant ce qu'il veut dire.
Comme je ne peux que clopiner, les gens ont tendance à venir me voir au carré des officiers mariniers. Tous me demandent ce qui s'est passé et je me fais un

SAUVÉ

plaisir de leur raconter. Peut-être que si je continue à répéter mon histoire, je pourrai transférer une partie des mauvais souvenirs et en faire partager le fardeau à quelqu'un d'autre. Cet après-midi-là, j'avais vingt jeunes matelots autour de moi sur le pont d'envol, à me poser des questions, à m'offrir une tasse de thé ou une cigarette. Ce sont des garçons merveilleux.

J'ai un régime trois étoiles au carré des officiers mariniers : Mark « Knocker » White s'assure que chaque matin j'ai un vrai petit déjeuner de cow-boy, Vaughn « Jock », Garry « Gazza » Masson et les autres officiers mariniers s'occupent vraiment bien de moi. Le soir, quand ils reviennent de leur quart, on m'abreuve de thé, on me gave de toasts beurrés ; tout ça est formidable.

Thierry et moi croulons sous les invitations à dîner au carré des officiers mariniers et des officiers. Nous sommes invités d'honneur à un dîner officiel donné par le commandant Gates. Parfois, ça fait trop et j'ai hâte de me glisser discrètement pour fumer sur le pont d'envol. Quelle meilleure façon de terminer une soirée que de regarder le sillage de l'*Adelaide* qui fend les vagues à 25 nœuds, laissant derrière elle l'océan Austral.

De la passerelle de l'HMAS *Adelaide*, la nouvelle de mon sauvetage s'était répandue à travers le monde, relayée par le MRCC de Canberra. Au PC du Vendée Globe à Paris arriva le message suivant :

VOILIERS EN DÉTRESSE DANS L'OCÉAN AUSTRAL
RAPPORT SITUATION NUMÉRO SEPT 9 JAN. 97, 1 H 53 GMT
1. M. THIERRY DUBOIS SAUVÉ PAR HMAS *ADELAIDE* À 21 H 17 GMT PAR HÉLITREUILLAGE ET SECOND RESCAPÉ MR BULLIMORE SAUVÉ À ENVIRON 1 H 57 GMT ; LES DEUX RESCAPÉS REÇOIVENT SOINS MÉDICAUX À BORD DE HMAS *ADELAIDE*.

SAUVÉ

2. PLUS AMPLES DÉTAILS SERONT FOURNIS DANS RAPPORT SITUATION SUIVANT.

Le MRCC adressa un message de remerciements au HMAS *Adelaide* ainsi qu'au commandant du *Sanko Phoenix* qui s'était dérouté si loin pour amener le pétrolier dans la zone des recherches. Le retard avait coûté 40 000 livres à l'armateur : « DANS CE QUI DOIT ÊTRE UNE DES OPÉRATIONS DE SAUVETAGE À PLUS LONGUE PORTÉE DE L'HISTOIRE IL FAUT ADMIRER LE PROFESSIONNALISME ET L'ACHARNEMENT DONT ONT TÉMOIGNÉ TOUS LES PARTICIPANTS... OUI, DES MIRACLES ARRIVENT BIEN ET C'EST BON D'Y PARTICIPER. »

D'autres félicitations arrivèrent du commandant des Forces navales australiennes, le contre-amiral Christ Oxenbould :

LE SAUVETAGE DES DEUX CONCURRENTS DU VENDÉE GLOBE, DUBOIS ET BULLIMORE, A ÉTÉ UNE MAGNIFIQUE RÉUSSITE DANS LES CIRCONSTANCES LES PLUS DIFFICILES : C'EST UN SUCCÈS QUI TÉMOIGNE DU PLUS HAUT NIVEAU D'ORGANISATION ET DE COOPÉRATION... VOTRE RÔLE DANS L'OPÉRATION A ÉTÉ ESSENTIEL À LA RÉUSSITE ET VOTRE PROFESSIONNALISME DOIT VOUS VALOIR LES PLUS VIVES FÉLICITATIONS À PARTAGER AVEC TOUTE L'AUSTRALIE ; VEUILLEZ ACCEPTER MES SINCÈRES REMERCIEMENTS ET FÉLICITATIONS AINSI QUE LA PROFONDE ADMIRATION DE TOUTE LA COMMUNAUTÉ INTERNATIONALE DES NAVIGATEURS.

Le centre de sauvetage de Canberra reçut les félicitations du gouvernement français, des organisateurs du Vendée Globe et des organisations de secours en mer japonaise, française et britannique. La reine envoya un message parlant d'« un extraordinaire exploit » et félicitant les forces armées australiennes pour « ce dramatique sauvetage ». Le Premier ministre britannique John Major, qui effectuait un voyage en Inde, exprima son ravissement : « Une aventure extraordinaire. C'est une merveilleuse nouvelle. »

Je commence à me rendre compte de tout ce que l'on a investi pour nous sauver, Thierry et moi. Pas seulement en termes d'hommes, de femmes et de matériels, mais la formidable quantité de bonnes volontés et de prières dites pour notre sauvetage. Malgré l'atmosphère d'optimisme qui entourait les recherches, le sentiment universel de soulagement et d'incrédulité montre que très peu de gens s'attendaient à une aussi heureuse issue. Radon Gates l'a fort bien résumé : « Comme l'aumônier, je commence à croire aux miracles. Nous opérions avec espoir plutôt qu'avec certitude. Quand il a fait surface le long de la coque du voilier, ça a été un sentiment formidablement excitant. »

Thierry et moi sommes tombés dans le domaine public et les journalistes à bord veulent des interviews, des exclusivités et la possibilité de prendre des photos. Ils posent mille questions. Comment ai-je survécu ? Comment l'obscurité m'a-t-elle affecté ? Est-ce que je me rendais compte que les forces australiennes étaient en route pour me sauver ?

La vérité, c'est que je ne connais pas toutes les réponses. Je suis certain que l'expérience compte beaucoup. Je leur dis : « Je ne suis pas un héros, je ne suis pas coriace à ce point-là. Juste un petit gars dans un trou noir. Je dois ma vie aux gens courageux qui sont venus me chercher. Je n'ai pas été brave. C'était une expérience horrible, traumatisante. Il s'agissait de prier et d'espérer qu'il se passerait quelque chose au-dessus de l'eau. C'était une affaire de pure détermination, d'un peu d'eau, d'un peu de chocolat et de se cramponner là en étant persuadé que quelque chose allait se passer.

« C'est l'expérience la plus ultime que j'aie connue. Je le pense vraiment. J'ai eu la veine ahurissante que

SAUVÉ

quelques personnes aient dit : " On y va ! " Et ils sont venus me chercher. »

La gloire instantanée, c'est très amusant jusqu'au moment où je découvre certaines des histoires qui émergent de la presse. Les uns m'ont confondu avec Pete Goss et ont dit que j'avais été dans les fusiliers marins de la Royal Navy ; d'autres, en énumérant mes occupations antérieures ont tout évoqué, de croque-mort à bookmaker. Quelles foutaises !

Un quotidien britannique prétend que j'ai contacté les compagnies de chocolat concurrentes en demandant 20 000 livres pour « rappeler » quelle marque de chocolat j'ai croqué pour rester vivant. Je suis furieux jusqu'à ce que je découvre qu'il s'agit d'un malentendu provoqué par une société de marketing sportif qui avait essayé de me faire parrainer pour le Vendée Globe. Je mets les choses au point en déclarant aux journalistes que l'argent provenant de la publicité ira à des œuvres de charité.

Cependant, ce qui m'inquiète vraiment, c'est le sort de Gerry Roufs, un Canadien français disparu dans le Pacifique Sud. Gerry était en seconde position dans le Vendée Globe quand il a adressé un message radio au PC de la course le 8 janvier, donnant sa position au deux tiers du chemin jusqu'au cap Horn. Depuis lors, c'est le silence radio.

Isabelle Autissier, sur le *PRB* a fait demi-tour pour tenter de le retrouver et trois autres bateaux se sont déroutés pour revenir sur la dernière position enregistrée. Quelle course ça a été ! D'abord Raphael Dinelli, puis Thierry et moi, et maintenant Gerry Roufs. Le reste de la flotte s'étend sur plus de 5 500 milles nautiques à travers quatre océans.

Pendant ce temps, l'*Adelaide* fait route vers le continent australien. Le voyage prendra quatre jours. Le pétrolier *Westralia* vient à notre rencontre le samedi matin pour ravitailler la frégate en carburant. Quand nous arriverons à quai, nous aurons brûlé 600 000 litres de mazout. Je dis en plaisantant : « Si seulement vous pouviez hisser une voile ! »

Je n'ai pas beaucoup vu Thierry. Je pense qu'il se la coule douce et qu'il songe à ce qui s'est passé. Il est bon de l'entendre déclarer qu'il reviendra pour le prochain Vendée Globe : le sport a besoin de gens comme Thierry. Il a une véritable vocation et je suis convaincu qu'il finira par conquérir l'océan.

Je n'ai même pas pensé à mon avenir : ça peut attendre. Pour l'instant, je veux juste récupérer et retrouver mes forces en savourant des plaisirs simples comme boire une bière bien fraîche et écouter le flot de plaisanteries que ne cessent de lancer « Jock » Heath, « Gazza » Mason et les autres gars du carré. Mes pieds commencent à me faire mal, mais le médecin dit que c'est bon signe. L'engourdissement se dissipe, les sensations nerveuses reviennent à mesure que le sang se remet à circuler dans les capillaires. Deux semaines sous le soleil australien vont leur faire le plus grand bien.

Le samedi matin, il y a un service d'actions de grâces de trente minutes sur le pont d'envol. « Leur seule présence ici avec nous est un miracle », dit l'aumônier du bord, Barrie Yesberg. « Miracle », c'est un assez bon mot pour décrire la chose. Il est debout devant un autel improvisé à partir d'une table à jeu recouverte d'un tapis bleu sur lequel on peut lire « Protégez les hommes où qu'ils aillent. »

Je n'ai jamais été quelqu'un de très religieux. Je ne suis pas athée, mais je ne suis pas non plus un grand croyant : pourtant, je n'ai jamais mis en doute le pouvoir de la prière ni le don qu'a la religion d'apporter aux êtres le réconfort. Je sais que beaucoup de gens à travers le monde imploraient mon salut, y compris des congrégations entières dans des endroits aussi éloignés que les Caraïbes et l'Europe, l'Amérique du Nord, l'Australie et la Grande-Bretagne. Je leur dois ma gratitude et peut-être ma vie.

Nous arrivons à Fremantle le lundi matin et l'accueil est incroyable. Dix mille personnes se pressent sur les quais. Les klaxons retentissent, les trompes des voitures n'arrêtent pas, des ballons, des drapeaux et des bannières flottent dans la brise. On brandit de jeunes enfants au-dessus des têtes pour qu'ils tâchent de reconnaître leur père et leur mère au milieu des équipages massés derrière les bastingages.

Plus de quarante dignitaires, y compris des responsables fédéraux et des membres du gouvernement, sont là, auprès des hauts commissaires de Grande-Bretagne et de France et d'environ cent cinquante journalistes. La télévision australienne retransmet l'événement dans le monde entier. Lal n'a pas pu trouver un vol plus tôt et ne sera à Perth que dans quelques heures. Quel dommage qu'elle ait manqué ça ! On veut me faire descendre la passerelle dans un fauteuil roulant, mais je leur dis : « Pas question. Je vais marcher. »

Mes pieds sont douloureux — comme spongieux —, enveloppés dans des bandages, enfermés dans des chaussettes et des sandales. Avec l'aide de quelques mains qui me soutiennent, j'arrive à descendre en clopinant la rampe étroite. Quelqu'un dans l'équipage propose un ban et le fracas des applaudissements me fait monter les larmes aux yeux. Quel accueil !

Boitillant jusqu'à l'estrade, je fais face à la foule, avec le HMAS *Adelaide* en toile de fond. « Sans le professionnalisme, le dévouement et l'acharnement inné des Australiens, je suis certain — absolument certain — que je ne serais pas ici aujourd'hui. Tout cela m'émeut un peu alors tout ce que je vais vous dire, c'est merci à tout l'équipage de l'*Adelaide* : je vais me tourner maintenant vers eux... »

SAUVÉ

Je pivote lentement et je lève les poings serrés pour les saluer. La foule éclate en applaudissements.

« Laissez-moi ajouter une dernière chose. Merci à vous, l'Australie, pour m'avoir rendu ma vie. Merci beaucoup. »

Thierry fait un charmant petit discours dans un anglais incertain. « Beaucoup de gens emploient le mot " héros " mais, en fait, si on veut parler de héros, je crois que l'Australie en a plein et je trouve que certains d'entre eux, les équipages des avions, l'équipage du navire, sont tous des héros. Ni moi ni Tony nous ne sommes des héros, nous devons tout à ces gars-là, aux équipages d'aviateurs et aux Australiens. » Le commandant Gates demeure impassible au milieu de tout ce charivari. Se levant, il dit à la foule : « Auprès d'eux, je ne fais certainement pas figure de héros, mais je suis ici comme un Australien très fier et un officier de marine très fier. »

Ensuite, Thierry retrouve sa mère Bridgette et son amie Murielle Dehoue. Nous tenons une brève conférence de presse. Quelqu'un demande si j'envisage de consulter un psychiatre.

« Qu'est-ce que vous feriez : boire une bière au pub ou aller voir un psychiatre ? » demandé-je.

Au milieu des rires, un autre journaliste évoque l'énorme facture du sauvetage qui va retomber sur les contribuables australiens.

« Il est un peu absurde que sauver des gens qui relèvent des défis difficiles coûte si cher, reconnais-je. J'y ai beaucoup réfléchi et je ne sais pas si nous avons le droit de compter sur la société, les communautés ou les États pour dire : " Eh bien, de là où nous sommes, venez nous sauver. "

« En même temps, des gens vont à pied au pôle Sud, naviguent sur les océans du monde, ils grimpent aussi haut qu'ils peuvent... Si on supprimait tout ça, ce serait un peu comme domestiquer l'humanité. »

SAUVÉ

Le ministre fédéral de la Défense, Ian McLachlan, déclare qu'il n'est pas question que le gouvernement australien demande le moindre remboursement. « C'est une expérience qui n'a pas de prix. De toute façon, ces sommes auraient sans doute été engagées pour effectuer des manœuvres ailleurs. Les connaissances que nous tirerons de cette expérience sont irremplaçables. »

Mêmes sentiments plus tard quand le chef d'escadrille Alf Jonas, un pilote d'Orion, me parle du soixante-quinzième anniversaire de la RAAF l'année précédente. On avait apparemment dépensé un budget de plusieurs millions de livres pour faire connaître cette célébration. « Après cela, on aurait pu interroger n'importe qui dans la rue, je doute qu'on aurait trouvé une personne sur cent capable de vous parler de l'anniversaire, dit Jonas. Pourtant, cette dernière semaine a fait plus pour notre réputation et notre prestige dans le monde qu'un certain nombre d'expositions ou de journées portes ouvertes. »

Après cet émouvant accueil, Thierry et moi, on nous emmène à l'hôpital de Fremantle. Le soleil brille à travers les arbres, projetant des ombres sur les pelouses soigneusement tondues et sur les jardins. Il souffle un vent tiède et je sens l'odeur de l'herbe fraîchement coupée et des eucalyptus. J'ai l'impression de me retrouver chez moi et pourtant je ne suis jamais venu ici.

N'est-il pas stupéfiant que nos vies puissent changer en une fraction de seconde ou à la suite d'une rencontre de hasard ? On peut mesurer le destin en degrés de chance et de coïncidence. Par un somptueux matin d'été, avec le soleil qui brille dans un immense ciel bleu, il semble à peine imaginable que j'aie pu être si près de mourir dans l'obscurité glacée d'une coque de bateau. Quel facteur inconnu a fait que mon sort n'a pas été celui de Gerry Roufs ? Pourquoi ai-je été épar-

SAUVÉ

gné alors qu'on perd tout espoir à son propos ? Il n'y a pas de réponse, pas d'argument rationnel.

A l'hôpital, le Dr Harry Oxer bavarde avec moi et examine mes pieds. C'est un spécialiste de la plongée et de la médecine hyperbarique : l'homme qui soigne les plongeurs qui souffrent du mal des caissons et d'engelures ou de gelures des tranchées.

Il veut que j'évite de rester debout et que je renonce à toute festivité jusqu'au moment où les extrémités privées de sang auront récupéré. Je suis censé passer deux heures par jour dans un caisson hyperbarique pour augmenter l'oxygénation de mon sang et accélérer ma convalescence. Le caisson ressemble à un cercueil.

Harry a l'air d'un brave type et les gens de son équipe sont vraiment gentils. Je m'habituerais bien à ces douces attentions.

28

PERTH, AUSTRALIE
Lundi 13 janvier 1997

Je suis si excitée à l'idée de voir Tony que c'est à peine si je dors dans l'avion. Ces derniers jours ont été frénétiques et le téléphone n'a pas cessé de sonner : appels d'admirateurs, de journalistes, d'agents, d'éditeurs et de cinéastes. J'ai envie de leur répondre : « Il est à moi. Vous ne pouvez pas l'avoir. Laissez-le se reposer. »

Jane, Wesley, Steve et Dave sont avec moi car j'aurai besoin d'aide pour chaque jour conduire Tony à son traitement et l'en ramener dans un fauteuil roulant. Jamais je n'ai fait mes bagages dans une telle hâte et je n'ai sans doute rien apporté de ce qu'il fallait pour le temps que je vais trouver à Perth. Peu m'importe : tout ce que je veux, c'est voir Tony.

A l'aéroport, les caméras de télévision attendent avec une voiture du bureau du consul général britannique. La frégate est arrivée à 8 heures, sept heures auparavant. On nous emmène à la résidence d'Anthony Abbott, le consul général, et de sa femme Margaret, une ravissante maison dans une banlieue verdoyante entourée de jardins.

SAUVÉ

J'essaie d'imaginer ce que je vais dire à Tony quand je vais le voir. Quels mots trouver ? « Tu n'as qu'à être forte, me dis-je. Tu as versé assez de larmes. » Mais quand je le vois, je porte la main à mon visage et je me couvre la bouche. « Oh, chéri. Oh, mon Dieu », m'écriai-je. Il a l'air d'un fantôme. Il a perdu tellement de poids qu'il flotte dans ses vêtements. Il a le visage couvert de meurtrissures, les pieds et les mains bandés.

Nous tombons dans les bras l'un de l'autre en sanglotant. Je sens ses épaules trembler quand je le serre contre moi. « Oh, oh », dit-il, « Oh, oh » ; on dirait un peu le gémissement d'un enfant quand il a mal. Puis il retrouve son visage joyeux et il est comme d'habitude, exubérant, bavard et charmant. Il m'étreint la main, se tourne vers un journaliste et dit : « Vous comprenez pourquoi j'ai lutté si fort pour rester vivant ?

— Comment vas-tu ? lui demandé-je.

— J'ai les doigts de pied un peu en compote... et ceux des mains », dit-il en riant et il me montre la phalange disparue.

« Ça me serait égal si tu étais revenu avec des jambes de bois. Je t'aurais quand même et je ne te laisserai pas partir. »

Tony ne peut rester immobile et je le sens qui cherche des échappatoires. « Quand je vais reprendre la mer... commence-t-il d'une grosse voix.

— Oh, non, je t'en prie », murmurai-je.

Il me taquine. « Non, la prochaine fois ça ira très bien. Ce sera du tout doux, tu sais. »

Une fois les caméras de télévision parties, je lui pose quelques questions sur l'accident mais je vois qu'il n'a pas envie d'en parler. Il n'arrête pas de changer de sujet et me demande comment ça va à la maison. Est-ce qu'Yvonne habite toujours là ? Est-ce que Lois a terminé ses examens de droit ? On dirait que les moindres

SAUVÉ

détails comptent pour lui, même les dégâts que font les pigeons nichés dans les poutres.

Malheureusement, nous ne pouvons pas être ensemble pour notre première nuit. Tony doit subir une intervention sur sa main gauche gelée et on le garde à l'hôpital Saint-Jean-de-Dieu. Le lendemain matin, je viens le chercher pour le conduire à l'unité hyperbarique pour sa séance dans la chambre de décompression. Quand nous arrivons, Tony se met à flirter avec les infirmières et à discuter.

« Mr Bullimore, dit l'infirmière, nous sommes prêts quand vous voudrez.

— Qu'est-ce que vous diriez d'une tasse de thé d'abord ? » suggère Tony. Puis il s'éclipse par la porte de côté pour aller fumer une cigarette.

« Nous sommes prêts maintenant, Mr Bullimore ? »

J'ai l'impression que Tony retarde le moment, mais je n'arrive pas à comprendre pourquoi.

« Quelle chambre est-ce ? demandé-je.

— Celle-ci. » L'infirmière me montre un petit caisson métallique plutôt exigu, conçu pour une personne. Je plains Tony de tout mon cœur.

« Vous ne pouvez pas le mettre là-dedans, dis-je. Il va avoir l'impression de se retrouver sous le bateau. »

Sans plus de discussion, on emmène Tony dans un caisson plus grand où l'on traite en même temps d'autres patients. Tony peut s'asseoir à l'intérieur et bavarder tout son soûl, échangeant des souvenirs, discutant de ses maux et sans avoir à penser à la coque sombre et froide.

Je me sens très protectrice à son égard, je suis à l'affût du moindre signe de traumatisme ou de choc à retardement. Quand j'évoque la possibilité de consulter un psychiatre, il se contente de sourire en disant qu'il n'a pas besoin de ce genre d'assistance.

« C'est juste pour discuter avec quelqu'un qui sait poser les bonnes questions », dis-je, mais Tony secoue la tête. Il parle. Il n'arrête pas. Au début, ça m'inquiète. Que va-t-il arriver quand il finira par ne plus raconter ce qui s'est passé ? Se rendra-t-il compte alors de la véritable horreur de ce qu'il a vécu ? Des démons surgiront-ils ? Puis je décide que tant qu'il parlera aux gens, il ira bien.

Les auditeurs ne manquent pas. Quand on pousse son fauteuil roulant dans la rue, les touristes lui font des signes et veulent se faire photographier auprès de lui. Même quand il est censé se reposer au Burswood Hotel, je le trouve en train de discuter avec d'autres clients, des visiteurs, la direction, le personnel.

La seule personne à qui il ne veuille pas parler, c'est moi. Il ne m'a jamais dit un mot sur ce qui s'est passé là-bas dans ce trou noir : il a fallu que je le lise dans les journaux et les magazines. Au bout du troisième matin à Perth, j'ai fini par lui poser la question.

« Mais tu sais bien ce qui s'est passé, dit-il.

— J'ai lu des choses, j'ai vu des interviews, mais je veux l'entendre de ta bouche.

— Par où veux-tu que je commence ?

— Le commencement me paraît un bon endroit. »

Il me parle de l'île de Heard et des petits oiseaux qu'il a tenté de sauver. Puis de la tempête et des déferlantes. J'écoute et je regarde par la fenêtre la belle rivière Swan qui décrit ses méandres à travers les jardins, devant l'horizon de Perth, dans son voyage jusqu'à la mer. Devant un paysage aussi serein, on a du mal à imaginer l'horreur de l'océan Austral.

Tony soudain se tait et je me tourne vers lui.

« Qu'est-ce qui se passe ? »

Il secoue la tête.

« Tu ne peux pas me dire ce qui s'est passé ? »

De nouveau il secoue la tête.

Je ne sais pas pourquoi il n'arrive pas à me le raconter. Peut-être s'imagine-t-il que, dès l'instant où il aura commencé, il ne pourra plus s'arrêter et que ça lui fait

SAUVÉ

peur. Ou peut-être croit-il que, si j'entends son histoire d'autres bouches, ça ne me terrifiera pas autant. Voilà pourquoi il trouve plus facile de parler à des étrangers.

Tony est très courageux et très fort d'avoir tenu le coup aussi longtemps. Il a perdu plus de quinze kilos et il a encore mal partout. Ça me rend triste de le voir endurer tout ça. J'ai juste envie de le prendre, de le ramener à la maison et de m'occuper de lui. Je veux l'envelopper dans de l'ouate... au moins pendant cinq minutes.

Postface

~~~~~

BRISTOL, ANGLETERRE
Mercredi 30 avril 1997

Même si je n'ai pas de cauchemar, je ne dors plus aussi bien qu'autrefois. Souvent je me réveille au petit matin, je descends me faire une tasse de thé, je m'assieds dans un vieux fauteuil et mes pensées me ramènent dans l'océan Austral. Je ne sais pas très bien ce que je cherche.

Il y a quelques semaines, j'ai participé à une émission télévisée animée par Esther Ranzen sur la tension post-traumatique. Il y avait un certain nombre de gens qui parlaient des problèmes qu'ils avaient affrontés après une expérience terrible mais je n'avais rien à apporter. Je crois qu'Esther Ranzen a été un peu agacée par mon attitude parce qu'elle voulait que je parle de cauchemars et de retombées émotionnelles.

Je ne pouvais rien pour elle. Je sais qu'il est désinvolte de dire que quelques bières au pub avec les copains, ça vaut mieux que toutes les séances avec un psychiatre, mais j'ai été élevé à une dure école, dans un milieu où les gens devaient très vite encaisser les épreuves et les deuils et poursuivre leur existence. En ce temps-là, au lieu des conseils d'un psychiatre, on

SAUVÉ

vous donnait une cuillérée supplémentaire de sucre dans votre thé.

De temps en temps, Lal m'interroge sur ce qui s'est passé, mais je suis incapable de lui raconter. J'ai toujours essayé de la protéger des souffrances du monde et je n'ai pas envie qu'elle sache à quel point c'était horrible. Lal dit qu'elle ne lira pas ce livre parce qu'elle ne veut pas qu'on lui rappelle ces jours-là. J'en suis ravi : je n'ai pas envie qu'elle souffre davantage ni qu'elle ait des cauchemars.

La réaction du public devant mon sauvetage a été stupéfiante. J'ai reçu plus de 20 000 lettres du monde entier. Certaines ne sont que quelques mots sur une carte postale pour me dire simplement : « Content de savoir que vous êtes vivant », et d'autres sont de longues lettres venant du cœur, envoyées par des gens qui ont suivi les hauts et les bas, à toutes les péripéties des recherches. Certains me racontent qu'ils étaient en larmes, agenouillés devant leurs téléviseurs en me regardant émerger de la coque.

Des retraités m'écrivent pour évoquer leurs problèmes ; les fidèles racontent comment ils ont prié pour moi ; les aveugles disent que je dois maintenant avoir une idée de ce que c'est que de vivre dans les ténèbres éternelles. Une jeune écolière a mis sur l'enveloppe « Au marin la tête en bas », et rien d'autre, mais sa lettre m'est quand même arrivée.

On m'a décerné des récompenses pour mon courage, j'ai signé des appels à des souscriptions pour des œuvres de charité, participé au tirage de la Loterie nationale et j'ai eu l'honneur d'être invité avec Lal à me rendre au Palais de Buckingham pour une audience avec la reine. La liste pourrait continuer indéfiniment. Tout me semble si irréel et si éloigné de mon trou noir dans l'océan Austral.

Je n'arrive pas à m'expliquer pourquoi mon sauvetage provoque de telles réactions. Peut-être Tony

SAUVÉ

Wright, un journaliste du *Sydney Morning Herald* l'a-t-il bien résumé dans un article qu'il a écrit le jour où le HMAS *Adelaide* est arrivé à Fremantle.

Il a évoqué les efforts héroïques des aviateurs de la RAAF aux commandes de leurs Orions, frôlant la crête de vagues gigantesques par des vents qui tombaient rarement au-dessous de 45 nœuds. L'*Adelaide* avec son équipage de cent quarante-trois hommes, fendant des eaux de plus en plus glacées au cours d'un voyage sans précédent dans l'histoire navale australienne. Et il y avait les hommes et les femmes enfermés vingt-quatre heures par jour dans le Maritime Rescue Co-ordination Centre de Canberra, et qui tenaient entre leurs mains les fils de l'opération.

« Mais, au centre de tout cela, il y avait le spectre d'un seul homme grelottant de froid, mourant de faim ou suffoquant en haute mer, écrivit Wright. Il se pourrait bien que, quand Bullimore est sorti à la nage de sa tombe, lui et tous ceux qui l'ont sauvé aient rendu un service à des millions de gens. Pendant un moment, là-bas, il semblait que chacun arborait un sourire et marchait d'un pas un peu plus léger. »

Que réserve l'avenir au « marin à la tête en bas » ? Je n'en sais rien. Pendant un bref instant dans mon trou noir, j'ai pensé à promettre de ne plus jamais mettre les pieds sur un bateau. C'est facile de faire des pactes avec soi-même ou avec Dieu quand tout semble sombre. J'en suis arrivé à la conclusion que je fais vraiment cela par amour. Naviguer est pour moi plus qu'un passe-temps ou qu'une profession : c'est une grande passion, un mode de vie. Je ne peux pas y renoncer.

Peut-être dans quelques années renoncerai-je à la course en haute mer : j'aurai un gentil petit bateau pour pouvoir tirer sur quelques cordages et partir en croisière. Je m'imagine faire ça jusqu'au jour où je serai trop vieux pour enjamber le bord d'un bateau.

SAUVÉ

Voilà six ans, je me suis mis au défi de naviguer en solitaire autour du monde dans la course à voile la plus dure qui existe. Je n'ai pas réussi. Si j'avais terminé le Vendée Globe, peut-être aurait-ce été différent, mais j'ai l'impression aujourd'hui d'une affaire non terminée.

Quand j'en parle à Lal devant une bouteille de vin et un bon plat, elle détourne les yeux d'un air écœuré. « Si tu refais cette course, n'attends aucun soutien de ma part, dit-elle. Je suis incapable de revivre ça. »

Je la comprends. Je l'aime éperdument et le plus dur, c'est l'idée de la quitter pour une longue période. Maintenant, je commence à sentir qu'elle faiblit. Elle sait que je ne serai pas heureux si je laisse ce rêve inassouvi et elle dit toujours : « A l'âge où nous sommes arrivés dans la vie, l'important, c'est d'être heureux.

— Juste encore une fois, dis-je. Je promets que c'est la dernière.

— Et qu'est-ce qui se passera ensuite ?

— Alors, nous aurons notre petite villa à la Jamaïque comme celle de Noël Coward, avec un potager et un jardin plein de bougainvillées et de manguiers. Tu porteras des robes de cotonnade et un chapeau de paille, et moi j'aurai un vieux pantalon, une chemise trop grande et un Panama. Assis dans nos fauteuils d'osier, dominant l'océan, nous siroterons des boissons fraîches en nous disant : " Oh, quelle vie merveilleuse ça a été." Et tu sais ce qu'on fera alors ?

— Que ferons-nous alors, Tony Bullimore ?

— Nous vivrons heureux jusqu'à la fin de nos jours. »

TABLE

1. Océan Austral : mardi 31 décembre 1996 13
2. Océan Austral : samedi 4 janvier 1997 32
3. Océan Austral : dimanche 5 janvier 1997 44
4. Southend-on-Sea, Angleterre 51
5. Canberra, Australie : dimanche 5 janvier 1997, 22 h 50 64
6. Océan Austral : dimanche 5 janvier 1997 77
7. Océan Austral : lundi 6 janvier 1997, 11 h 28 . 88
8. Bristol, Angleterre : dimanche soir, 5 janvier 1997 102
9. Perth, Australie : lundi 6 janvier 1997, 8 heures.. 115
10. Océan Austral : lundi 6 janvier 1997 124
11. Bristol, Angleterre 137
12. Canberra, Australie : lundi 6 janvier, 22 h 50 148
13. Bristol, Angleterre : mardi matin, 7 janvier 1997 154
14. Océan Austral : mardi 7 janvier 1997 162
15. Aéroport de Perth, mardi 7 janvier 1997, 9 h 30 . 184
16. Océan Austral : mardi 7 janvier 1997 196
17. HMAS *Adelaide* : mardi 7 janvier 1997 213
18. Perth, Australie : mercredi 8 janvier 1997 228
19. Océan Austral : mercredi 8 janvier 1997 239

SAUVÉ

20. Canberra, Australie : jeudi 9 janvier 1997, 6 heures 253
21. Océan Austral : mercredi 8 janvier 1997 261
22. Bristol, Angleterre : mercredi 8 janvier 1997, 22 heures 267
23. Océan Austral : jeudi 9 janvier 1997, 7 heures..... 270
24. Océan Austral : jeudi 9 janvier 1997, 8 heures..... 278
25. Océan Austral : jeudi 9 janvier 1997 286
26. Bristol, Angleterre : jeudi 9 janvier, 2 heures du matin 294
27. Océan Austral : jeudi 9 janvier 1997 298
28. Perth, Australie : lundi 13 janvier 1997 309

Postface : Bristol, Angleterre, mercredi 30 août 1997 315

Cet ouvrage a été composé par
Graphic Hainaut (59163 Condé-sur-l'Escaut)
et imprimé par la Société Nouvelle Firmin-Didot
Mesnil-sur-l'Estrée
en octobre 1997

Imprimé en France
Dépôt légal : novembre 1997
N° d'édition : 12870 - N° d'impression : 40528